U0562497

穿越周期

消费品企业的战略破局

潘松挺 著

机械工业出版社
CHINA MACHINE PRESS

本书从消费品产业的发展逻辑、发展红利、战略、案例四个维度出发，揭示了消费品企业穿越周期、稳健发展的核心力量。首先，本书深入分析了消费品产业发展的十大趋势，总结了消费品企业发展的十大红利机会。其次，本书为消费品企业提供了一套从 10 到 1000 的方法论，帮助消费品企业从战略制定到落地执行，一步步走向“王者之路”。最后，本书还提供了丰富的真实案例和行业领先企业的经验分享。本书将帮助消费品企业在竞争激烈的市场中实现持续增长和市场份额的扩展，引领它们走向“王者之路”。

图书在版编目（CIP）数据

穿越周期 ：消费品企业的战略破局 / 潘松挺著. 北京 ：机械工业出版社，2025. 3（2025.5重印）. -- ISBN 978-7-111-77727-4

Ⅰ. F403

中国国家版本馆CIP数据核字第20254RC018号

机械工业出版社（北京市百万庄大街22号　邮政编码100037）

策划编辑：康　宁　　　　责任编辑：康　宁

责任校对：曹若菲　张　薇　　责任印制：张　博

北京联兴盛业印刷股份有限公司印刷

2025年5月第1版第2次印刷

170mm×230mm・17.5印张・3插页・190千字

标准书号：ISBN 978-7-111-77727-4

定价：89.00元

电话服务

客服电话：010-88361066

010-88379833

010-68326294

网络服务

机　工　官　网：www. cmpbook. com

机　工　官　博：weibo. com/cmp1952

金　　书　　网：www. golden-book. com

机工教育服务网：www. cmpedu. com

赞　誉

在众多尝试解读周期、破解周期的视角中，咨询的视角有非常强的独特性：从对宏观趋势的判断，到可以真真切切抓住的机会，再到帮助企业破局的实际举措，进而落实到一场场具体的战役、一个个具体的行动。潘松挺先生的这本书，从消费品企业所面对的趋势、红利，到战略方向、商业模式变革，再到品牌、营销、组织、资本动作，由表及里、层层递进，非常具有可读性和现实意义。

——秦朔　人文财经观察家、秦朔朋友圈 & 中国商业文明研究中心发起人

如今，企业家都在谋求如何在新一轮周期的起点上占据先机。作为深耕战略咨询的企业陪跑者，作者以独特的“产融互动”视角，站在消费品产业的现场，力求找到新一轮周期的引擎，并给出消费品企业穿越周期的答案。相信其穿越周期的底层逻辑，对大多数企业具有深刻的借鉴意义。

——吴晓波　财经作家，蓝狮子出版品牌、巴九灵公司创始人

在浪潮汹涌的商海中，消费品企业如何实现逆势增长，谋求突破？潘松挺以其二十余载的经验沉淀，揭晓了企业成功穿越周期的奥秘。本书立足于产业深度与企业成长轨迹，洞见行业趋势与红利。从战略到资本，横跨七大关键领域，并结合安踏、农夫山泉等企业的成功实例，揭示企业构建核心竞争力的策略，为消费品企业的战略破局提供了深刻的底层逻辑和清晰的发展新思路。这本书是消费品行业从业者必备的案头卷，更是一座照亮前路的灯塔，为我们提供了洞察行业的高远视角和明晰的发展路径，能助力企业在变幻莫测的市场浪潮中捕捉机遇、乘势而上，进而实现破局成长与价值飞跃。

——王志兵　建发股份副总经理、建发消费品集团总经理

潘松挺是我的好朋友，也是我事业发展道路上的老师。作为介入消费品行业不久的国有企业，我们非常幸运有和君咨询和潘松挺这样的合作伙伴的长期陪伴、贴身服务，使我们少走了不少弯路。现在我们在同一个产业园区办公，共同组建新消费研究院、新消费企业家俱乐部，举办新消费论坛，在消费品赛道上携手同行。

消费品企业从表面上看来挺好玩，但要做好很难，尤其是当下，更是难上加难。尽管如此，但每个行业都有自身的发展规律和周期，成功的企业大多是把握规律和穿越周期的高手，消费品行业应该也不例外。潘松挺的新书给我带来很多启发，为我们消费品行业从业者把握行业规律、实现成功提供了很好的方法论。

在国家大力提振消费的政策支持下，只要我们顺势而为穿越周期，消费品行业的明天一定会更好。

——徐斌毅　物产中大云商有限公司董事长

潘松挺博士以其多年的咨询实践和坚实的理论功底，对消费品企业的战略发展进行了深度思考。在当下复杂多变的经济与消费环境中，本书的出版具有现实指导意义，堪称企业的战略导航仪。本书梳理了消费品行业的十大趋势和十大红利，精准洞察了行业机遇，深入探讨了商业模式的核心要素——客户、产品和盈利模式，并非简单停留在理论层面，而是结合实际案例提供独特视角。本书揭示了在不同行业背景下打造大单品的思路与方法，同时警示企业不要盲目追求品类创新，而应以消费者需求为导向。这些内容不仅为大型企业的战略规划提供了重要指导，更为创业者指明了一条从短期增长到长期发展的清晰路径。

——张慧勤　杭州联华华商集团董事长

本书是每一位致力于在消费品领域开疆拓土的企业家、市场战略家及品牌管理者的必读宝典。它不仅深刻洞察了全球及本土消费品市场的较新趋势，更以实战为导向，系统阐述了如何在日新月异的市场环境中精准定位、高效布局、构筑壁垒，以实现可持续的品牌增长和形成穿越周期的核心力量！

潘松挺博士是我所见过的在消费品领域最具战略洞见的持续研究者之一，他坚持用发展和前瞻的眼光寻找消费品领域的发展趋势及发展红利，并从产业的视角和企业发展的阶段性视角为企业寻找方向指引和力量汇聚。这不仅是一本书，更是一张通往未来消费品市场领导地位的导航图，让我们一同开启这段充满智慧与策略的旅程。

——傅双利　迎丰股份董事长

从潘松挺给山鹰做战略咨询开始算，我们已经认识近十年。多年来，造纸行业经历了波峰和波谷，其间机遇与挑战交织，让我越发认识到穿越周期是企业最核心的命题。书中对于企业如何理解消费品产业趋势、把握消费品产业红利，给出了清晰的解答；而且对企业如何从战略、产品、营销、供应链、组织和资本等方面不断突破、实现可持续增长，给出了具体的方法。本书结合丰富多样的企业成功案例，用战略眼光解构发展难题，为企业在周期波动的市场中实现突围提供了清晰的思路和可借鉴的模式，值得各位企业家仔细品读。

——吴明武　山鹰国际董事长

推荐序一

一个消费品企业的企业家，在回首一生辛劳的时候，什么样的成就可以让他感到人间值得、足慰平生呢？我想有两类成就：一是打造了一家小而美、小而好、能传世的老字号，它的产品可能是一家菜馆、一家药铺、一双布鞋、一把陶壶、一把梳子、一款首饰、一味中药、一家旅馆等；二是打造了一个穿越周期、成为行业王者、惠及大众的大品牌，比如宝洁、耐克、安踏、可口可乐、农夫山泉、星巴克、雀巢食品、江中食疗、伊利牛奶、苹果、华为手机等。本书讲述的正是后者，它致力于探究和揭示：作为消费品企业，如何穿越周期、成为产业领袖、惠及更多民众？

《穿越周期：消费品企业的战略破局》这一书名，立即撩起了我阅读它的兴趣。全书共有 5 章，第 1 章寻找消费品企业穿越周期的力量，揭示消费品企业穿越周期的规律。找不到这些力量、不明白这些规律，谁都甭想穿越周期、基业长青。第 2 章指出消费品产业的十大趋势。本书对每一个趋势的洞察都显得高瞻远瞩又洞微烛幽。第 3 章详解消费品产业十大红利，为消费品企业从哪里挣钱、挣什么钱指明了方向。第 4 章讲解消费品企业怎样战略破局、布局阵法。第 5 章讲解实践中的先行者，解析安踏、农夫山泉、名创优品、爱美客、物产中大云商等几个著名消费品企业的成长实践和成功密码。

全书通读下来，我感觉可以分为两部分的内容：一部分内容是怎么看消费品产业。站在产业变迁的角度看企业命运的兴衰，是本书的第一个亮点。很多消费品企业都缺乏产业思维和宏观视野，局限于产品思维和眼前盈利，只吃碗里的不看锅里的，更看不到田里的。本书首先从消费品产业的宏观视野和产业变迁谈起，有着切中时弊、点中要穴的意义。本书另一部分内容是消费品企业怎么干。从战略破局到阵法打法，再到案例解析，都很接地气，可以指导消费品企业实操实干，这是本书的第二个亮点。

本书的第三个亮点是“立足长期主义、我来做产业领袖”的正能量。全书从产业怎么看和企业怎么干两个维度，看清楚消费品产业的十大趋势、十大红利和巨大机会，指明消费品企业的战略突破、成长路径和实战打法，让人鼓起战胜行业“内卷”的勇气，穿越悲观退缩的迷茫，燃起立志做产业领袖的激情。我已年近花甲，读这本书后，陡然升起一股“人生六十再立志，立志就做消费品”的冲动，只叹我“廉颇老矣不能饭”。

看书思人，书如其人。潘松挺是浙江大学管理学博士，十年前我结识他的时候，他是浙江省委党校的副教授、研究生导师，从事教学和研究工作。2013 年，有一次我去浙江大学演讲，潘松挺来听讲，我和他得以结识，初聊管理咨询。2014 年初，经和君咨询合伙人匡奕球的推荐，潘松挺来到北京和君咨询总部，对和君集团总裁许地长说：“我在浙江大学读管理学博士期间，就跟着导师做管理咨询，工作后也一直在做管理咨询。管理咨询是理论和实践紧密结合的工作，我喜欢这种工作，希望把管理咨询作为自己的终生职业。和君咨询是本土管理咨询业的第一品牌，我慕名前来商谈加盟。”就这样，潘松挺正式加盟了和君咨询，做合伙人。

潘松挺在和君咨询平台上，从一般的合伙人做起，学习和君咨询的思想、融入和君咨询的文化，逐步成长，表现出一个优秀和君人的多重品格：擅于学习、勤奋敬业，具备出色的专业水准、优良的经营能力、永远乐观向上并满怀希望的精神状态，无私分享和乐于帮助同事，客户满意度高。2022 年，潘松挺众望所归，正式担任和君咨询的 CEO（首席执行官）。

从其加盟和君咨询之时算起，我跟潘松挺同舟共济十年了，感觉潘松挺本人有三个特点，这些特点充分体现在这本书上：一是有思想、有见地、有专业；二是求真务实，接地气、尚实干、讲结果；三是始终正能量，从来不畏难、不怕苦，总是在黑暗中看到光、在困难中找到机会。其精神正如陈毅《青松》一诗中所写的：“大雪压青松，青松挺且直；要知松高洁，待到雪化时。”

潘松挺的专著《穿越周期：消费品企业的战略破局》即将出版，我先睹为快。通读书稿，收获多多，有感而发，以兹为序。

和君集团董事长、和君商学院院长

2025 年初春于和君小镇

推荐序二

迎接中国消费品产业高质量发展的黄金十年

20 世纪初，美国迅猛推进工业化，超越英国成为世界第一制造业大国。英国记者威廉·斯泰德（William T.Stead）敏锐地洞察到美国崛起的工业实力会对整个世界产生冲击，在 1901 年出版了《世界的美国化》（*The Americanization of the World: Or the Trend of the Twentieth Century*）一书，他认为美国"正以自己的形象塑造世界"，并这样描述美国工业产品和文化对英国人日常生活的影响："一个普通的英国人早晨在新英格兰被单中睁开眼睛起床，用威廉斯牌香皂和杨基牌安全剃刀刮去脸上的胡须，在他产自北卡罗莱纳的短袜外面套上来自波士顿的靴子，扎紧来自康涅狄格的背带，从口袋里拿出华生或沃特伯里牌手表，然后坐下来吃桂格牌的燕麦早餐……"他预言"美国化"（Americanization）是"20 世纪的潮流"。

正如斯泰德精准的预言，美国在过去一个多世纪里通过其诸多的消费品企业影响了全球现代化的生活方式。如果说当代中产阶级的生活方式，本质上是全球的美国化生活方式并不为过。世界各地的人，像美国人一样吃着肯德基、麦当劳，穿着耐克运动鞋，用着宝洁的洗发水和牙膏，喝着可口可乐，看着好莱坞大片，用美国人灌输的思维方式分析问题……美国战略学者哈默尔（Gary Hamel）和普拉哈拉德（C. K. Prahalad）在《竞争大未来》（*Competing for the Future*）一书中直言："凡是享受过美国中产阶级生活方式的物质成就者，都不得不承认他或她领受到了这些品牌先驱极大的恩惠。"美国的消费品企业在过去 100 年的发展，不仅成就了一批享誉全球的品牌，而且成为美国领导全球的象征和"软实力"。

时至今日，中国早已超越美国成为制造业大国。联合国工业发展组织的最新报告显示，到 2030 年中国制造业产值全球占比将进一步上升至 45%，将是美、日、德制造业产值总和的两倍。然而，中国消费品的品牌影响力远没有达到与其制造业强国相称的地位。面向未来，中国的消费品产业及企业如何走出中国特色的高质量发展之路？潘松挺博士的《穿越周期：消费品企业的战略破局》一书的出版正逢其时，为中国消费品企业的未来发展之路指明了方向和路径。

第一，消费品企业要坚持长期主义。潘松挺从产业、市场、人群、产品的逻辑出发，系统地分析了消费品企业未来十年的发展趋势，总结出十大发展趋势。这些发展趋势不仅是基于战略理论的规律，更是对中国消费品产业现实情形的深刻洞察、立足于消费品产业长期可持续发展的思考。巴菲特尤其钟爱消费股，他认为消费品容易造就成长股，提供了无始无终、永续持久的需求，"这样的产品可能像自己长了脚，它可以经受住市场的考验，给我们长期带来收益"。一个优秀的消费品企业必然要基于长期趋势思考自身的企业价值，不能被市场短期利益所牵引而随波逐流，这样才能获取市场的长期收益。就如巴菲特所投资的比亚迪汽车，正是其创始人王传福基于中国能源需求和汽车发展的深刻洞察，二十年如一日地坚持发展电动汽车技术，成就了其当今在汽车领域的领袖地位。潘松挺的十大趋势研判理应成为消费品企业思考长期主义的指南针。

第二，消费品企业要坚持做难而正确的事。何为做正确的事？就是要顺应时代的发展红利，为中国式现代化贡献自己的力量。潘松挺在本书中指出了科技创新、产业升级、国产替代、新兴赛道、区域差异化、品牌全球化、产品质价比、高净值人群、资本市场和中华文化十大发展红利。这些发展红利就是当下中国社会和市场迫切所需要的，而且很多是没有发达国家的过往经验参照的，更需要中国的消费品企业自力更生、走出自己的特色之路。这无疑不是一件轻松的事。针对于此，潘松挺从企业使命愿景、战略定位、商业模式设计到战略目标的制定与分解，解析企业战略破局的方法，给消费品企业构建了一个系统的战略框架和落地方案。这肯定不是一件简单的事。稻盛和夫曾说："所谓简单的事，就是'捷径'，是那些大多数人都会做的事；所谓难的事，往往就是'布满荆棘的路'，是那种你不坚持很容易、坚持会很难的事。"细读潘松挺的这本书会发现，这就是一本教你做"难而正确的事"的宝典。

第三，消费品企业要坚持利国利民。农夫山泉创始人钟睒睒在公开场合谈到农夫山泉时隔二十几年再次推出纯净水产品的原因时，坦言推出纯净水是"意气之举"，表示"仍然不希望消费者去喝绿瓶水"，并强调"希望消费者偶尔喝一瓶，不希望整个家庭长期饮用"。这种"打脸"自己产品的行为，实则是企业家对当下中国消费品"内卷"低质竞争的另类表达。我和潘松挺从事消费品产业研究和咨询多年，深感当下中国消费品产业“内卷”式竞争造成了诸多恶果。“下沉”“内卷”“规模化”造就了一个时代，也成就了大众“廉价”的幸福生活。但便宜没好货、劣币驱逐良币，迟早是要付出代价的。物极必反，“向上”“非同质”“社群化”理应成为新的潮流，让浩然正气重构我们的幸福生活。在商业低迷的环境下，“胖东来”受到人民的喜爱和追捧不是没有原因的，这恰恰反映出诸多企业提供的是“劣质”和“令人不放心”的商品，“让人民满意的消费品”远远没有得到满足。潘松挺在本书中也指出中国消费品产业和企业存在升级和高质量发展的需求，期待本书能够呼唤更多的企业家推动中国消费品的升级换代，真正从人民的价值和利益出发，希望“让人民满意”的品牌成为大街小巷的主角。

潘松挺和我在和君咨询共事十余年，一同服务了数十家消费品企业，陪伴和见证了一批消费品企业的崛起和成长。这本书是他对我们多年与企业家共同实践经验的总结，我们都期待能为中国消费品产业的高质量发展贡献自己的微薄之力。感恩商业大潮涌起、野蛮生长的时代，更感恩一批锐意进取的企业家不断学习创新，使如今的中国商业大地上展现出繁盛的消费图景。展望未来，我们更期待一批有雄心壮志的企业家，能够坚持长期主义，坚持做难而正确的事，坚持利国利民，带领中国的消费品产业走出具有中国特色的高质量发展之路，让“中国化”（Chinanization）成为21世纪的潮流。我们坚信，未来十年是中国消费品产业高质量发展的黄金十年！

王丰

和君咨询董事长

序　言

消费，是所有生活在现代商业社会中的人一生都无法规避的事情。消费品不仅满足着人们日常衣、食、住、行、用的基本需求，还在某种程度上承载着年代的记忆，代表着民族的形象，关乎着经济的发展，影响着社会的潮流。而作为距离人们生活最近、民众关注度最高、商业涵盖范围最广、创业者最聚集的商业领域，消费品企业的发展一直以来深受学者、投资人、媒体人、咨询人的关注。从可口可乐、沃尔玛、宝洁、星巴克，到苹果、特斯拉、路易威登（LV），再到安踏、茅台、海底捞、胖东来等，凡谈论、研究、服务于商业和企业的，都绕不开这些卓越的消费品企业。

作为深耕战略咨询二十余年的咨询人，能够专注于服务消费品企业是一件非常快乐的事情。从日常工作的角度来讲，我们既是创造者，又是体验者，每天的工作就是研究如何让人们更好地吃、喝、玩、乐，帮助企业找到价值创造的方向、找到撬动市场和业务增长的关键点；从产业研究的角度来讲，无论是欧美发达国家消费品市场所积累的先行实践经验，还是改革开放后的四十多年里众多本土消费品企业的崛起与腾飞，都为我们研究和入局消费品行业提供了丰富的经验、方法和多样的舞台；同时，消费品产业又是一个受经济发展水平、民族文化融合、社会思潮变迁等众多因素影响的领域，它既有民生消费这样稳定的底座，又有创新性消费这样活跃的前锋，加上中国市场是全球规模最大、增长最快的消费品市场，既有确定性又有不确定性，使得消费品企业在战略上能够有广阔的想象空间，在战术上能够有灵活的腾挪手法。

当下，这个多变而充满活力的领域正经历着经济、人口、文化多重因素带来的复合式影响，艰难、压力、“内卷”成了行业的主旋律。越是在这样的困境下，人们越会意识到持久的生存能力和穿越周期的重要性，消费品产业的未来究竟在哪里？我们该如何应对当下的挑战？消费品企业还有新的机会吗？在多重周期的压迫下，在自顾不暇的“乱纪元”里，大家都希望拨开眼前的迷雾，更好地看清未来。回答这些问题，帮助大家坚定信心和找到未来，正是促使我写下这本书的原因。

过去的十年里，我同近千位消费品行业的企业家进行了深度的对谈与交流，深度服务了100多家企业，在真实的商业生态中同企业家一起筹划企业的未来，亲历过企业飞跃式发展时的意气风发，也亲历过企业面临四面楚歌时的绝处逢生。同时，一直以来，我和我的团队坚持研究导向，一方面从既往的咨询项目中总结规律和经验，另一方面坚持用发展和前瞻的眼光寻找消费品领域的发展趋势。在真实的商业实践和理性的产业观察之间，我们一直在追寻企业穿越周期、稳健发展的核心力量。

当下的消费品产业，从发展上呈现出许多不同以往的趋势和特点。这些趋势和特点必然会影响未来十年，乃至更长时间周期里企业的发展方向。经营往往囿于当下，而战略必须指向未来。对未来趋势的正确把握始终是企业进行战略部署、确保持续稳定发展的重要前提。在这本书里，我将和大家分享对于消费品产业未来发展趋势的思考和判断，同时找出在艰难前行的当下，那些仍旧可以坚定不移地去拥抱的发展红利。我也将和大家一起探讨，在激烈的市场竞争中，在日复一日的企业经营中，什么才是真正帮助企业穿越周期的核心力量。在本书的最后一章，我选取了五个国内非常具有代表性的案例。这些企业都拥有大家耳熟能详的品牌，企业发展和创始人的故事也在各种媒介广为传播，而我更希望带给大家的，是这些企业如何在顺境中一日千里，又如何在逆境中踽踽而行，帮助它们稳健成长、构筑壁垒、穿越周期的核心力量是什么。

消费是一个充满吸引力的领域，有思想和见地的专家众多，由于背景和出发点的不同，大家看待消费品的视角也有很大不同，其中有消费趋势的视角，有市场竞争的视角，有品牌营销的视角，也有产品创新的视角，不同专家基于这些视角总结出了相应的规律，给出了许多具体的方法论。这些视角都是消费品企业经营发展过程中不可忽视的部分，基于这些视角提出的许多方法论，也在实践中获得了成功。在本书中，我将重点从两个视角出发，一是产业的视角，二是企业发展的阶段性视角。

为什么是产业的视角呢？和君咨询一直将产业视角作为企业战略规划的核心视角，只有从产业的视角出发，才能描绘出企业所处发展环境的立体式全貌：从横向上看，只有对产业的规模、集中度、发展阶段、市场变化、竞争格局、相关政策等有深入的理解，才能判断企业发展的想象空间、规模化可能性、模式合理性、竞争护城河、政策红利等；从纵向上看，只有对产业链的整体布局、各个环节的发展和盈利水平、链条间价值传递中的损耗等有客观的分析，从产业链当中区隔出细分领域和细分行业，才能判断企业的核心盈利点、盈利空间以及扩大盈利的方向，进一步帮助企业做好定位和业务布局；从更全面的视角上看，产业的发展、企业的发展离不开产业生态的滋养，产业生态的完善程度、彼此间的协同能力、内生的创新氛围都影响着企业最终进行战略的判断和选择。所有企业都处于产业中，只有产业的视角，能够完整地呈现企业生存的外部环境。如果说我们的企业是鱼，产业就是企业赖以生存的水，产业的视角就是在水中构建的一张网，能够为企业获取战略判断信息提供清晰的坐标系和数据支撑。复杂的企业经营没有“一招鲜”，没有“万金油”，全面、客观、理性的分析，以及对趋势的把握、对发展的洞见，是做出正确战略动作的关键。

又为什么要强调企业发展的阶段性视角呢？企业的发展是一个循序渐进的过程，不仅要有方向、有定位、有目标，更重要的是要有前进的节奏。企业的规模有大有小，发展阶段也不尽相同。一家企业会有从 0 到 1、从 1 到 10、从 10 到 50、从 50 到 100、从 100 到 1000 的不同发展阶段，每个阶段发展的重点既有共性，又有特性。诚然，我希望能通过这本书去展示更多共性，以帮助到更多对这个领域感兴趣的读者，但其中的许多观点和建议，还是要结合具体情况再分析和思考。我将尽量在这些可能产生分歧和差异化的部分，做出明确的标注。

时下，已不是消费品行业喧嚣繁盛的顶峰时期。消费者变得越来越理性与务实，在购买产品时实用价值、社会价值、情绪价值都要考虑，产品再也不能靠炫酷的设计、新奇的概念、无中生有的品类来吸引消费者买单。创业者愈发步履维艰，“卷”流量、“卷”价格、“卷”服务，在“既要、又要、还要”的夹缝中被迫进入微利时代，赚钱难、增长难、“躺平”更难。资本回归冷静，再逻辑自洽的商业模式，再漂亮的路演 PPT，再由精英组成的创业团队，如果没有拿出确定性的结果，也还需要“再看一看”，对于中后期的投资者来说，由于 IPO（首次公开募股）的不确定性，退出更是变得遥遥无期。我身边很多从事消费品咨询的朋友，迫于压力也不得不转向高科技等行业。

但促使我和我的团队坚定看好并持续深耕消费品行业咨询的，是这个领域永远旺盛的生命力。无论经济如何发展，社会如何演变，消费的观念和风潮如何变化，老百姓对美好生活的向往永远不变。不管是柴、米、油、盐、酱、醋、茶的生活需求，还是琴、棋、书、画、诗、酒、花的精神需求，都是消费品行业得以不断生长繁育的肥沃土壤。正是因为建立在这样生生不息的向往之上，所以这个行业永远不缺乏创新的灵感、开拓的勇气、颠覆的力量和成功的机会。消费，既是商业的起点，又是商业的终点，商业不止，消费不止。所以，尽管世异时移，我仍然愿意在这样的时点和大环境下，将我们多年来在消费品咨询实践和理论研究中的思考整理出来，写成文字，出版成书，分享给大家。本书无关社会热点，也并非立于行业潮头，就像我们的书名所透露的一样，这不是一本仅仅面向当下的消费趋势总结，也不是一本充满理论和模型的咨询操作手册，更不是一本剖析经典成功案例的故事集，它是基于产业视角对消费品行业全貌的描摹与发展规律的预测，是基于战略视角为企业寻找破局机会的方向指引，也是基于发展视角对企业如何穿越周期波动的力量汇聚，更是基于经验视角对这个领域中伟大企业的致敬。

感谢每一位读者的支持，希望这本书没有浪费您宝贵的时间，更希望这本书能够引发您的思考，让您有所收获，这样方能不负您的信赖。

潘松挺

2024 年 10 月于杭州

目 录

第 3 章
消费品产业十大红利 061

第 4 章
消费品企业战略破局 107

第 5 章
实践中的先行者 167

后　记 256

穿越
周期

第1章
穿越周期的力量

消费品企业的终极目标是穿越周期

愿意翻开这本书，你可能是消费品领域的创业者、企业主，可能是政府相关部门的领导干部，可能是消费品行业的投资人，可能是消费相关领域的服务者和从业人员，也可能只是对这个领域感兴趣的普通读者，但无论你的工作是什么，近年来都免不了对消费感到迷茫和困惑。

如果你是消费品领域的创业者或企业主，你会感到属于消费品赛道的机会和红利越来越少了，传统行业能细分的品类差不多分完了，消费者越来越知道自己要什么、不要什么，那些华而不实的产品和无中生有的品类已经无法激发大家的购买兴趣，各行各业的企业都在“卷”价格、“卷”流量、“卷”服务，企业不管是做营收还是做利润都越来越难，如果做不到某个赛道里的头部，日子大概率不太好过；资本市场，无论是一级市场还是二级市场，对消费品都不是很支持，融资变得越来越难，消费品企业在 A 股上市越来越难，已经上市的公司估值（市盈率）也很低，很难引起市场的关注。

如果你是政府相关部门的领导，你可能为提振居民消费、做大消费品产业的事伤透了脑筋。尽管近些年来从中央到地方各级政府都在想办法提振消费，但效果却并不明显。主管单位发现，发消费券、做展会活动这样的动作，已经无法刺激居民的消费热情了。有时候就算活动的阵仗弄得很大，场面也很热闹，但产生的实质性消费却不多，或者只是短时间拉动了一下消费需求，对于消费品产业并没有实质性的帮助，老百姓就是捂紧了“钱袋子”。

如果你是消费品行业的投资人，这几年大概率是比较压抑的。因为消费品企业上市之路越来越艰难，即便上市了，二级市场给的估值也很低，很容易就破发；如果暂时未能上市，受业绩压力的影响，退出也很难。现在很多投资机构、券商，甚至把消费品相关的部门裁撤了。那么消费品投资的未来在哪里？还能不能坚持做这个领域的投资？已经投资的企业，未来能不能好起来？

对于普通大众来讲，我们每个人都是消费的参与者、消费的主体，所以好像说到消费，人人都能说出一些品牌观察来，但这里面一些看似简单的问题，又是很多局外人，甚至局内人都很难讲明白的。

对于这些迷茫和困惑，只有从周期的角度来看，才可以迎刃而解。不管是 3 年、10 年的周期，还是更长的周期，当我们用时间的长度去审视这些疑惑，摒除嘈杂的声音和复杂的情绪后，就能够获得更加客观和理性的答案。

首先说消费品行业有没有机会，未来到底还能不能做，还有没有新的红利？这些问题的答案是肯定的。因为在能源、互联网等很多领域还没出现的时候就有消费了，未来也是一样，不管新能源、人工智能等技术怎么变化，我们人的基本需求总是不变的，对美好生活的向往总是不变的。从产业的角度来看，大消费概念下的每个子产业都有千亿元甚至万亿元的空间，而产业结构性变化、产业周期性迭代、产业突破性发展所带来的生态变化始终会带来各种各样的机会和红利。

所以当我们站在周期的角度来看待这些问题的时候，对于企业来讲，就并不是一时做得快一点或慢一点就有用；对于政府来讲，也不是简单地刺激一下消费，办两场活动就有用。所有身处这个领域的人们，还是要实打实地在消费的供给和需求上努力，通过创新和迭代提供更好的产品，通过稳定就业和提振经济让人们获得更多安全感。投资者也不要纠结于一时的得失，现在可能确实没有像 2020 年到 2021 年上半年那么多的消费投资的机会，但是当我们放远周期来看，可口可乐一直是一个好的标的，百胜中国一直是一个好的标的，安踏也一直是一个好的标的。而且现在很多很好的消费品企业的价格都是被低估的，进入的成本非常低，反而是投资非常好的机会。至于上市，实在不必勉强，能分红也是不错的选择。

消费品行业之所以受到创业者、政府、投资人的青睐，就是因为它持久、稳定、能穿越周期。作为一个持久、稳定、能穿越周期的领域，作为涉及民生的产业，它本来就不应该太过激进，否则就是对未来的透支，那样带来的将是库存的积压、产能的过剩、消费者体验的过度消耗和企业的疯狂“内卷”。说到底，是我们被红利期的飞速发展扰乱了心态。但从长远来说，我们终究不能把跨越当常态，把泡沫当实体，扰乱了自己的心智。

看发达国家的消费品企业如何穿越周期

消费品，作为人类历史上最古老的商品种类，不仅寄托了人们对美好生活的向往，也承载和反映了一个国家、一个民族、一个时代的制造技艺、科技水平、文化积淀、审美情趣和价值选择。从中国的精美的瓷器、丝绸，波斯的艳丽多彩的地毯和纺织品，到法国的红酒、印度的香料、哥伦比亚的咖啡；从工业时代的汽车、家电、方便食品，到互联网时代的智能手机、可穿戴设备；从孩童手中的毛绒玩具，到老人用的电动轮椅……消费品跨越了国度，串联了历史，也穿越了时空。

在纵横交织的消费品世界里，诞生了许多堪称伟大的企业，它们作为经济发展的有机个体，不仅创造了大量的财富，也作为产业发展的先行者与带动者，推动了科技的进步，创造了新的产品，引领了新的生活方式，甚至成为民族文化的代表。回顾近 200 年来欧美各个国家走向强盛的历史，其中不乏本国消费品企业崛起的身影。这种企业与国力的相生相长，正是推动一个国家进步的不可或缺的重要力量。

美国是当前全球消费品头部企业最集中的国家之一。在普华永道 2024 年 3 月发布的全球上市企业 100 强排行榜中，有 25 家消费品企业，其中 14 家来自美国。回顾美国从殖民地和种植园逐渐发展为全球综合实力第一的强国的历史，没有人能够忽略工业、能源、科技的推动力量，但也没有人能够忽略可口可乐、沃尔玛、麦当劳、星巴克、宝洁、苹果、特斯拉等一大批消费品企业对经济发展的带动作用和这些品牌在全球市场的影响力。在美股市值排名前 100 的企业当中，消费品企业占 22%，合计营业收入达到 27988 亿美元，占总营收的 28.3%，合计净利润达到 3311 亿美元，占总利润的 21.7%。其中，苹果以总市值 34592 亿美元占据美股榜首（截至 2024 年 9 月 27 日），特斯拉、沃尔玛、可口可乐等也都以数千亿美元的市值作为所在产业的龙头企业引领着产业的发展，影响着全球人民的消费。可以说美国强大的经济实力背后，少不了各大消费品企业的身影。

在 2024 年巴黎奥运会上，在全球瞩目的体育赛事中，不胜枚举的奢侈品牌带来了时尚与体育的梦幻联动，也让全球民众对法国这个艺术与时尚的国度有了更具象的感知。法国人与生俱来的时尚基因和审美天赋孕育了一批引领时尚的商业集团。在法国，市值排名前三的企业分别是：一度突破 5000 亿美元的路威酩轩（LVMH）集团、曾突破 2500 亿美元的欧莱雅集团、突破 2000 亿欧元的爱马仕集团。这三家企业都是消费品企业，并且是时尚消费领域的奢侈品企业，这让法国成为全球当之无愧的时尚奢侈品中心，其时尚引领者的位置无可撼动。

更具代表性的是德国的汽车工业。自 1886 年卡尔·本茨发明第一辆以汽油为动力的汽车开始，汽车就作为最具代表性的耐用消费品，逐渐成为德国经济的重要支柱，与德国的政治、经济、社会、文化发展紧密联系在一起。在德国市值排名前十的企业当中，有四家是车企。市值 800 多亿美元的保时捷、700 多亿美元的奔驰汽车和大众汽车、600 多亿美元的宝马汽车分别位列第六、七、八、九。当我们在世界的语境中谈到德国时，始终无法忽略德国的汽车工业，而我们在谈到汽车时，也始终无法不谈德国品牌。一个国家的特性与在它丰厚土壤中诞生的伟大消费品企业交相呼应，勾勒出独特的世界形象。

二战后，日本在各行各业都被欧美发达国家占据先发优势的环境下，其消费品企业走出了自己的特色。地窄人稠、资源稀缺的现实国情和细致严谨的国民性格，成就了日本的精益生产思想，也造就了以丰田汽车、松下电器、索尼、优衣库、无印良品为代表的一大批制作精良、品质上乘、价格亲民、外形简约的消费品品牌。这些消费品品牌作为日本经济腾飞的参与者和受益者，伴随着日本成为世界强国而走向世界。

以上这些全球知名的消费品企业，都经历了多轮周期的“洗礼”。在他们的发展史当中，都不乏一段艰难困苦的岁月，不乏一场或几场毁灭性的危机。就美国企业来说，从 1893 年至 2022 年，美国经历的值得关注的衰退至少有 19 次，但 139 岁的可口可乐如今仍旧保持着 6% 左右的年增长率，73 岁的肯德基还可以每年新增 1000 多家门店，62 岁的沃尔玛每天仍然有超过 15 亿元的营收……所有这些都是日复一日、年复一年的扎实经营所产生的复利效应。与这些全球知名的消费品企业相比，我们的企业大部分都成立于改革开放之后，都还很年轻。

在巴菲特过去几十年为数不多的价值投资中，消费股长期占据着 60% 以上的比重。截至 2024 年 7 月，可口可乐的市值超过 2847 亿美元，再创历史新高。从巴菲特 1988 年首次买入可口可乐的股票到现在，巴菲特已经持仓可口可乐超过 35 年，在 35 年中实现了超过 300 亿美元的投资回报。另一个总被人津津乐道的无疑是苹果。从不看好科技型企业的巴菲特自 2016 年投资苹果后开始持续押注，逐渐加仓成为苹果公司的第二大股东。苹果也不负众望，为巴菲特带来了近 1200 亿美元的丰厚回报，伯克希尔 · 哈撒韦公司的这笔投资增长了近 620%，年化回报率超过 26%，当仁不让地成为巴菲特有生以来最成功的投资之一。除此之外，喜诗糖果、卡夫亨氏、宝洁、开市客、丰田汽车、比亚迪等消费品企业也都受到巴菲特的青睐。

从各个国家和地区来看，各国财富排行榜的前十名当中也不乏消费品企业家的身影：法国的财富排行榜几乎被各大奢侈品集团的董事长占领，LVMH 集团、爱马仕集团、欧莱雅集团、开云集团、香奈儿集团的掌门人或大股东都榜上有名。德国财富排行榜中，德国零售品牌 LIDI 董事长迪特尔·施瓦茨、宝马集团董事和股东斯特芬·科万特和苏珊娜·克拉腾姐弟、奥乐齐（ALDI）集团的卡尔·阿尔布雷希特和西奥·阿尔布雷希特兄弟，以及卡尔·阿尔布雷希特的女儿贝亚特·海斯特等人都排在前十位。在日本，迅销集团的创始人柳井正、股东矢井一澄、柳井正的儿子柳井浩二分别位列财富排行榜的第三、第五和第七位，尤妮佳株式会社的董事长高原孝久、乐天株式会社的董事长三谷浩史、家具大卖场似鸟（NITORI）控股集团的似鸟昭雄、鞋类连锁零售商 ABC-Mart 的三木雅弘也都在前十名以内。在中国，农夫山泉的创始人钟睒睒曾连续四年成为中国首富，零售电商拼多多的创始人黄峥也连续两年排名前五。

消费品企业那些隐形的壁垒

这些消费品企业看似做的产品都很简单，商业模式也没有特殊之处，为什么能持续几十年甚至几百年的发展，成为千亿元营收、万亿元市值的龙头企业，能够穿越周期不断破局重生？其实，在日复一日的坚持中，成功的消费品企业积累了许多隐形的壁垒。这些隐形的壁垒很值得我们深入研究与学习。进入消费品行业的门槛确实不高，再大的企业都要从一家小店、一款产品、一个社群做起，但所有能够将小事做成大事、将小生意做成大企业，并且成为行业头部的企业，一定具备非常高、非常厚的壁垒，这种壁垒不像高科技、互联网、医药等领域的壁垒那么明显，它们往往是隐形的、模棱两可的、很难用金钱衡量的。从我们长期的研究与咨询经验来看，这些消费品企业往往通过长期的努力积累了以下四类隐形的壁垒。

选择依赖：消费者很容易对一款优秀的产品形成长时间的依赖。家庭主妇常年购买的品牌洗衣液、每次促销活动都要囤几箱的纸巾，往往是日用品的使用依赖；被山东老乡称为“第三主食”的青岛饼干、“就是这个味儿”的红烧牛肉面、海外留学生热捧的老干妈、代表国民记忆的玻璃瓶汽水，是食品饮料的口味依赖。这种依赖一旦形成就很难被改变，进而产生持续的复购。用户选择依赖的原因有很多，既有时代造就的“白月光”，又有圈层认同的群体效应，更有品牌持续投放的资产积累，但核心还是产品力本身，如果一款产品不是品质过硬，消费者是不可能对它形成选择依赖的。消费品的产品差异非常微妙，消费者的感知也细腻入微。《茅台传》中描述消费者青睐茅台的原因是“不上头”，而这独特产品的背后，是独特的配方、精良的工艺和稳定的生产，这都是表象背后隐形的壁垒。

渠道根基：从进入市场到稳扎稳打、常年渗透、形成根基，是一个循序渐进的过程。一旦形成了渠道根基，就形成了牢固的护城河，是新进入者很难模仿和快速复制的。短兵相接时，渠道根基会成为最强有力的武器。以线下快消品为例，宝洁、百事、可口可乐、旺旺、箭牌，这些头部消费品品牌无一不是建立了强大的营销网络，将销售的触手深入到每一个村镇的夫妻店、每一家学校的小超市。在这些传统稳定的消费品赛道，如果没有建立强大的渠道根基，想要弯道超车往往是非常难的。以电商渠道为主的企业也是如此，若没有早些年积累的大量粉丝基础，没有对渠道经营能力的多年打磨，在流量见顶、线上厮杀激烈的当下，新品牌也很难闯出一片天地。

品牌心智：品牌心智就是一个品牌在大众心中形成的印象，这种印象往往决定了消费者在希望购买这一品类的产品时，最先联想到品牌。品牌心智的形成原因是多元的，比如优秀产品带来的良好体验，渠道深耕带来的触手可及，但在这里我最想强调的是戴维·阿克提出的“品牌资产”的概念。如果说选择依赖是产品本身带来的忠诚度，品牌心智的打造则格外需要广告上的投入。品牌心智实际上就是“品牌资产”产生的利息，是品牌持续投资带来的认知印记，是时间和投入创造的复利，也是消费品行业一种独特的壁垒。

极致管理：管理能力是消费品企业背后的底牌。为什么同样的产品，有的企业能够做到更低价、更稳定？为什么同样的餐厅，有的人气很旺，有的食客寥寥？为什么有的品牌客户投诉不断，而有的却广受赞誉？为什么有的企业投资并购后的品牌都能与原品牌协同发展，有的却只是转换了所有权，经营还是老样子？管理能力是企业最深的壁垒，消费品企业尤其如此。正是因为进入行业的门槛不高，行业内部厮杀激烈，消费品企业近身“肉搏”时获胜凭借的就是机制管理带来的价格优势、品牌好感、门店形象等。这些优势都与管理息息相关。强大的管理体系，以及造就这个管理体系背后的组织，同样是消费品企业隐形的壁垒。

了解了消费品企业这些隐形的壁垒，你有没有发现，它们的构建都需要漫长的过程，很难像科技型企业那样靠一项技术有突破性的进展，也很难被颠覆。产品、渠道、品牌、管理上的日积月累，正是漫长过程中产生的复利效应，让那些能够沉住气、有目标、踏实干的消费品企业生生不息。

寻找消费品企业穿越周期的力量

我国有 14 亿人口，其中有超过 4 亿人且还在不断扩大的中等收入群体，还有逾 1.8 亿户经营主体，是全球最具成长性的超大规模统一市场。人民日益增长的美好生活需要，决定了我国消费市场增长空间大、发展持续性强。这些都是消费品企业能够长远发展的信心和底气，是我们探讨中国消费品企业成长的底气。那么，面对当下周期性的困境，什么才是消费品企业持续发展、穿越周期的力量?

穿越周期，首先要理解周期意味着什么。和我们企业发展直接相关的主要有经济周期、产业周期和企业发展周期，其中还有非常多的细分周期。如果你也对周期理论感兴趣，我推荐你读霍华德·马克斯的《周期》、周金涛的《涛动周期论》等。我们这本书里讲的并不是关于周期理论的解读，所以在这里就不对此做展开讨论了。我们要思考的是，在宏观经济周期客观存在的情况下，产业周期发展的趋势是什么、是否还有可以追逐的红利，再同我们的企业成长周期相结合，思考我们应当如何在多重周期波动带来的复杂局势下找到正确的打法和关键的举措、现实中哪些企业的成功经验值得借鉴。

在本书的第 2 章，我会重点分享消费品产业十大发展趋势，和大家探讨当下的消费品产业发展到了什么阶段、在发展逻辑上有什么样的变化，对于企业来说，战略上应当如何顺应趋势、重新思考，经营上应当如何调整重心，创新的方向又在哪里。在本书的第 3 章，我将带大家去寻找那些周期波动下，和以前不太一样的红利，能够看到这些红利，我们也就找到了向上的力量。当然，趋势与红利，这些都是外部的因素，企业真正的成功还是要向内求，内圣方能外王。这就要求我们的企业在战略上有更深的思考和布局，通过使命愿景的牵引、商业模式的迭代，还有产品、品牌、营销、供应链、组织等多方面的成长，加上资本的驱动，共同去突破瓶颈。我会在第 4 章着重和大家分享这些内容。在第 5 章，我选取了五家具有代表性的企业，分析它们是如何在周期中适应趋势、找到红利、沉潜内修，通过战略的不断迭代和经营的扎实推进穿越周期的。此外，作为一名咨询人，在讲好故事的同时，我也致力于提炼出其中的值得借鉴的做法（know how），希望每一位读者读过这些企业的案例之后不仅能对消费品行业有更深刻的理解，还能有效地借鉴和应用其中的经验和方法。

穿越周期

第 2 章
消费品产业十大趋势

看过目录的读者会发现，这本书讲的十大趋势都是消费品产业的视角，这与很多从消费者洞察角度出发讲消费趋势的书或文章有很大不同。

为什么要研究产业趋势呢？因为产业趋势是对企业影响最直接的趋势。经济大势、消费趋势、产业趋势、企业生命周期是我们思考战略时必须考虑的因素，而经济周期和消费趋势都是先影响产业再影响企业的，所以产业趋势解读就包含着对经济大势和消费趋势的解读。它是企业家站在更高维度纵览全局、领悟规律的核心视角，是战略思考的“七寸”。读懂了产业趋势，企业才能更好地理解、借力趋势。因此，产业思维是所有企业家，特别是致力于做到行业头部的企业家，必须具备的一种思维。

从寻找风口到长期主义

消费品企业发展的重点不在于现在的规模有多大、增速有多快，而在于能够活多久。只有穿越周期，企业才能进入下一轮的迭代，才能够享受品牌、渠道、产品带来的复利。

那些穿越周期的消费品企业

过去几十年里，在经济持续跨越式发展、国民消费不断升级的宏观背景下，从彩妆到医美，从小家电到调味品，从床上用品到露营户外……消费品的众多赛道都成了高速增长的“风口”，涌现出一大批消费品品牌。寻找风口也成了诸多企业创业和投资的核心关注点，大家都希望能够吃到赛道的红利。但经历了繁花似锦的消费繁荣、回归理性后的人们发现，想找到风口上的赛道变得越来越难了。所以我们回过头来研究成熟的市场，想要从中找到一些关于消费品企业如何穿越周期的答案。

在研究了美国股票市场上做得最好的一批企业之后，我们发现了很多很有意思的结论，希望这些结论能给大家未来 10 年甚至更长时期的规划带来一些启发。

从表 2-1 中我们可以看到，截至 2024 年 9 月 27 日，美国股票市值 1000 亿美元以上的消费品企业共有 24 家。其中占比最多的是零售行业和食品饮料行业，各占五席；医疗、娱乐行业各占三席，消费电子、个护、汽车行业各占两席，鞋服、烟草行业占一席。这当中苹果的市值、营收、净利润都一骑绝尘，特斯拉因为强有力的经营业绩位居第二，它们都因为开创性的科技产品而受到消费者和投资人的认可。

但有趣的是，除苹果、特斯拉之外，其他千亿美元市值的企业几乎都在传统行业。

先看零售行业。大型商超沃尔玛、开市客，大型家居家装行业的

表 2-1　2024 年 9 月 27 日美股 1000 亿美元以上市值的消费品企业

序号	企业名称	所属行业	流通市值 / 亿美元	2023 年营收 / 亿美元	2023 年净利润 / 亿美元	成立时间
1	苹果	消费电子	34592	3833	970	1976 年
2	特斯拉	汽车	8121	968	150	2003 年
3	沃尔玛	零售	6424	6481	163	1962 年
4	宝洁	个护	4070	840	150	1837 年
5	开市客	零售	3995	2423	63	1983 年
6	家得宝	专营零售（装潢）	3940	1527	151	1978 年
7	强生	医疗服务与保健	3885	852	352	1886 年
8	艾伯维	医疗与医美	3390	543	49	2012 年
9	可口可乐	食品饮料	3077	458	107	1886 年
10	奈飞	娱乐	3053	337	54	1997 年
11	丰田汽车（US ADR）	汽车	2551	2997	337	1937 年
12	百事	食品饮料	2331	915	92	1919 年
13	麦当劳	食品饮料	2178	255	85	1955 年

（续）

序号	企业名称	所属行业	流通市值 / 亿美元	2023 年营收 / 亿美元	2023 年净利润 / 亿美元	成立时间
14	雅培	医疗服务与保健	1961	401	57	1888 年
15	菲利普・莫里斯国际	烟草	1879	352	83	1919 年
16	迪士尼	文化娱乐休闲	1727	889	34	1923 年
17	联合利华（英国）	个护	1626	661	79	1929 年
18	康卡斯特	文化娱乐休闲	1585	1216	151	1963 年
19	劳氏	专营零售（装潢）	1507	864	77	1946 年
20	The TJX Companies Inc	专营零售（装潢）	1332	542	45	1976 年
21	百威英博	食品饮料	1292	594	69	1876 年
22	索尼	消费电子	1193	865	65	1946 年
23	星巴克	食品饮料	1105	360	41	1971 年
24	耐克	鞋服	1074	514	57	1972 年

数据来源：choice，和君咨询整理

家得宝、劳氏，还有做零售折扣店的 TJX ，都是我们通常所说的传统零售商。其中最具代表性的零售业巨头沃尔玛，市值高达 6424 亿美元。这其实是让人非常感慨的结果，因为过去这么多年，很多人都在唱衰沃尔玛，认为沃尔玛是传统零售的代表，商业模式陈旧、资产过重。但在一片唱衰声中，沃尔玛的市值、营收、净利润却一路上涨。此外，家居装修一站式服务商家得宝、劳氏也榜上有名，它们在全球共拥有 4200 多个网点，市值加起来超过 5400 亿美元，净利润加起来有 228 亿美元。做零售折扣店的 TJX，近几年的增长势头也很不错。细究起来，它们遵循的都是非常传统的以线下门店为核心的商业模式。

再来看汽车行业。拿行业市值排名第一的丰田汽车来说，截至 2024 年 9 月 27 日，丰田汽车市值为 2551 亿美元，折合人民币 17800 多亿元，净利润为 337 亿美元，折合人民币 2300 多亿元。一家企业的市值和净利润就等于中国汽车行业所有上市企业的总和。同时段的比亚迪市值为 7429 亿元人民币，2023 年净利润为 313.44 亿元人民币，是中国本土汽车企业中市值和净利润最高的企业。尽管我们在大力发展新能源汽车，但 2024 年上半年，中国 30 家新能源汽车上市企业的净利润加起来，还不及以传统车型为主的丰田汽车一家。

更有代表性的还有可口可乐。截至 2024 年 9 月 27 日，可口可乐市值为 3077 亿美元，折合人民币 21000 多亿元，2023 年净利润为 107 亿美元，折合人民币约 750 亿元。不仅如此，可口可乐在墨西哥的一家经销商或者代理商也能做到非常高的市值和净利润。而成立于 1886 年的可口可乐至今已经有近 140 年的历史了，截至目前，它主营业务收入的 70% 仍旧来自碳酸饮料产品。将一个品类卖了这么多年，味道丝毫未变，但还是可以这么赚钱，这么值钱。

所以，我们在鼓励和拥抱创新的同时也要看到，那些看似传统的消费品行业里的传统企业，不仅可以获得持续、稳定而丰厚的利润，而且可以在资本市场获得很高的认可。

另一个值得关注的现象是，在这 24 家企业里，有 17 家企业的历史超过 50 年，其中还有 8 家是百年企业。

我们国家商务部旗下有一个非营利性组织，叫作“中华老字号协会”，专门负责“老字号”企业的扶持和振兴工作，“中华老字号”商标申请规定的年限恰好是 50 年。也就是说，在美股“打怪”升级一路走到顶端的这些企业，放在国内都应该算是“老字号”企业了。这说明做企业经营，真的想要做到行业头部，首先要能活到 50 年以上。一家企业先确保活下来、活得足够久，这是做到头部的第一个前提。

相较于经历多轮周期的成熟企业，我们国家今天的大部分企业都还处于刚起步的阶段。回顾这些头部企业漫长的发展史，它们在初创期和成长期也曾步履维艰、踽踽而行，是时间赋予了品牌旺盛的生命力，也赋予了企业健壮的体魄。反过来说，消费品企业也具有更强的穿越周期的能力。因为技术类的公司很容易因为一轮又一轮技术的迭代成为周期性波动的牺牲品，而人们对日常消费的需求则是相对稳定的。看看 500 亿美元到 1000 亿美元的企业，如法拉利、万豪酒店、高露洁……你会发现每一个看起来都没有什么特别的创新，大部分都是食品饮料、餐饮、服装、零售这些领域的企业，但经过多年的发展，它们都能做到 500 亿美元以上的市值规模，成了全球消费者耳熟能详的品牌。所以我们做消费品的企业，一定要对未来充满信心，消费品的每一个赛道都具备这样的可能性，作为真正能够穿越周期的产业，消费品企业发展的重点不在于现在的规模有多大、增速有多快，而在于能够活多久。只有穿越周期，企业才能进入下一轮的迭代，才能够享受品牌、渠道、产品带来的复利。

用价值投资的视角来看企业发展

从穿越周期的角度出发，我们就很好理解价值投资。巴菲特不断地投资苹果、可口可乐这样的企业，这样的企业则回馈以持续稳定的增长。

截至 2024 年 4 月 15 日，美股的消费品企业中有 36 家 500 亿美元以上市值的企业，中国则不到 10 家。回看这些已经做到 500 亿美元以上市值的中国企业，贵州茅台于 2001 年上市，到目前为止股票翻了 200 多倍；五粮液于 1998 年上市，到目前为止翻了 100 多倍；格力电器于 1996 年上市，到目前为止分红共 1400 亿元。如果我们还能够找到像这样的头部企业，当我们把时间的跨度放到 10 年、20 年去看，投资的收益一定会很可观。这是因为，第一，存量经济下只有头部企业才能抓住行业红利和资本红利；第二，这些头部消费品企业是可以穿越周期、随着时间的积累把营收和利润都做到很大体量的。所以如果你有意愿做价值投资，就去找到那些未来 10~20 年能做到 500 亿美元市值的企业，用一颗平和的心到二级市场去陪伴它成长和等待收获。因为到那个时候这样的企业有了扎实的历史积累，也穿越了大大小小的多次周期，所以它们会是真正的时间的朋友。

从渗透率到集中度

未来，如果你想在一个行业长期深耕下去，你必须致力于成为这个行业的头部，否则行业的红利没吃到，行业的亏全吃到了。

“内卷”是近几年不容忽视的一个热词。大家普遍觉得各行各业的竞争都在变得越来越激烈，以往的能力、策略、方法论都不够用了，必须“既能、又能、还能”，成为多边形战士，才有可能在竞争中获得自己的一席之地。即便占据了行业头部地位，也要随时保持应对变化的姿态，防止稍一不慎就跌出棋局。

“内卷”现象的背后，是各行各业因为发展速度变缓而带来的对存量资源的争夺。增量时代讲的是“跑马圈地”“抢滩登陆”，只要肯入局，总能吃到蛋糕。但在经济周期性回调和产业周期性回调的阶段，产能从释放走向过剩，消费从狂热走向理性，我们的市场也正由增量经济走向存量经济。

以房地产市场为例，2024 年一季度，全国商品房销售面积是 2 亿多平方米，同比下降 19.4%；商品房销售额为 2 万多亿元，同比下降了 27.6%。与房地产行情最好的时候相比，商品房销售额从

2021 年的 18 万亿元降到了 2023 年的 11 万亿元，整整下降了 7 万亿元。7 万亿元是什么概念？我们国家的整个餐饮行业规模大约是 5 万亿元，鞋服行业大约是 3 万亿元，而房地产在两年的时间里就降了 7 万亿元，仅仅是房地产本身已经影响这么大，更不要说它带动的相关产业的影响。家居、家电等这两年的行情可以说急转直下。

从人口的角度来讲，2023 年末，全国人口为 140967 万人，全年出生人口为 902 万人，人口自然增长率为 -1.48%，人口总量比 2022 年减少了 208 万人。从各省份目前公布的数据来看，只有 5 个省份的人口总量是增长的，增长最多的是浙江。并且，由于育龄妇女人数减少、生育观念变化、年轻人社会压力大等因素的叠加，出生率持续下滑。人口老龄化、少子化、不婚化等趋势加速到来，将对中国的社会、经济产生深远的影响。体现在经济层面，大到内需增长的乏力、劳动力的减少，小到对母婴行业、教育行业的打击，其影响都是长期的。

再来看资本周期。2024 年 4 月 12 日，国务院发布了《国务院关于加强监管防范风险推动资本市场高质量发展的若干意见》，也称新“国九条”。国务院在 2004 年、2014 年也先后发布“国九条”，都是在股市低迷时期针对当时资本市场面临的核心症结而出台的。这次新“国九条”出台的影响主要体现在三个方面：第一，IPO 上市的难度增加了。本来这几年消费品上市政策就很严格，现在在 A 股上市的可能性就更小了。第二，小盘股接下来会很困难。政策规定营收不到 3 亿元的企业即将退市，并且营收中还要把供应链贸易部分剔除。这有可能会造成 A 股上市企业以后每年的退市数量和上市数量差不多。第三，即使没有因为营收利润不达标而退市，股票的减持管控也会越来越严格。可以看出，新“国九条”的影响加大了消费品企业资本化的难度，也意味着我们的资本市场在维持更加理性的增长。

整体来看，整个中国从宏观的经济周期到人口周期，再到资本周期，都进入了存量经济时代。这是我们做任何战略选择都要考虑的起点。

那么，在存量经济时代，我们要研究谁？对标谁？向谁学习？我们仍旧要学日本、学欧洲国家、学美国，但是研究、对标、学习的对象和视角会有所不同。以前我们更关注那些国内没有的领域是怎么做的、创新是怎么做的、新的市场是怎么开拓的，未来我们要更关注下面这些问题：它们的消费品企业是如何穿越周期、在存量过程中仍然保持增长的？是怎么把自己做得很赚钱又值钱的？那些头部企业是如何在争夺头部地位的竞赛中胜出的？在存量经济时代，消费品企业的机会在哪里？是产品和技术的更新换代、市场需求结构性的调整、海外市场的开拓，还是海外品牌的国产替代、营销渠道的重心调整？这些在战略上、组织上、资源配置上，又会对我们企业造成哪些影响？

从渗透率到集中度的逻辑变迁

曾经“大众创业、万众创新”的资本与激情红利，带动了一大批互联网、新消费企业的创立与发展，新的风口和赛道层出不穷，“互

联网 + 消费”、消费升级、海外模式引进等概念在国内市场上绽放，这其中既有新技术带来的便捷与高效，又有高品质带来的美好生活体验，还有西方发达国家消费方式的中国化进程。彼时，国内老百姓在物质和精神方面的消费水平和发达国家给出的美好生活“范本”之间还存在着很大的差距。我们在做产业和行业研究的时候，常常用产品在不同市场的“渗透率”来描述这种差距，并且以成熟市场的渗透率为参照，去预测产业和行业规模、预测增速。那时候，无论是资本端还是产业端，和美国、欧洲国家、日本、韩国比渗透率，一计算就发现，我们还有很大的提升空间，这无疑给企业的战略抉择提供了更具确定性的理由和更加坚定的信心。万物新生与广阔蓝海正面相迎，碰撞出的是一眼望不到边际的前景和希望。

我们国家每百户空调的保有量从 2013 年的 102.2 台增长到 2023 年的 145.9 台；智能手机的渗透率从 2008 年的 11% 增长到 2023 年的 85%；千人汽车保有量从 2014 年的 112 辆增长到 2023 年的 238 辆。在从无到有的过程中，渗透率的高速提升成就了美的、华为、比亚迪等一大批消费品企业。但时至今日，各行各业的发展都日趋成熟，尽管从渗透率的角度来看许多行业还有一定的空间，但渗透率对产业发展的助推力量不会再像以前那么明显。因为渗透率的提升并不是简单的数据叠加，它是一个由快及慢的过程。当产品普及到一定程度时，之后的渗透率提升是极其缓慢的，这种提升速度无法再支撑行业像过去那样高速地增长；而在某些领域，受人文环境和消费习惯的影响，其渗透率本身就不可能达到和国外市场同样的水平。当发展逐渐进入成熟期，后发市场的发展空间变得越来越小的时候，许多行业开始进入“洗牌”和出清阶段。在这个阶段，企业间的厮杀尤为激烈。这也就是我们所说的，国内市场越来越“卷”了。

在结构分化和存量竞争的阶段，马太效应显现，谁能成为本行业或细分赛道的头部，就意味着谁能得到更多的资源和关注。在这个阶段，集中度是比渗透率更为重要的逻辑，CR5（市占率前 5 名企业的市占率之和）、CR10（市占率前 10 名企业的市占率之和）等指标更能反映市场情况。

大部分行业或细分赛道发展的规律都是：在缓慢发展的前期，少数先驱者一边教育市场一边负重前行；在高速发展的成长期，行业内千帆竞渡、百舸争流；在高速发展的阶段过后，行业或赛道进入成熟期，一家或几家优秀的头部企业逐渐成长起来，占据较高的市场份额，剩余市场则被一些中小企业瓜分。在这样的规律下，在一个成熟的赛道，头部企业占据 20% 左右的份额是常态。对于成熟度高、竞争格局稳定、隐性壁垒坚固的行业，这个比例可以更高。比如白酒行业，整个市场有 6000 多亿元的规模，其中茅台大约占行业规模 25% 左右；在包装饮用水行业，2023 年仅农夫山泉的市场占有率就有 23%；在无糖茶饮行业，东方树叶的市场占有率达到 70% 以上；在碳酸饮料行业，可口可乐和百事可乐两大巨头加起来占据了 85% 以上的份额。

在经济高速发展几十年后，今天，越来越多的行业进入成熟期，头部企业开始争夺市场份额，腰部企业两极分化、艰难求生，而尾部企业逐渐被收购和淘汰。

这也意味着，假如一个行业的规模是 1000 亿元，那么头部企业至少有 200 亿元的机会。摒除个别特殊行业，如果某个行业还没有出现这样规模的企业，就说明这个行业还有很大的机会。

跑进头部排位赛，是不得不做的事

在集中度的逻辑里，一家企业努力挤进头部名单，已经不仅仅是一个努力的目标，而是不得不去做的事了。

在行业高速发展的时候，大家都可以吃到一部分红利。而当行业发展整体疲软的时候，为数不多的机会往往属于头部企业，腰部和底部企业只会越来越难，特别是一些小企业的市场份额和利润也会被头部企业吃掉。比如家电行业，整个行业的增量已经很少了，小企业几乎没有了，但是像美的、格力这样的头部企业，日子反而很好过，不仅能维持营收与利润的稳定增长，净利润率还能维持在 8%~10%。

这些现象的背后还有消费者心智认知因素的影响。在行业快速发展的时期，人们的选择往往带着尝鲜的心理，新品牌、小品牌才有机会凭借一个包装、一个卖点，或对一部分客户需求的精准把握而被选择。但当一种商品的渗透率足够高，社会积累的口碑、认知足够多时，消费者对这个品类的认知已经建立完成，没有那么强烈的尝鲜心理，大品牌就成为更加值得信赖的选择。在大部分成熟的行业和赛道里，消费者有认知的品牌可能也就是 5~10 个，更多的品牌是很难被记住的。如果你没能在行业格局稳定前进入消费者的心智，等行业格局稳定后想翻身，成本就会变得非常高。这就是为什么消费品行业特别讲究品类创新的原因。当成熟赛道已经没有机会时，企业不得不自己创造一个新的品类，成为新品类的头部企业，从而打入消费者的心智。遗憾的是，当同一个品类越分越细，甚至到了无中生有的时候，这条路也就走到头了。

产业从成长期进入成熟期、从渗透率的逻辑进入集中度的逻辑，其实并不是坏事。一个产业的发展需要龙头企业的引领，这样的龙头企业越多，才能诞生越多的国民品牌、全球品牌，我们国家的品牌才能在全球的消费品市场与全球行业巨头一较高下。对于那些走过了艰难的初创期、已经跑进头部排位赛的企业，去穿越周期，成长为国民品牌和全球品牌，是自己更大的责任与目标。对于那些还没有完成原始积累的创业企业和长期无法突破瓶颈的尾部企业来说，拼尽全力去做创新、去做差异化，是唯一的出路。

从单点聚焦到产业链布局

> 只有不断创造价值，才能分享价值。

这几年，在做咨询的过程中，我们常常遇到一个共性问题：如果一家企业只专注产业链的一个环节，单一性带来的风险和制约就会越来越明显，逐渐成为影响企业持续发展的瓶颈。在过去，企业要么做生产、要么做销售，只要把一个环节做好，就能有不错的利润，大家日子过得都不错。但现在，如果你只专注于一个价值点，就会变得很脆弱：盈利性越来越差、壁垒越来越低、抵御风险的能力也越来越弱。比如有的企业只专注于海外业务，会发现受中美贸易摩擦、俄乌冲突等因素的影响，业务很容易面临毁灭性的打击；有的企业只做零售业务，如果上游供应链的能力跟不上，企业终端的产品价格就没有竞争力；有的企业只做生产，毛利润率、净利润率水平被一压再压，只能用辛苦换流水。

但优秀的企业一定是能够通过核心能力带动产业链布局的。因为只有在产业链上掌握主动权，才能在提高抵御风险能力的基础上，更好地把控全局、降低成本、提高利润，从而形成更坚实的壁垒。特斯拉为什么能够超越所有的传统车企，进入万亿美元俱乐部？这一方面来自开拓性的产品创新，特斯拉不仅做电动车，而且从电动车升级到自动驾驶，从自动驾驶升级到机器人，想象空间越来越大。但天马行空的想象之所以能够实现、能够真正落地执行下去，核心是因为它在产业链各个环节的综合能力都是过硬的。从电池到底盘再到整车，这些核心板块都由特斯拉自主研发。不仅如此，除了研发之外，特斯拉的生产和销售也都由自己来做：生产上，特斯拉有自己的超级工厂；销售上，它跳过 4S 店，开启了独创的 O2O（线上线下商务）直销模式。正是因为在研、产、供、销等产业链各个环节都做了极强的变革，牢牢掌握了整条产业链，所以特斯拉才能用更高的效率、更低的成本、更扎实的落地工作完成突破。

同样的道理也适用于很多其他行业的企业。如果你只专注于产业链的某一个环节，接下来会感到越来越难，你必须在一个环节的基础上，去寻求更多、更重要的环节上的突破。蜜雪冰城为什么能做到绝对的性价比？因为它早在 10 年前就已经开始布局产业链了，生产工厂和供应链建设，结合它强大的招商加盟能力，才形成了如今极坚固的竞争壁垒。再如农夫山泉，20 年前就开始不断地布局上游的优质水资源，再加上领先的技术、生产优势、强劲的渠道开拓能力，在研、产、供、销各方面都很优秀，所以它才拥有了今天这样的地位。这些企业的成功经验，对于大部分完成原始积累的企业，都具有极强的借鉴意义。当企业处于从 0 到 1、从 1 到 10 的阶段的时候，你要做的是从产业链的某一个点切进去并把这个点做深、做强。但是发展到一定阶段后，企业就必须向产业链的其他环节寻求突破，才能够持续获得增长的空间。

从价值点向产业链延伸时，有下面几点需要特别注意的地方：

第一，这个模式对于处在初创期或成长初期的企业并不适用。在这个阶段，跑通商业模式、深挖核心主业、实现业务稳步增长、把第一曲线做到 100 分才是核心。在这个阶段盲目进行向产业链上下游的延伸，会分散组织精力和资源，并不是明智的选择。向产业链上下游拓展，更适合那些已经完成从 1 到 10 的积累，开始争夺细分领域头部地位，亟待突破增长天花板的企业。

第二，产业链拓展的核心不仅在于“拓展”，更在于成“链”。也就是说，企业不能盲目跨界，而应当聚焦主业的延伸，聚焦核心能力的延伸。这时候就需要辨别企业的核心能力和核心资产到底是什么，是产品、是渠道，还是核心客户。围绕核心能力和核心资产，让各个部分环环相扣，才能真正形成协同效应。

第三，拓展的方向不能错。在消费品领域，向生产拓展能强化成本管控，向研发拓展能提升产品竞争力，向品牌拓展能增强影响力和持续性，向营销拓展能提高盈利性……在方向选择的问题上，要回归初心，想一想：拓展的目的是什么？想要达到的结果是什么？符合长期主义原则的难而正确的选择是什么？

第四，产业链布局的手段是多种多样的，即便是“链主”企业也不一定全部亲力亲为。灵活运用合资、联营、投资、并购等方式，根据自身能力合理布局，实现资源的最大化，才是关键。

从单点聚焦向产业链的延伸，本质上是企业能力上的突破。表面上看可能是产品研发向生产供应链的延伸、做流量向做私域的延伸、做生产向做品牌的延伸，但其背后其实是组织在模式变化、业务拓展的过程中对新业务的理解能力和驾驭能力。这种组织的适应性和可塑性是实现产业链延伸最核心的能力，也是很多企业发展过程中最大的瓶颈。

从精益生产到研发创新

to B 生意的关键是大客户，搞定大客户的关键是研发。

在鞋服企业股票市值排名榜上，第一名是大众耳熟能详的国民运动品牌安踏，但很多人对第二名申洲国际就比较陌生了。申洲国际成立于 1988 年，是全球最大的纵向一体化针织制造商，也就是纺织领域最大的代工企业，它的几家大客户，如优衣库、耐克（Nike）、阿迪达斯（Adidas）、彪马（PUMA），都是行业里鼎鼎大名的头部品牌。2023 年，申洲国际的年营收为 249.7 亿元，毛利润率为 24.27%，净利润为 45.57 亿元，净利润率约为 18.25%（其历年营业收入、净利润分别见图 2-1、图 2-2）。在服装行业，18.25% 的净利润率意味着什么呢？根据各企业 2023 年的财报，优衣库的净利润率约为 13%，

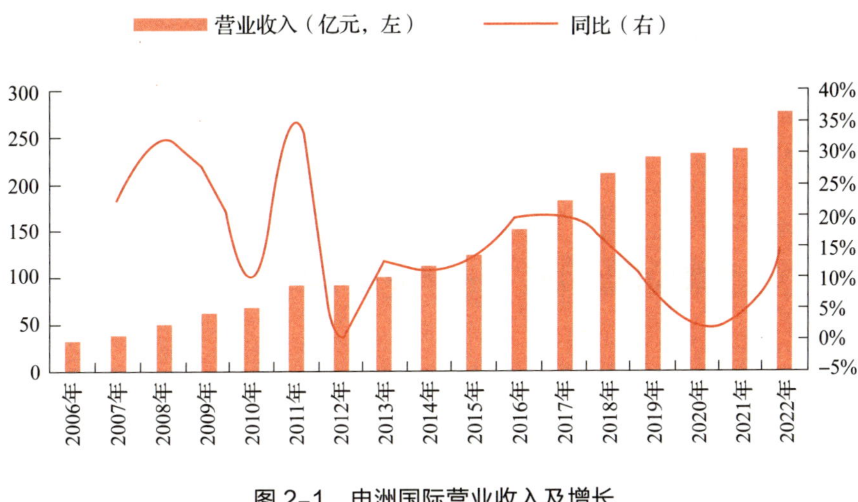

图 2-1　申洲国际营业收入及增长

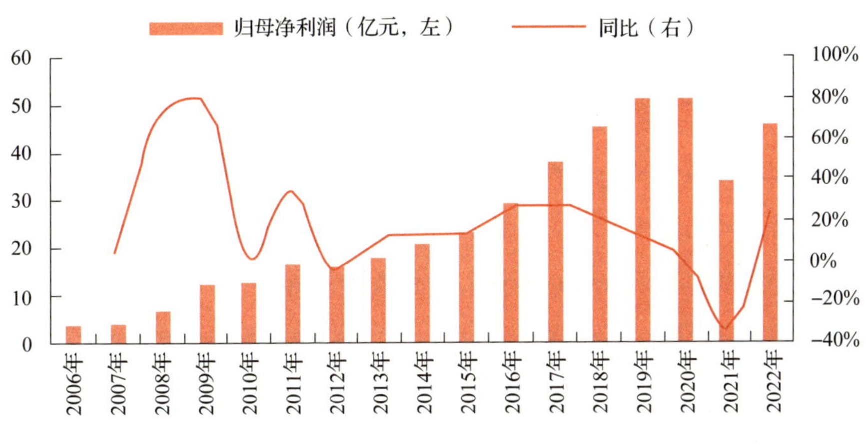

图 2-2　申洲国际净利润及增长

耐克的净利润率只有 9.9%，阿迪达斯甚至亏损 5800 万欧元。也就是说，申洲国际的几家大客户的净利润都做不到它这么高的水平。

按照我们的常识，产业链是一条微笑曲线，处于微笑曲线中间的这段，也就是生产环节，所贡献的价值是最低的。更不要说在纺织服装这样一个传统的产业里，生产环节听上去实在是毫不令人兴奋。

那么，一家做代工生意的企业，利润和市值可以做得比所有品牌方都高，并且还能够持续稳步增长，这是为什么呢？我经常和从事消费品制造的企业家分享申洲国际的案例，因为它的成长之路揭示了这一类企业发展壮大的两个最关键的底层逻辑。

第一个底层逻辑：对于所有 to B 的企业来说，大客户是决定业务发展的关键。

申洲国际的客户非常集中，仅耐克、阿迪达斯、优衣库和彪马四家客户就占了企业总业务量的 82%，二八效应非常明显。事实上，无论在哪个行业，to B 的企业在成长路上都离不开大客户的加持。1997 年，申洲国际凭借创始人马建荣对机会的快速反应和把握，一举拿下了优衣库的订单，并在头部日企对生产的要求标准高、强度高的情况下，不断在技术、设备、管理等多个方面持续精进，全面成长为世界一流的制造型企业。2006 年，有志于进入运动鞋服赛道的申洲国际又凭借一体化的生产能力和面料技术方面的优势，先后获得了耐克、阿迪达斯及彪马三家客户的面料与成衣检测许可，与之建立了合作，并分别为耐克和阿迪达斯建立专用工厂。至此，申洲国际的客户结构更加稳健，经营业绩也随着全球运动服饰的高速发展一路上扬（见图 2-3、图 2-4）。

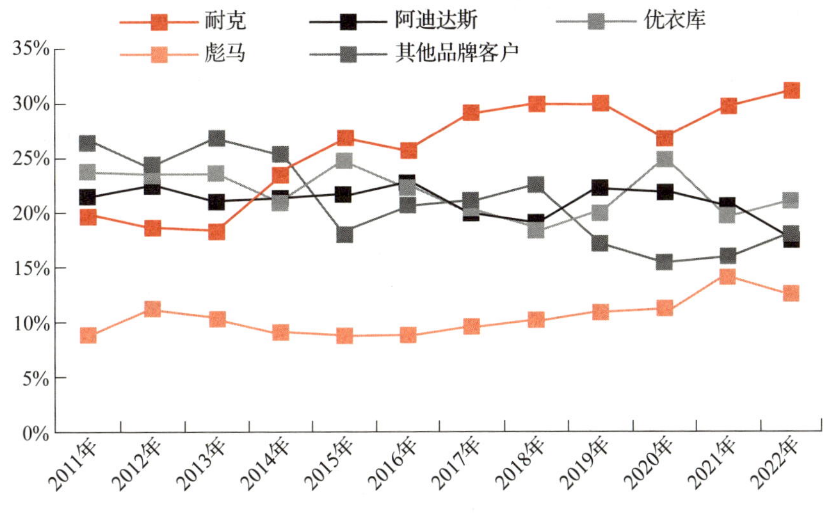

图 2-3　申洲国际各品牌客户收入占比

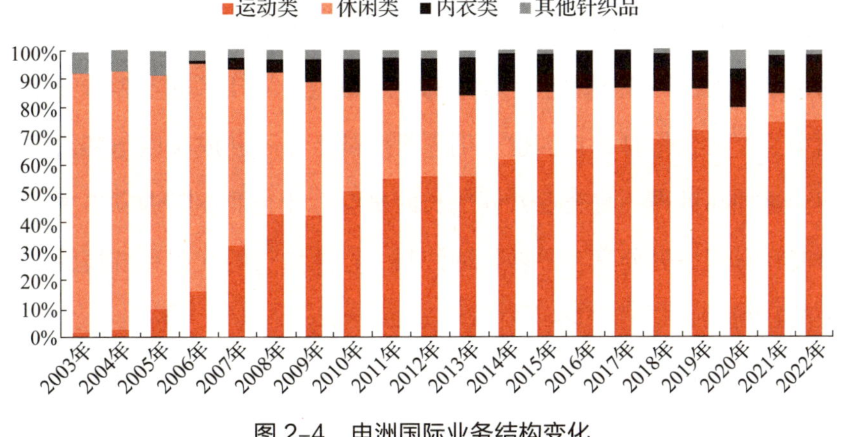

图 2-4　申洲国际业务结构变化

接下来中国制造型企业同国际化品牌携手并进、相互成就，形成一段佳话。为了更好地服务客户，申洲国际通过不断完善一体化制造能力、研发创新科技面料、布局全球生产基地等动作，强大自身、反向赋能，同合作伙伴共同分享了全球运动鞋服行业发展的红利，也成就了自身的成长蜕变。

从申洲国际的案例我们不难看出，对于 to B 的制造型企业来说，大客户的意义是多方面的。

其一，制造型企业发展的核心在于规模。所谓的规模效应并不是客户越多越好，摊大饼式的客户构成只会让企业不断陷入低维度的创新和竞争，只有客户越强大、越聚焦，企业才越能够实现专注的服务、高效的生产、成本的领先，才越有持续向研发端升级的可能。

其二，我们所说的“大客户”不仅是订单意义上的大客户，也指实力意义上的大客户，也就是占据行业头部地位的客户。优秀的企业各有千秋，在任何行业，头部企业都是综合实力的佼佼者，也是行业发展红利最大的既得利益者，它们带来的不只是订单，还有最前沿的市场需求、最完善的生产管理标准、最先进的技术创新和持续稳定的增长。在合作时，它们也会倒逼供应链企业不断成长以与其需求匹配。这种和世界一流企业共同成长的机会，让企业不断迸发出更大的潜能，有资格去分享客户增长的红利、行业增长的红利和规模效应带来的红利。

其三，选择和什么样的大客户合作，实际上是在选择进入什么样的赛道。所有的战略本质都是选择。同样是服装代工业的佼佼者，服务 GAP、H&M 等快时尚品牌的晶苑国际，为什么平均毛利润率、净利润率都与申洲国际相距甚远？这是因为快时尚品牌的核心是设计，要求的是高周转、小批量的生产，这就让企业无法在面料研发和自动化生产上下重注，因为任何一款面料的用量和持续性都不强，所以企业只能不断拼人力、拼价格、上规模、压利润，也就是我们所说的精益制造。而申洲国际选择的运动鞋服赛道，品牌壁垒深、产品周期长、订单规模大，且更侧重于功能研发，申洲国际只要长期坚持，就能建立技术壁垒，与大品牌双向绑定，成为其核心供应商，在协作中共同赚取技术升级的红利。更加值得一提的是，2007 年到 2019 年间，在全球鞋服市场年复合增长率仅为 1.7% 的情况下，运动服饰市场的年复合增长率达到了 4.1%，客户的选择让申洲国际稳稳地接住了这一波赛道发展的红利。

第二个底层逻辑：对于消费品制造型企业来说，研发创新才是奠定江湖地位的关键。

聚焦大客户并非艰深的哲理，但真正将想法落地需要的是强势的竞争力和话语权。为什么这些国际一流品牌选择和申洲国际合作？为什么耐克、阿迪达斯这样的竞争对手甚至不顾排他规则都选择和它合作？

回看申洲国际的千亿之路，做难而正确的事，不断向产业链上游进军，做精做实研发创新，是极具远见的企业家最正确的战略选择，也是一家传统行业的制造型企业得以赢得全球一流品牌的信任托付、赢得市场谈判议价权、赢得资本认可和投入的关键所在。

2005 年 11 月，申洲国际登陆港股，募集资金 9 亿港元，开始朝着具有更高产品附加值的面料研发、设计和生产环节进军。马建荣将所募集资金的四分之一用于升级运动服装的面料研发技术，并扩建了一个 6000 平方米的面料实验室。2014 年和 2017 年，申洲国际又在越南西宁省建立了面料生产基地和特种面料生产工厂。所有前瞻性的投入最终都转化为实力的印证，无论是优衣库的 HEATTECH、AIRism，还是耐克的 Flyknit、Dri-fit、Tech Fleece，都获得了市场的高度认可。鞋服的生产制造是劳动密集型产业，而面料的制造却是技术密集型产业。目前申洲国际已经拥有新面料、新产品研发人员 500 多人，每年开发新面料 1000 种以上。近年来，申洲国际在研发上的投入稳定在每年 3 亿元左右，约占当年净利润的 7%。截至 2021 年 12 月 31 日，申洲国际已经申请专利 584 件，其中发明专利 173 件、实用新型专利 411 件。

最好的合作是势均力敌。究其根本，是申洲国际在研发上形成的壁垒奠定了它的江湖地位，构成了它与国际品牌合作的实力。

在中国，能够完成艰难创业、走上数十亿规模的制造型企业，无论是在高品质、高人效、高周转、低成本的生产能力上，还是在全链条的精细化运营能力上，甚至在智能化生产的探索能力上，都已经走在世界前列。但想要与下游大客户实现双向绑定、获得谈判话语权与江湖地位、真正实现百亿营收和百亿市值，仅仅把事情做得“多快好省”是不够的。

中国的消费品企业生产了全球 55% 的鞋靴、40% 的家具、70% 的电子产品和 60% 的服装。向产业链上游发展的制造型企业，由于其制造属性和规模效应，甚至比品牌端更能做出规模、做出利润。中国制造型企业市场环境优越，申洲国际并不是个例：鞋靴制造领域的华利集团、3C 领域的富士康、芯片领域的台积电、控温组件领域的三花智控、电子连接组件领域的立讯精密等，都通过为产品终端、品牌终端做部分组件的代工，坐上了千亿、万亿市值的宝座。它们和其他普通的代工型企业拉开差距，摆脱单一客户的制约，同时获得多个世界一流品牌认可的秘诀，无一不是靠研发端的积累。

在全球价值链体系重构的进程中，消费制造型企业不可能置身事外，也没必要在品牌企业面前妄自菲薄，在现有的业务里做实、做稳、做深，通过不断向产业链上游的研发端延伸，打造自身无可替代的技术壁垒，实现同品牌的双向绑定，也是求发展、求破局的重要路径。

从流量红利到品牌复利

> 看一个品牌是否真的值钱，最重要的指标就是品牌的复购率。没有复购的品牌，数据再漂亮，都是经不起时间检验的。

近些年跌下“神坛”的企业不少。从“没有中间商赚差价”的行业独角兽的举步维艰到“淘品牌第一股”的业绩股价双双失速，从明星新消费品牌“钟 ××”深陷欠薪风波到李 ×× 直播间销量的明显滑落……回望它们走上巅峰前的高速发展之路，诚然有赛道选择、资本助推、品牌经营、个人魅力等多方面的成功原因，但背后都离不开近些年最大的风口——互联网的流量红利。而它们跌下“神坛”的原因，也少不了对流量的过度依赖。

这几年我们的客户里也有不少深陷流量困局亟待突破的企业，它们一般分为以下几种类型：第一类是以流量获取为核心竞争力的互联网平台型企业，它们多数因为以撮合为核心商业模式而利润太低，又缺乏自有的变现能力，导致“只赚吆喝不赚钱”；第二类是伴随某个平台快速发展起来的品牌，被称为“淘品牌”“抖品牌”“红品牌”等，它们往往因为无法建立全渠道运营的能力和消费端真正的品牌心智，所以在流量费用高企、平台政策变化、同质化竞争加剧的情况下，陷入营收、利润双双下滑的局面；第三类是在营销端“长袖善舞”，通过投广告、请代言、玩概念等高投入换流量的方式快速打开市场声量，但产品力无法支撑复购和转介绍的品牌，它们只有知名度，没有美誉度和忠诚度，导致流量投入稍一下滑销售额就跟着下滑；第四类是在内容电商、直播电商发展中围绕“网红”人设打造的个人 IP 品牌，它们无法摆脱对个人 IP 的依赖，无法向产品和品牌端跃迁。

这些企业各有各的困境，也各有各的难处。让我们回归产业链的视角，先来看看为什么光靠“卷”流量很难持续发展。

在理想的情况下，产品研发、生产制造、营销渠道、品牌建设、售后服务等各个环节都为一件消费品从无到有、从有到优、从生产车间到消费者手中贡献了价值，而企业利润的获取也应当根据价值的贡献相对均匀地分布在价值创造的各个环节。流量只是产品触达消费者的一个渠道，是整个产业链中的一个环节。**但价值分配的格局总是动态变化的，价值分配也总是向更加稀缺的地方流动的。**各种互联网平台刚刚兴起的时候，互联网企业通过销售渠道和模式创新重新分配了流量的布局，流量从线下大规模转移到了线上。流量的红利既是格局变化带来的红利，又是模式创新带来的红利，对品牌销售和业务转型都起到了积极的作用。企业只有抢占了这轮红利，才能乘势而上，因此价值分配也自然而然地向着有红利的地方聚集。但随着各平台流量先后见顶，流量的获取越来越难，流量获取的成本越来越高：一方面，流量主需要向品牌争取到更低的价格来巩固和扩大自己的流量池，并在有限的资源中大幅增加广告费、坑位费；另一方面，平台方也到了获利期，不愿再进行大规模的流量补贴，而是开始以抽成的形式收取渠道费用。价值链利润的分配以更加失衡的形式聚集在流量端，破坏了整个价值链的合理性。**简而言之，可以赚的钱只有那么多，流量主和平台方赚得多了，品牌方、生产方能赚到的钱就少了。**在不合理的价值分配中，品牌方、生产方没有了提升产品和服务的动力，为了短期销量不得不投入更多的资金和精力在流量的获取上。很多中小品牌难以承受这种不健康的生态，一不小心就把自己"卷"死了。并且，这类企业即便还能靠高周转带来不错的现金流，也很难获得资本端的认可，难融资、难估值，更难上市。

好在认识到光靠"卷"流量不行的企业越来越多，更多的企业重视起品牌建设。这是因为品牌带来的溢价和复购能够弥补被流量端掠夺的利润。这就是市场意识到价值分配的失衡，开始自发地进行回调。但回看上面列举的几类企业，如果说它们只顾着追逐流量红利而不注重品牌建设，又实在是太冤枉它们了，毕竟相较于闷声赚钱的很多品牌公司来说，它们已经具备一定的品牌意识，也确实做到了比较高的知名度。

但这些企业为什么还是做不下去了呢？

答案是：它们的品牌建设做得太浅了，只注重了品牌的知名度，没有做出美誉度和忠诚度。没有美誉度和忠诚度的品牌，就没有复购和转介绍。只有复购和转介绍才能削弱品牌对流量的依赖，没有复购和转介绍的品牌终究只是一阵风，离开大规模的投流就活不下去。

产品、品牌、营销，都是一个产品触达消费者并建立消费者认知的一部分。它们的关系是你中有我、我中有你，存在着重叠的部分。如果放大去看这些重叠的部分，你会发现品牌和营销的重叠部分在流量的获取上，转化成品牌行为就是投流量、投广告、做知名度，这是在消费者形成首次购买前特别关键的部分。所以很多企业沉迷于用一句脍炙人口的广告词、一条“洗脑”的广告片、一款引发热议的新产品来让大家关注和记住它，因为这样的方式立竿见影，可以快速吸引消费者首次购买，从而获得业绩的增长。

这些都是品牌在打开市场、做大增量的阶段需要采取的策略，但如果想产生品牌的复购和转介绍，这么做就远远不够了。消费者可能会因为一款雪糕的“网红”属性而买来尝尝鲜，但能否产生复购却在于这次消费体验是否让他产生了一而再、再而三地付费的意愿。在消费回归理性、产品回归实用的时代，没有好的消费体验，所谓的家喻户晓，也只能是昙花一现，谈不上品牌的复利。

好的消费体验，是基于消费者对产品品质、性价比、价值观、营销手段、售后服务等各个方面的深层次的认同的。正因为它是一种价值叠加后的终极呈现，所以它的建立是一个十分漫长的过程，既需要耐心，又需要毅力。这也是为什么在诸多关于品牌的理论当中，我最认同的是“品牌资产”（Brand Equity）所倡导的理念。遗憾的是，能够做难而正确的事、做时间的朋友、保持定力的企业终究是不多的。

如果我们把品牌看作一种资产，就更容易理解流量红利和品牌复利对企业分别意味着什么。流量红利好比一波持续 3~5 年的大行情，捕捉红利是品牌快速发展和占领市场的关键动作，给了许多初创品牌一战成名的机会，也给了很多成熟品牌巩固头部地位的机会。但当行情不在、红利变为红海时，只有让消费者的忠诚度和复购率反映在经营业绩的持续增长上，才能帮助企业穿越周期。在存量经济、行情回落的背景下，品牌必须回归企业的价值观，回归产品和服务的性价比、心价比，回归品牌与消费者之间深切的认知、理解与共鸣上，构建以忠诚和信任为基础的长久关系，才能渐渐弱化流量对价值链其他环节利润的掠夺，逐步享受品牌带来的复利。

没有一种复利能够靠短期行为快速获取，任何复利都是经年累月的经营和时间开出的花朵。在品牌的经营上，我们真的可以慢一点。

从单一渠道到全域增长

跨渠道经营，是磨炼组织能力和激发企业发展潜力的必经之路。只有抗住这一考验的公司，才能真正穿越周期。

过去的四十年，在消费品的营销渠道上，无论是线上，还是线下，都发生了非常大的变化。从线上渠道看，我们经历了数字化带来的多轮线上红利轮番发挥作用的黄金时期，从淘宝到天猫、京东、拼多多，从抖音到小红书、视频号，从货架电商到兴趣电商、内容电商……平台发展、形式创新和品牌发展互相借力、互相成就。消费品企业每抓住一波红利，就能实现一次飞跃。很多企业单靠经营好一个渠道就能完成从1到10的积累，形成不错的增长闭环。平台本身为了扶持这些头部榜样，也给出了大量的流量资源倾斜，许多“淘品牌”“抖品牌”因此完成了原始积累。从线下渠道看，伴随着城市化率的不断提高、大型商业综合体的遍地开花和品牌连锁化的劲风，线下的各类零售、餐饮、服务品牌不断调整店铺形态和企业打法，也经历了跨越式的增长，推动许多企业走上了百亿、千亿的规模。

随着线上流量见顶，平台对企业的政策从流量扶持转向“收租”，线下业态建设和更迭速度变缓，无论是为了突破业绩和利润的天花板，还是为了维持业务稳定性，向更多渠道乃至全渠道、全球化发展，都成了必然选择。特别是当一家企业想要成为行业头部时，单一的渠道显然远远不够。只有从单一平台走向多平台、从线上走向线下、从线下走向线上、从区域走向全国、从国内走向海外，才有全面突破的可能性。

道理看似简单，但真正做到其实非常不容易。企业要么是在渠道的选择上犹豫不决，要么是在跨平台经营的能力上止步不前。本质上讲，跨渠道、跨区域的经营，不是简单地将同一种商品放到不同平台和渠道上销售，而是一种完全不同的商业模式选择。从货架电商转向内容电商，是产品逻辑向兴趣逻辑的转变；从线上经营转向线下门店，是经营视听向经营体验的转变；从自营走向加盟，是to C向to B的转变；从公域销售转向私域运营，是商品交易向关系经营的转变；从国内市场转向全球市场，更是向跨国际、跨文化的转变……每一种商业模式所面对的客户、所输出的产品、对消费者的消费场景和消费心理的把握，都是极其不同的，这当中有许多微妙的变化。在一个渠道上拿到成功经验的企业，换一个渠道不一定也能做得很好。

全域增长考验的是企业跨渠道经营的能力。在这个过程中，有些企业几乎没有能力上的瓶颈，将线上与线下、货架与内容、公域与私域、国内与海外形成了彼此赋能的渠道生态。比如刚坐上国货美妆头把交椅的珀莱雅，从线下渠道起家，又在后续的电商之争中赶超一众国际品牌。但也有不少企业，受制于掌舵人的观念、组织的能力等种种因素，迟迟无法转型，错过了新渠道的红利期，品牌日渐凋零。

究其根本，全域增长的要素有三个：产品实力扎实，品牌深入人心，渠道能力过硬。

全域布局优秀的企业，都是这三方面因素的全优生。产品、品牌是渠道破壁的前提。有了深入人心的品牌和实力扎实的产品，渠道的破壁往往水到渠成。以竞争白热化的护肤品赛道为例，尽管在淘宝等线上平台快速渗透的早期，“淘品牌”在平台流量倾斜、品牌推广、低价折扣等方面的扶持下快速起量，但很快就被走常规 KA（综合大卖场）、CS（专营店）渠道的国内传统品牌和国际大牌迎头赶上。这些品牌凭借产品、品牌的实力以及后发的经验借鉴优势，即便是跨渠道也能后来居上。比如全域增长的典型代表斯凯奇，2023 年全渠道营收为 260 多亿元，线上占比 40%，线下直营占比 10%。截至 2023 年，斯凯奇有线下零售门店约 3500 家，仅 2023 年，就新增门店 700 多家。能在成熟的运动鞋服市场占据一席之地，斯凯奇的能力构成是多方面的。从定位上讲，它不断强调舒适、便捷的穿着体验，逐渐形成了自己的品牌心智；从产品上讲，健步鞋、熊猫鞋、闪穿鞋，斯凯奇每隔几年就推出一个引爆市场的大单品，支撑住了品牌的定位。本质上，斯凯奇的能力是综合的，线上不过是它在电商时代抓住的渠道机会。这也是我们前文讲的从价值点到产业链，从线上的流量运营到线下的研发和生产，它已经完成了产业链系统能力的构建。

想要成为产业领头羊的企业，必须要构建线上线下全渠道的能力，才能走更远。一方面，要降低单一渠道的风险。单一渠道带来的风险主要体现在经营业绩的持续性和稳定性上。对于做线上起家的企业来说，不做线下没关系，但要在线上有跨平台能力，否则受到流量波动、平台政策变化、流量成本等多方面的影响，即使今年做了几十个亿，明年业绩下滑也是很正常的事情。这就是为什么纯电商公司不受资本市场欢迎的原因，因为稳定性太弱了，资本市场青睐的是确定性的增长和确定性的盈利能力。另一方面，要走过产业领头羊的必经之路。对于单一品牌来讲，任何一个渠道的容纳量都有上限。单一渠道可能是企业第一桶金的来源、做大规模的根基，但对于大多数行业来说，单一渠道很容易遇到增长和利润的天花板，新渠道的开拓是打破天花板的途径，也是磨炼组织能力和激发企业发展潜力的必经之路。只有抗住这一考验的公司，才能达到新的高度，真正穿越周期。

尽管我们讲全域增长，但具体到不同的企业，渠道延伸的方向又和产品特性、客户构成、品牌阵地、组织能力等因素息息相关。有的产品天然不适合货架电商，投入再多精力也没办法取得良好的效果；还有的产品有自己比较集中的消费场景，经营这些产品的企业都没必要做全域布局，更没必要在全域均衡地发力，因此我们需要具体问题具体分析，不能一概而论。

从国货崛起到全球之光

如果说消费品领域二十年前最大的机遇是互联网，十年前最大的机遇是消费升级，当下最大的机遇就是品牌全球化。

尽管近几年品牌“出海”经历了市场萎靡、竞争加剧、政策动荡带来的各种负面影响，但新兴平台、新兴市场的发展，以及经营模式的创新，仍旧给中国品牌“出海”带来很多新的希望。从近三年跨境电商增长的数据上看，跨境“出海”的规模仍旧在增长。2023 年跨境电商进出口总值为 2.38 万亿元，同比增长 15.6%，其中出口 1.83 万亿元，同比增长 19.6%。中国品牌仍旧在以势不可挡的力量走向全球。一批一开始就具有全球化基因的品牌，如传音、安克（Anker）、希音（SHEIN）等已经在海外取得了成功。在国内快速成长的蜜雪冰城、名创优品等品牌的海外扩张也初具规模。

中国品牌在迈向全球化的道路上既没有像欧美一样战争开路、金融搭桥的历史背景，又没有像日韩一样依靠美国扶持、借势而起的强大根基。中国品牌的全球化之路，是完全建立在扎扎实实的自我修炼之上的，从产品、供应链到营销、品牌，都是在荆棘与险滩中一步一个脚印地趟出来的。正是这样扎实的修炼，形成了当下的“出海”浪潮。

第一，中国的供应链整合能力短期内无法被其他国家所替代。尽管全球的供应链格局正在重构，一部分供应链被转移到了东南亚等地，但核心的供应链管理和整合能力仍然在中国企业手中。在世界制造工厂时期积累了大量经验的中国企业知道如何最大限度地提高生产效率，降低原料、生产、物流等成本。从这个角度讲，全球供应链格局的重构事实上也给中国品牌提供了控制成本的机会。

第二，“内卷”的国内市场催生出极其优秀的产品。消费品的产品创新既需要科技的支持，又需要对需求的深入洞察。以智能汽车为例，国产新能源汽车在动力、续航、无人驾驶等技术创新之外，还提供了细致入微的贴心设计和面面俱到的人文关怀，形成了极具力量的功能加成。而在小家电、母婴、户外、家居等许多品类上，中国品牌为了适应广阔国土面积上 14.1 亿人口的差异化需求，不断追求创新迭代，打开了人们在产品功能上的想象力。在这一点上，我们既没有必要盲目自大，又没有必要妄自菲薄。

第三，在抖音、小红书等社交媒体的熏陶和培养下，中国品牌在线上营销方面的探索已经全球领先。中国品牌非常懂得如何借助社交媒体、短视频平台建立品牌认知度，了解如何通过与用户互动、提升粉丝黏性和借助节点大促增加销售。TikTok、Temu 等平台的电商业务在美国市场的快速增长，也为中国品牌拓展海外市场创造了机会。

第四，持续数十年的留学热潮培养了大批具有国际视野和全球经营能力的青年才俊。尽管受专业培养滞后和择业观念转变的影响，当下品牌“出海”依旧匮乏人才，但从基数上来讲，遍布全球的留学生既是消费者，又是传播者，还是实践者，他们是未来中国品牌走向全球的底气。

品牌全球化是中国四十多年经济发展积累到一定程度的结果：从供给端看，国内需求饱和，向外寻找机会是内生动力；从需求端看，全球市场从来不拒绝更加质优、价廉、有创新、懂人性的产品。站在时代的又一次浪潮上，中国企业也确实面临着比之前任何一轮机会都复杂得多的外部环境和前所未有的能力挑战。

首先是政治经济局势的不确定性。面对大国的崛起、世界格局的转变，美英等发达国家从金融货币、双边贸易、政策法规、文化思潮等各个方面向中国品牌施压；此外，区域性战争、全球经济的萎靡，也深刻影响着当下中国品牌的发展。这些企业无法左右的复杂局面、无法突破的无形桎梏，正是中国品牌当下要肩负起的责任。我们都相信，中国人团结、坚韧的民族品格，知行合一、行道如水的哲学实践，一定会在特定的历史时刻再次迸发光芒。

其次是对企业综合能力的考验。突破所有瓶颈的核心都是企业能力的突破。安克、希音等品牌成功的原因，除了战略上的选择，还有一支深谙全球市场、拥有国际化操盘能力的团队。这些品牌从起步开始就具有全球化品牌的基因。这相当于从幼儿园开始就读的是国际学校，完全无缝衔接国际化的语境和经营环境。而当下迫切想要布局“出海”的大多数品牌，都是在中国的土壤中生根发芽并完成原始积累的，相当于一直在国内教育体系下成长。从国内向海外发展绝不是简单的对模式的复制粘贴，而是一系列的能力“换血”。

不管怎样，对于百亿量级的消费品企业，海外市场既是不得不抓住的机会，又是迟早要攻陷的堡垒。但海外是一个从地理跨度到人群广度、需求深度都极度复杂的市场，大量的谜题摆在我们面前：从市场选择的角度来讲，是选择到发达国家的成熟市场去抢份额，还是到发展中国家的空白市场去做培育？是承接发达国家中产阶级分化的下沉需求，还是满足发展中国家普通民众的基础保障需求？从扩张模式的角度来讲，是选择强有力的地方势力做代理以快速提高市场份额，还是自建团队，稳扎稳打、步步为营？从品牌打造的角度来讲，是收购本地品牌以便更好地融入，还是将国内品牌复制到海外形成全球势能？各类问题，不一而足。这是企业在品牌全球化进程中面临的现实困境，也是笔者身处一家具有全球化视野的咨询机构必须为客户提供的解决方案。

从一招制胜到精细管理

> 不管公司做到多大，精细化管理、控成本、控人效都是不可忽视的生命线。

关于生意的本质，有一个简单的公式：利润 = 营收 – 成本。企业想要获得更多利润，必然需要提高营收、降低成本。这看似简单，实则内涵丰富。企业选择的策略和尺度随着市场和企业的各项发展要素而千变万化。

当行业处于蓝海期，行业玩家以抢夺市场增量为核心阶段时，随着资金和资源的快速聚集，头部企业往往需要跑马圈地、抢占市场份额、抢占用户心智。这个阶段，企业可以选择短期内牺牲利润，用更高的成本投入完成高速扩张。而当行业发展到成熟期，市场处于饱和状态，竞争日趋激烈，企业既要争夺存量市场又要穿越周期的时候，就不得不进行精细化的运营和管控，从而降低成本，以追求稳定的利润、持续的增长和资本的青睐。从大环境来看，当前的情况显然更符合后者。

既能做好极致的成本管控，又能做大规模、穿越周期的企业有很多，我想讲一讲美国的开市客（Costco）。

在零售行业，开市客“一直被模仿，从未被超越”。作为全球第三大零售集团，成立于 1983 年的开市客目前在全球拥有 800 多家仓储式会员店和 1.3 亿持卡会员，全球会员续费率高达 90% 以上。2023 年，开市客全年总营收为 2422.9 亿美元，全年净利润为 62.92 亿美元。最近 24 年里，开市客的股价从 8.5 美元一路涨至 609 美元，涨幅高达 71 倍，年化增幅为 19%。对于开市客，资本市场给出了 52 倍的市盈率。而且在全球经济下行的大环境下，开市客的发展依然稳健。

作为一家大型会员制仓储式零售店，开市客的商业模式从设计之初就是超前的。常规的零售企业都是以商品为核心构建商业模式的，赚的是商品从生产端到消费者这一过程中的差价。而开市客的商业模式是以会员为核心构建的，它帮助缴费会员精选商品，向供应商争取最优价格，并谋求各种专属的福利。为了兑现承诺，开市客将毛利润率控制在 14% 以下，而沃尔玛的平均毛利润率是 22%，7-11 的平均毛利润率是38%。让利给消费者的商业模式决定了开市客腾挪的空间非常小，它必须将各项成本控制到极致才有可能赚到钱，这就要求开市客在经营模式选择、供应链效率、精细化管理、门店扩张等各个方面都做到极致。

首先，在模式选择上，对于零售行业来说，仓储式零售的形式本身就是效率的集中体现。一方面，门店可以在城市副中心、近郊进行选址，采用极简装修风格并建立自有物业，从而降低传统大卖场高昂的租金成本；另一方面，可以更好地实现仓配一体化，减少仓配和人工成本。

其次，开市客在商品上所做的取舍极大地提高了供应链效率：传统商超大卖场为了满足顾客多样化的需求，往往追求更多的品类、品牌和SKU（库存单位），开市客则采取“低SKU精选商品+大规模采购”的运营方式，将SKU数量控制在3700个左右（沃尔玛的SKU数量是20000个，同属会员制仓储式零售的山姆会员店的SKU也有5500个）。精简SKU数量带来的好处是规模化采购的成本优势和库存、运营上的高效率。同时，为了在保持更少的商品种类的情况下仍旧能够满足客户的需求，开市客必须对产品品质有更加苛刻的筛选标准，选择客户真正需要的高品质的产品。开市客的自有品牌Kirkland也运营得非常成功，该品牌的利润率比外采品牌平均高约6个百分点，目前占总销售额的四分之一以上，同样远高于零售商平均水平。

再次，在精细化管理上，开市客围绕成本和效率做了大量工作，比如供应商的高标准筛选、门店装修的周期设置、仓配的动线设计、货品陈列的密度、本地化团队的搭建、卖场人员的配比等，限于篇幅暂不在此赘述，但其精细化管理的能力是实打实地体现在经营数据上的：2023 年，开市客的坪效为 20152 美元 / 平方米，人效为每人每年 76.67 万美元，存货周转率为 12.3 次 / 年，客单价为 136 美元，平均会员续费率为 90% 以上，在衡量效率的各个指标上都稳居行业第一。

最后，难得的是，尽管开市客实力雄厚，但它在规模化扩张方面却是理性又克制的。近年来，开市客大约以每年新开 25 家店的速度稳步推进。这种稳扎稳打的拓店方式不仅避免了高速扩张在选址合理性、适应地方特色、搭建运营管理体系等方面带来的种种问题，而且让公司的经营数据始终保持在一个平稳的状态。

为什么要讲开市客的例子呢？因为我接触的许多企业在经济增速放缓的环境下，还在遵循着蒙眼狂奔时的管理运营逻辑，用互联网高速发展时代大干快上的理念来指导企业的运营管理。批量复制未经论证的商业模式、追求数量而非质量的高速扩张、延续重流量而非产品的强营销思维、配备不合理的高薪人才等，显然已经不合时宜了。这种打法在遍地红利的时期尚有弄潮的空间，但当潮水退去，高速扩张带来的惯性会让企业难以在短期内掉头，不得已扎进淤泥里挣扎求生。而那些能够穿越周期的优秀企业，往往是真正做到了向精细化管理要效率、要利润，在反应成本和效率的各项指标上都表现得非常优越，在获得消费者认同的同时又实现自身发展的。

消费品行业和高科技、房地产、制造业有很大的不同。消费品行业直接面对终端消费者，用户的需求更加多元，用户选择的空间大、替代品多，对品牌的要求也更加苛刻，特别是对于大众消费品，全世界的消费品都倾向于“花更少的钱买到更好的产品”，消费品企业也永远受“一代新人胜旧人”的新鲜感困扰。在将研发、设计、模式创新作为前端牵引的同时，企业也必须守好精细化管理的底线。当我们不再追求高速扩张、蒙眼狂奔，而是回归理性、潜心内修时，才有机会在一轮又一轮周期的淘洗下，真正沉淀出属于自己的民族品牌。

从独立发展到构建生态

企业前行路上没有“孤勇者”，每一家优秀的企业背后都是生态圈中优秀伙伴的彼此成就。

2024年6月24日收盘时，赛力斯汽车的市值冲向1438亿元，股价为95.23元，超过第二名理想汽车，问鼎新能源造车新势力冠军。面对这样的成绩，谁能想到，2020年之前，赛力斯汽车还是一家亏损高达22亿元的“小透明”。在群雄逐鹿的新能源汽车行业，如果没有同华为的合作，力小势单的赛力斯汽车可能连进场的资格都没有，正是华为在整车定义、技术研发、销售渠道上给赛力斯汽车的强大支持，使它快速进入行业第一梯队，快速建立起终端消费者的心智认知，获得了销售和市值成功的底气。尽管赛力斯汽车被网友戏称为“华为代工厂”，但融入华为产业链，仍然是它基于自身实力做出的最正确的战略抉择。

人们在分析一家企业成功的原因时，往往很少提起它背后的资源和生态圈，但深究其成长历程，总会有一些关键资源在关键时刻的助力，帮助它们渡过难关或让它们乘势而起。这些关键资源也许是地方政府的有力扶持，也许是一笔重要的投资、一种稀缺的原料、一项突破性的技术、一家强大的供应链合作伙伴或一个有影响力的销售渠道等。从产业生态的视角来看，这些资源要素之间交错纵横、相生相合的关系所构成的土壤与空间，就是企业所赖以生存的环境。

企业的升级迭代离不开企业资源的升级迭代。在企业的发展过程中，没有谁能做“孤勇者”，每一家优秀的企业背后都是产业生态中优秀伙伴的彼此成就。 特别是当市场发展的逻辑开始从渗透率走向集中度，市场进入整合阶段，抢占资源、融入大厂生态、融入资本生态，成为生态圈中不可或缺的一环，就变成了事关企业生死的关键。产业生态圈和资本生态圈，都是企业迈向更高阶段的关键要素。换言之，你和谁站在一起，决定了你的高度，也决定了你的生死。

产业生态圈往往指围绕某一核心产业，通过上下游企业、服务提供商、研究机构、政府等多个主体的紧密合作与互动形成的一个自适应、互利共生的系统。它强调跨界融合、开放共享和协同创新，既是企业成长与发展的重要土壤，又是产业升级与转型的重要路径。对于企业来说，融入产业生态圈意味着成为这个系统的一部分，也意味着可以持续在这个生态圈中汲取养分。在产业生态圈当中，有几条路径对于企业发展的意义重大：

一是必须同研、产、供、销各个环节上的优秀企业合作。大部分企业都很难布局整个产业链的所有环节，那么找到各个环节上最可靠的伙伴就变得尤为重要。往产业链上游看，一家优秀的供应链企业不仅可以确保产品的品质，而且可以帮助终端品牌解决设计、生产、研发等诸多方面的难题。优秀的供应链企业往往是终端品牌争相合作的稀缺资源，比如在服装领域，品牌商都希望能够和申洲国际、华利集团合作。往产业链中下游看，优秀的品牌商、渠道商，会让产品在推向市场时势如破竹。本质上，成就一个优秀的品牌，一定不只是品牌自己能力强，它的供应链企业、它的渠道代理商的能力一定也非同一般。一家企业的成功归根结底是一个体系的成功。

二是要找到优秀的服务商。除了产业链上下游的合作伙伴，企业的专业服务商也是帮助企业解决关键问题、达成战略目标的重要伙伴。一家优秀的设计公司可以快速帮助品牌建立视觉认知；一个优秀的数字化系统供应商可以帮助企业快速解决管理中的标准化、体系化问题；一家优秀的培训机构能够帮助团队快速成长；一位专业素质过硬的会计师、一位敏锐又果决的律师，都能从不同维度帮助企业规避重大风险、发现机遇。一家企业好比一个磁场，如果选择的服务商足够优质，就能形成数倍的能量放大效应。

三是要融入产业集群，充分吸取集群中的研发创新、人才供给、经营生态、政策支持等各方面的养料。为什么大量的电商公司、MCN（多频道网络）机构向杭州聚集？这是因为杭州在数字化方面多年来的积淀已经形成了强大的集群效应，这里有企业需要的产品供应链、物流体系、人才市场、优质服务商，以及对口的政策扶持。同样，为什么服装、鞋帽等企业大量聚集在温州、福建一带，为什么大量优秀的餐饮企业在河南诞生，这都和当地的产业集群效应密切相关。正是因为在集群中大量的企业个体可以不断地碰撞和融合，所以才为企业发展带来了许多意想不到的机遇和灵感。企业一定要找到适合自身发展的产业生态圈，并积极融入其中，贪婪地吸取来自集群内的多种能量。

四是勇于跨界积累资源，做大企业朋友圈。消费品企业和其他行业的不同之处在于完全不同品类的产品服务的可能是同一个人群，这就给企业间跨界合作提供了很大的可能性。瑞幸咖啡和茅台的联名掀起了人们对两个品牌的热议；一家积累了大量会员的医美机构可以为奢侈品销售公司引流；高级珠宝品牌和高端定制服饰共同举办会员活动不仅能够共享私域，而且会给会员提供更丰富的产品体验；以设计为核心的服装、家居品牌，如果能够和知名的艺术家进行合作，必然可以提升消费者认知；医药产品如果有名医的推荐更能赢得用户的信赖……这些都需要企业和企业家有意识地拓展和积累自己的朋友圈。

除了产业生态圈，资本生态圈对企业发展的助推作用也不容小觑，特别是在企业已经完成了原始积累、要实现进一步的跨越的时候，资本的力量会发挥更大的作用。这时，企业能否引入强有力的产业资本并形成良好的产融互动；上市前能否有有实力的资本进场为其托底；上市后能否吸引大型的基金进入，能否和各大研究所形成良好的互动关系并保持在资本市场的热度，以及能否找到优质的并购标的并最终并购成功等，都离不开优质的资本生态圈。所有的这些，既需要融入，又需要经营。

从靠能力赚钱到靠资源赚钱是一个升维的过程，想实现这样的突破并不容易。一家企业在不同发展阶段，能力的重心是在不断变化的：当企业处于从 0 到 1 的初创阶段时，产品和市场能力是核心；处于从 1 到 10 的阶段时，经营能力是核心，创始人要从生意思维转变成企业思维；处于从 10 到 100 的阶段时，管理是核心能力，同时资源能力也开始变得越来越重要，而越向上发展、要实现越大规模的增长，资源的分量就越重。

从实用主义到文化艺术

艺术和科学一样，不仅是引领人类与时代进步的力量，而且是引领消费升级最重要的力量之一。

尽管人们还在热烈地议论经济形势、企业发展、失业率等话题，但中国已经悄然成为全球第二大艺术品拍卖市场。《2024 年巴塞尔艺术展与瑞银集团环球艺术市场报告》显示，2023 年全球艺术品市场销售额较去年略有下降，但总体仍保持韧性。其中，中国艺术品市场逆势上涨，销售额增长 9%，达到约 122 亿美元，具备强大的活力和增长潜力。

在中国收藏家的地位在艺术品市场逐渐攀升的同时，与艺术相关的商业街区、旅游目的地也开始受到大量年轻人的喜爱。无论是在北京的 798、上海的西岸美术馆、杭州的天目里，还是在瓷都景德镇、会昌戏剧小镇，各种艺术气息浓厚的建筑、雕塑、艺术展览、艺术沙龙和表演都受到年轻人的喜爱，甚至成为流量的密码。我们可以欣喜地看到，人们为艺术付费的意愿越来越强了，从愿意花几百元购买一场画展的门票、观看一场高质量的艺术表演，到购买周边产品、衍生服务和创作体验，艺术开始从展馆、从音乐厅走进人们的生活，越来越多地走进商场、商业街和文旅景区。而许多消费品品牌，随着规模的增长和综合实力的变强，也渐渐不满足于仅追求审美的提升，开始把更多艺术理念和消费价值观融入产品设计里，并通过在产品中融合艺术与设计、与艺术家联名、艺术营销等方式，用艺术的思想、审美和价值观来和客户产生共鸣。

消费与艺术的双向奔赴并不是新鲜事。我们熟悉的许多奢侈品品牌都是商业与艺术、文化融合的成功典范。全球排名第一的奢侈品集团路威酩轩自成立以来，就一直保持着对艺术和艺术家开放的态度，并且持续沿着艺术和文化路线开展各类交流和赞助活动，是法国也是全球最有影响力的艺术企业赞助商之一。它旗下的众多品牌不仅在设计上同村上隆（Takashi Murakami）、斯蒂芬・斯普劳斯（Stephen Sprouse）、理查德・普林斯（Richard Prince）、草间弥生（Yayoi Kusama）、奥拉维尔・埃利亚松（Olafur Eliasson）等众多艺术家合作，推出了各种限量款设计产品，而且每年的新品发布和时尚大秀也都倾向于选择在不同风格的艺术殿堂举行。路威酩轩集团董事长贝尔纳・阿尔诺（Bernard Arnault）曾经说过：“时尚不是艺术，但设计师和艺术家说的是同一种语言。”艺术之于消费品，既是设计师的灵感源泉，又是消费品品牌进行自我解读、获得更多消费者认同的方式。

还有一些消费品品牌，由于产品具备强烈的风格和可塑性，甚至成为艺术家创作的工具和素材。比如全球知名的玩具品牌乐高积木

（Lego）。从刚开始推出以艺术为主题的相关产品，到为激发艺术家灵感而评选并推广“乐高艺术家”，再到现在全球各地举办的乐高艺术展览等，在品牌与艺术的结合方面，乐高已经变被动为主动，甚至形成了“品牌 +IP+ 艺术 + 消费者创造力”的爆款产品打造模式。

在国内，像观夏这样的品牌，也都因为打造出了自己的艺术与美学风格，而获得了大众的认可。

与商品的艺术化相对的是艺术品的商品化。特别是在全球当代艺术成长壮大且消费品极其发达的美国，从波普艺术开始，就有了将消费品解构——重塑为艺术品，从而拉近艺术与商品间的关系的趋势。而近些年身价大涨的艺术“潮玩”暴力熊（Bearbrick）、数字艺术藏品 NFT 的大众化等，也在书写着艺术与商品融合的新进程。

我本人是艺术的门外汉，但在做消费品咨询的过程中，经企业家介绍，也结识了不少艺术家。这些艺术家们在谈到消费品时其实并不排斥，并且对于如何让艺术更好地融入大众、与消费结合都有很强的使命感，很多艺术家觉得不能把艺术束之高阁，而应让艺术走进人们的生活，给大家带来更多美的感受的同时，也引领人们思辨与创新。

在我看来，艺术的魅力在于其独特的风格、强烈的情绪和深刻的思辨性。正是这些与柴米油盐无关的东西，引领着消费的进步。在整个中国社会从封闭落后迈向开放进步、从温饱迈向全面小康、从积贫积弱迈向繁荣富强的进程中，人们对于消费品的需求已经悄然发生了变化，从追求实用、实惠、性价比高，逐渐转向寻求更多的美学价值、文化价值和情绪价值。特别是对于定位中高端市场和中高端人群的品牌来说，消费者不仅有更多的时间欣赏、学习艺术，而且愿意为艺术买单，还更加关注日常生活中所使用的各种物品本身的艺术价值。

艺术对消费的影响遵循着艺术创造风格、风格塑造美学、美学影响设计、设计推动工艺进步的路径，它将我们的消费一步步引导到更高的层次。可以说，艺术和科学一样，不仅是引领人类与时代进步的力量，而且是引领消费进步最重要的力量之一。无论是从消费升级、品牌升级、产品升级的大趋势来讲，还是从大国崛起、文化“出海”、品牌全球化的责任担当来讲，消费品企业都应该意识到艺术的重要性并合理地将它融入自身发展中。

此外，比创新更重要的是艺术带来的思想价值。艺术给消费带来的改变并不简单地体现在感官享受层面。事实上，它与科学一样，最核心的精神是质疑，是批判，是对历史、现状、文化的不断反思和重构。正是因为有了艺术的进步，才有了文化、美学的进步。当艺术与产品深度融合，艺术通过消费与更多人产生深度的链接后，美学、设计、产品、行为的界限便会不断被打破与重构，产生颠覆式的新生。商业与艺术并不矛盾。商业是让艺术被看见的力量，也是让人类向真、向美、向善、向上的精神通过平凡的日常生活被看见的力量。我相信，一代代艺术家的不懈创作，一代代消费者接受的艺术熏陶，会带来整个社会品位和审美的提升，会让我们的消费与生活都变得更加美好。

穿越周期

消费品企业的战略破局

穿越
周期

第 3 章
消费品产业十大红利

在当今这样的趋势下，大家最想知道的是在我们的市场上到底还有没有新的红利。关于这个问题，我可以坚定地说，趋势对消费品行业的影响有好有坏，但消费品产业的红利一定是一直存在的，就看你如何去寻找和把握。国内消费品市场覆盖我国 960 万平方千米的土地、14.1 亿人民，从消费人群到消费习惯都有极大差异，这种体量和差异性带来的结果就是：赛道足够多、规模足够大，且一直在变化。变化会带来挑战，也会带来红利。我们的国家还在持续地发展，技术一直在迭代，产业一直在进步，文化源远流长，这种国运带来的变化和红利会始终存在，就看你能否发现。为什么有的企业完成从 0 到 1 的初创都非常难，有的企业却能成为航母级企业？尽管创始人和团队的能力有差别、背景有差别，但大企业一定是善于抓住红利，甚至能够连续抓住几波红利的。它们对红利有着前瞻性的判断和准备。

让我们一起从科技创新开始，来看看消费品市场究竟还有哪些红利。

科技创新的红利

从蒸汽机的发明到工业文明的兴起，从电力的广泛应用到电器商品的规模化生产，从信息技术到移动互联网，科学技术永远是第一生产力。科技创新带来的技术进步、产品创新、商业模式创新和管理创新，也永远是推动商业进步最大的红利。当新能源、数字化、人工智能（AI）、低空飞行、基因技术等一系列前沿科技的突破与发展被应用到日常消费领域时，就立刻成为重塑市场格局的关键变量。过去，当我们谈论消费的时候，我们谈论的是可口可乐、肯德基、麦当劳……但现在，当我们谈论消费的时候，我们谈论的是家政机器人、新能源汽车、无人机、基因检测等。

当下，消费品领域最有代表性的两个赛道——汽车和手机都已被科技重构。在汽车行业，智能化重构了产品和行业市场格局。产品上，新能源汽车逐渐成熟，并得到普及。截至 2023 年底，中国新能源汽车保有量达 2041 万辆。市场格局上，在燃油车时代，全球汽车市场长期以来由 Top15 企业占据 87% 以上的市场份额，但智能化汽车的出现让这一格局发生了变化。特斯拉凭借创新的电动车技术和自动驾驶功能，超越了传统汽车巨头丰田，成为全球市值最高的汽车企业。在中国市场上，本土新能源汽车品牌，如赛力斯、蔚来、理想、小鹏，也陆续崛起，在市值上跻身中国前十大车企之列，并且给未来留下了巨大的发展空间。手机行业的重构更早一些，从移动互联网兴起开始，手机行业从功能机时代迈入智能机时代。作为功能机时代霸主的诺基亚正是因为错失智能机发展的机遇而“掉队”，而华为、vivo 及荣耀等智能机品牌抓住机遇迅猛发展，使行业格局重组。

汽车和手机产业的变化，是科技带来的颠覆式创新改变产业格局、助推新兴产业后来居上的范本。这样的改变还会发生在许多领域。比如在家电行业，智能家居系统正逐渐取代传统家电；在珠宝行业，科技珠宝的兴起也开始侵占传统的珠宝市场……

未来，AI、低空飞行、基因技术将成为推动商业新一轮革命性增长的核心动能，各个消费细分领域的科技创新也仍然会持续推动产品的创新和行业格局的重构。那么，面向未来的10年，在科技与消费双向奔赴的过程中，企业还有哪些弯道超车的机会？

首先是通过科技创新开辟新的赛道。通过将前沿颠覆性技术向消费品领域延伸，用新产品创造新需求，开辟新市场。

比如，将前沿技术向消费领域延伸。大疆的异军突起便是这一模式最佳的代表。大疆最早做的是商用飞机的控制系统。2008年，大疆推出了第一款成熟的无人机控制系统，接着逐步研发出旋翼芯片技术、飞控系统等核心技术。2013年，大疆将无人机技术延伸至消费品领域，推出了全球首款消费级航拍一体无人机精灵Phantom，将摄影的视角拓展至空中俯视，让普通摄影爱好者也能享受航拍的乐趣，立刻就引爆了市场，开辟了消费级无人机这一新市场、新赛道。尽管在大疆之前，日本、美国的很多公司已经在影像、航模等方面有深厚的积累，但最终是大疆首先研发出了消费级航拍一体无人机并推向了市场，实现了弯道超车。目前，在全球无人机市场，大疆占据了70%以上的份额，是当之无愧的全球第一。

再如，将智能技术与消费品深度融合起来。当下，AI在城市建设、教育、医疗、安全防控、交通监管等领域已经实现了大规模的应用。未来，真正意义上的智能家电、智能穿戴、智能汽车等赛道还有很大的发展空间。手机行业将全面向AI手机跨越，实现真正意义上的人机交互。自2023年以来，华为、vivo及荣耀在内的多个手机品牌先后以自研或合作的方式推出大模型手机，新一代 AI 手机的增长将会显著加速。据预测，2024 年中国市场新一代 AI 手机的出货量或将达到 3700 万台，而到 2027 年，这一数字将飙升至 1.5 亿台，占中国手机市场 51.9%。而在智能家电领域，随着智能家居概念的普及，消费者对智能家居生活的接受度在不断提高，智能家电的市场需求也在不断扩大。智能穿戴行业也具备极大的发展空间，从 2017 年至 2023 年该行业市场规模由 212.6 亿元增长至 934.7 亿元，年复合增长率达到 28%。无人驾驶汽车也在以智能驾驶系统为引领的多项技术的突破中走进了现实。

又如，将生物技术应用在消费领域。基因技术目前更多地被应用于医疗、农业、食品工业等领域，但随着大健康产业的发展，也渐渐以基因检测等形式进入消费医疗领域，造福更多人。

以上这些都是前沿科技在消费品领域的应用。这条路径的试错成本很高，因为它涉及的是全新的需求和产品，这些需求和产品能否有足够的市场尚未可知；但同时它也有着超长的红利期，如果这个新需求被消费者所接纳，那么企业自然而然就成为这个市场的领军者了。

其次是通过科技的壁垒打造品质的壁垒。过去，消费品讲究的是设计，是工艺，但未来要从工艺走向科技，从设计走向艺术。因为品牌的背后是产品力，好的产品永远不缺市场，而产品真正的品质来自科技的力量。有科技的壁垒，才能有品质的壁垒。对酒、服装、化妆品等消费品行业中科技属性较弱的赛道中的企业来说，未来，只有通过科技创新才能帮助品牌走出同质化竞争的泥沼。

比如在运动鞋服行业，运动产品的专业性非常重要，而只有核心技术优势才能转化为强专业性的产品力，从而带来稳定的销量增长。因此，现在各大运动鞋服品牌都在“卷”面料技术。2022年，露露乐蒙（Lululemon）以374亿美元的市值赶超阿迪达斯，成为仅次于耐克的全球第二大运动品牌。它之所以能异军突起，设计好看固然是一个原因，面料技术才是核心竞争力。斯凯奇也一直强调运动科技，用技术带来产品的舒适性。而李宁也将科技创新刻在了基因里，多个技术平台和积极进化的技术使李宁篮球和跑步系列产品得以不断延续和升级，也让李宁拥有了韦德之道、音速等多个迭代到十几代的长寿产品。

再如功能性护肤品行业，功能性护肤品是具备一定药理作用，能够解决肌肤问题的产品，需要经过较长周期的循证医学和功效的验证，背后则是品牌的高研发投入。贝泰妮旗下的薇诺娜便是依靠科技创新领跑功能性护肤品行业的代表。

最后是有效利用AI赋能企业经营管理。AI与生俱来的便捷、高效以及强大的数据运算能力能够帮助企业提高经营管理各方面的效率。

比如，有的企业已经将大数据和AI用于产品研发，以提高爆款的成功率。以前，爆款的打造依赖于一次次的试错，效率低下且沉没成本很高，但是现在“大数据+AI”的数字化模式可以为品牌提供海量且准确的数据，帮助品牌洞察消费者喜好、判断市场趋势，进而提高爆款成功率。欧莱雅就利用大数据和AI技术搜集面霜创意、进行消费者深度洞察和产品优化，成功研发出“熬夜面膜”等产品。

再如，肯德基已经利用自己研发的大数据平台，加上智能分析来辅助选址决策，提高店铺的存活率。这套系统能够提供城市 GDP、人口密度、选址地点周边人流情况等多维度的数据来辅助决策。瑞幸咖啡、库迪咖啡、塔斯汀汉堡、夸父炸串等新消费品牌在其快速扩张期间，也都将智能选址视为扩张的关键一环。

又如，AI 已经被广泛应用于优化营销效率和方式。内容上，品牌能够用 AI 生成品牌创意；设计上，可以用 AI 重构宣传物料的艺术设计；传播上，更可以根据大数据的精准分析提高投放的效率。

产业升级的红利

改革开放之后，我们国家共经历了五次消费品产业的升级。

第一次是 1978 年至 1990 年，以粮食消费下降和轻工业产品消费上升为标志，促进了轻工、纺织产业的发展和第一轮的经济增长。

第二次消费品产业升级出现在 20 世纪 80 年代末到 20 世纪 90 年代末。这一阶段，人们的消费倾向从“老三件”（自行车、手表、缝纫机）向“新三件”（冰箱、电视、洗衣机）转变，家电产业迅速发展，海尔、格力、TCL 等一大批家电品牌脱颖而出，逐渐抢占海外品牌的市场份额。

我们可以看到，前两次的消费品产业升级有一个共同的特点，就是居民消费“从无到有”的变化。我们的居民家庭消费从仅能满足温饱向拥有交通、娱乐、居家等生活工具和用品转变，人们的生活也因此变得更加便捷和高效。

第三次消费品产业升级发生在21世纪初。随着居民收入水平的提高和互联网的发展，消费品市场规模持续增长，教育、娱乐、文化等方面的消费增长迅速，私家车、商品房、民办教育也开始走进普通人的生活。房地产、汽车、教育培训、影视娱乐等产业迎来高速的增长。同时，淘宝、京东等互联网零售平台的发展，一方面改变着人们消费的方式，另一方面也为大量中小消费品企业带来了新的渠道和新的发展机会。

第四次消费品产业升级出现在2010年到2020年。这一阶段，互联网和消费的深度结合催生了一大批新业态、新模式，消费向着汰旧换新、更高品质的方向发展。无论是在化妆品领域，还是在小家电、休闲零食领域，海外高端品牌受到大众青睐，出境游成为中等收入群体的生活方式，各大奢侈品牌在国内的营收也迎来了迅速增长。消费品行业对GDP增长的贡献率在2016年达到64.6%，成为中国经济长期发展的主要动力。随之而来的是国内消费品企业开始对标国际一流品牌，大力投入研发，进行产品创新，开始逐渐积蓄力量。

这两次消费品产业升级最重要的特点是“从有到优”的变化，也就是我们常常说的消费升级。居民消费向着更高的品质、更好的体验、更加体面的生活迈进；消费品企业也通过互联网和新业态获得了更广阔的市场、更高效的营销，从而实现了规模的扩张。在这个阶段，大众消费者更多地以“进口”“高端”“奢侈品牌”等标签去衡量消费品的优劣，从众心理也更强。所以在这一阶段，我们看到的广告语多是“高端”“更好的”“进口原料”“畅销全国”等。

当下，我们正在经历第五次消费品产业升级。大约从 2020 年后开始，消费品产业由于其穿越周期的特性而受到资本的青睐，短视频、直播创造了新的信息传播和营销渠道，中国本土产品和品牌开始受到更多消费者的喜爱。在消费端，人们在琳琅满目的商品中回归理性，不再盲目追逐所谓的“高端”产品，而是更加相信“只买对的，不选贵的”，消费者开始亲自研究护肤品的成分、服装的产地、家电的功率；短视频平台的发展也方便了消费者分享消费体验，催生出许多测评博主、探店博主，缩减了消费者和品牌之间的信息差；大国崛起和文化自信让“国潮”“国风”“老字号”备受瞩目；同时，消费者也开始更加关注健康、关注审美、关注情绪价值，无糖茶饮、保健食品、香水香氛等细分赛道迎来红利期。在供给端，在手机、新能源汽车、小家电等领域，本土企业正凭借技术创新、人性化设计和对国内消费习惯的深刻理解弯道超车……

如果说前两次的消费品产业升级是“从无到有”向“从有到优”的转变，那么当下的消费品产业升级，就是“从有到优”向“从优到精”的转变。为什么说是“从优到精”呢？有下面两层含义：

从需求端来讲，消费进入去伪存真、去粗取精的阶段，消费者从眼花缭乱的产品中抬起头来，变得更加理性和克制。在“从有到优”的阶段，消费者倾向于购买品质更高、品牌更好的产品。而在当下，消费者开始反物化、反营销、反消费主义，更加尊重自身的实际需求和使用感受。这些变化反映到消费上，就是更加追求务实、更加追求性价比、更加追求个性化、更加追求健康和可持续。消费者要的不一定是更贵、更高端、更知名的大品牌，而是更适合自己的产品。这种新的需求形成了新的消费风尚，推动着消费品产业的升级。比如在传统的瓶装饮料市场，无糖茶饮能异军突起，创造出像东方树叶这样的百亿级大单品，其背后是对消费者追求更健康的生活方式这一需求的满足。

从供给端来讲，一方面，产品创新向着更具有人文关怀、更能引起精神共鸣的方向发展。在上一轮供给端的升级中，品质升级、品牌升级是主流。而当下的供给端竞争和“内卷”不断加剧，赛道不断被细分，消费者更加理性和务实。品牌想要真正“打动人心”，就不仅仅是提供高品质的产品这么简单，而是要找到消费者的“心之所在”。洞察消费者的细分需求就变得尤为重要。以前，一条牛仔裤有了品牌的加持就可以大卖特卖。而当下，生产商则给出显瘦、显腿长、遮小腹等更加人性和细节上的选择。在这一点上，国产新能源汽车在国内快速取代外资品牌汽车是非常具有代表性的。国产新能源汽车品牌不仅在续航里程、自动驾驶等硬科技上进行了突破，还给几十万元价位的车型配备了座椅按摩、车载投影、冰箱、卡拉 OK 等设备，甚至在储物空间、反向充电等细节功能上都做了极致的设计。正是这些不起眼的微创新，关照到了人们乘驾过程中的种种应用场景，让体验更舒适，从而虏获了人心。另一方面，由于消费品各个行业都日趋成熟，整体进入产业整合阶段，一大批缺乏核心竞争力、无法适应新的趋势变化的企业将在产业整合中“掉队”。消费端的“去粗取精”最终将带来供给端的“去粗取精”，淘洗出一批真正有规模、有壁垒、深受大众消费者和资本市场认可，甚至可以在国际上占据一席之地的大企业。

在新一轮的消费品产业升级中，我们该如何抓住红利呢？

首先是要在大行业、大赛道里找机会。为什么是大行业？不仅是因为大行业出大企业，而且是因为大行业的长坡厚雪、海纳百川，在需求和供给双轮驱动下，总会带来各种各样的机会，并且这种机会足够大、足够久。饮料、酒水、汽车、家电、家居、服装、餐饮等行业，始终都在变化，始终都有机会。如何定义大赛道？根据细分行业规模，我们可以将赛道分为“万亿级”“千亿级”和“百亿级及以下”的赛道。消费品行业的大赛道至少是千亿级规模的行业。只有这种“千亿级”“万亿级”赛道才能承载百亿、千亿级公司。

也有人存在疑问：在像饮料、酒水、餐饮、鞋服这些非常成熟和非常“卷”的红海赛道里竞争，会不会更加难做？是不是还有机会？我认为，那些看起来很“卷”的大赛道里依然蕴藏着巨大的机会。消费品行业最大的特点是行业规模大、周期长，产业升级常常能够孕育出新玩法、新机会。比如近两年有家叫“薛记炒货”的新鲜零食集合店在多地迅速蹿红，其品牌形象设计也非常有格调。薛记炒货官网数据显示，目前其门店数量已超 900 家，并且门店大多都是在一、二线城市核心商圈的核心位置。炒货行业是食品行业的子赛道，是一个非常传统的行业，这个行业的商家很分散且大多是夫妻老婆店。但这几年随着经济的增长和产业升级，炒货行业成长为“千亿级”赛道，品牌化和连锁化成了趋势。

其次是要从精神升级的角度入手。如果说上一轮消费品产业升级是品质的升级，当下的消费品产业升级就是精神的升级。那些异军突起的企业并不一定是具有革命性创新的，有的就只是因为价值观、审美、人文关怀带来的变化更好地迎合和引领了人们的精神需求。以酒店行业为例，汉庭酒店虽然便宜，但是让人住着干净、放心；桔子水晶酒店并没有多么豪华，但是有自己的审美和设计理念；亚朵酒店强调高质量的睡眠，光枕头就卖了几亿元。当物质需求被满足，精神需求就变得越来越重要，围绕这种精神需求的满足，各行各业都有相应的机会。

最后是要关注中国广阔的下沉市场。近几年非常普遍的现象就是像阿迪达斯、耐克、肯德基、星巴克等品牌在向下沉市场渗透。这是因为我国的市场规模大，产业升级并不是一拥而上、一蹴而就的，区域和城市间存在着时间差。当发达地区和一、二线城市已经进入“从优到精”的产业升级阶段时，欠发达地区及四、五线城市还在“从有到优”的品质升级阶段。而且，当经济波动对一、二线城市影响较大的时候，下沉市场反而爆发出强大的消费能量。

国产替代的红利

自 2018 年以来，我国率先在科技行业掀起了国产替代的浪潮，以解决关键技术和产品的“卡脖子”问题。各行各业随后都加速开启了国产替代的进程。40 余年经济的持续高速发展、各行各业专业技术的长期积累、仍然存在的供应链优势，以及建立在大国崛起和文化自信之上的产品自信，是进行国产替代的坚实基础。

然而，当下，除了家电、酒水等少数行业，在消费品的大多数行业和赛道中仍旧是外资企业和外资品牌占据着主导地位。

清华大学全球产业研究院的何志毅教授团队的研究结果显示，尽管我国的消费品上市企业在数量上以 1226 家超越日本（1084 家）、印度（856 家）、美国（625 家）和韩国（483 家），但在发展质量上却不尽如人意。目前，中国消费品上市企业总市值为 48461 亿美元，占全球消费品上市企业的 20%，排名第二；总营收为 20627 亿美元，占全球消费品上市企业的 13%，排名第三；总利润为 934 亿美元，占全球消费品上市企业的 12%，排名第三。而美国的消费品上市企业尽管在数量上只排第四，但在总市值、总营收、总利润三项重要指标上均排名第一。中美消费品产业的市值比、营收比、利润比分别为 0.53、0.42、0.31。也就是说，美国消费品企业以中国一半的数量，创造了约 2 倍于中国的市值、2.5 倍的营收和 3.3 倍的利润。此外，截至 2024 年 9 月 29 日，美国市值在千亿美元以上的消费品企业有 25 家，百亿美元以上的有 141 家，而中国千亿美元市值的消费品企业只有 2 家——茅台和比亚迪，千亿人民币的也只有 35 家。从结构上讲，美国市值前十的企业中其中既有来自科技电子、互联网零售、汽车制造行业的，又有来自零售、软饮料、家庭用品和家庭装潢零售行业的，整体比较均衡，而中国头部的 10 家消费品企业则集中在互联网零售平台、白酒等领域，不仅受金融市场波动的影响很大，而且很难走向全球。

从头部企业来看，2021 年，全球 41 个消费品四级产业各产业的领袖企业，美国有 22 家，中国和日本分别有 6 家。在中国企业未能夺魁的 36 个产业中，有 24 个产业中所有中国上市企业的总市值、总营收、总利润不如该产业的冠军企业。例如，所有中国餐饮业上市企业整体不如麦当劳，所有中国零售产业上市企业整体不如沃尔玛，所有中国个人用品产业上市企业整体不如联合利华，所有中国居家用品产业上市企业整体不如宝洁，所有中国饮料产业上市企业整体不如可口可乐，所有中国体育用品产业上市企业整体不如耐克等。

即便只从国内市场来看，我们也会发现在比较大的行业里，仍旧是外资企业和外资品牌占据头部地位：在日化行业，销售前 5 的企业分别为美国宝洁、法国欧莱雅、日本资生堂、美国高露洁、英国联合利华。在行业内比较有代表性的洗涤剂市场，宝洁和联合利华、汉高股份三大企业的市场份额超过 51.2%，碧浪、汰渍、奥妙等品牌长期占据着消费者的品牌心智。在食用油行业，新加坡品牌金龙鱼的市场份额高达 39%。在碳酸饮料行业，可口可乐、百事可乐两大品牌占据了 70% 以上的市场份额。巧克力、薯片、饼干等传统的休闲零食赛道，也长期由玛氏、亿滋国际、百事等集团的产品主导……

客观来看，尽管我国已经成长为消费品大国，但距离消费品强国还有很大的差距。这种差距对于我国的消费品企业，尤其是有志于成为细分赛道头部甚至产业领袖的消费品企业来说，是重大的机遇。具备了成熟的消费土壤、成熟的消费群体和成熟的消费品牌，当下可以说是消费品产业国产替代的黄金时期。

在这方面，我国的家电行业提供了成功的范本。从世界工厂到主导发展，美的、格力、海尔、海信等企业沿着品牌代工—技术突破—政策推动—规模增长—并购扩张的路径，经历了从无到有、从小到大、从弱到强的发展历程。2009 年之前，我国的家电行业还由

LG、三洋、西门子等海外品牌占据主导地位。2009 年之后，中国品牌开始实现全面超越，不仅在国内实现了较高的渗透率，在全球也占据了强势的市场份额。到 2023 年，我国的家用空调、冰箱 、洗衣机、LCD 电视内外销量占全球销量的比重分别为 85%、55.6%、48.1%、72.4%，我国已成为全球家电产销的主要国家，出口占比仍在不断提升。根据国家统计局数据，2023 年，规模以上家电企业的主营业务收入为 1.84 万亿元，同比增长 7%；利润为 1564 亿元，同比增长 12.2%。

具体来看，美的集团 2023 年的营业收入为 3737.10 亿元，其中海外营业收入为 1509.06 亿元，占比 40.38%；海尔智家 2023 年的营业收入为 2614.28 亿元，其中海外营业收入占比超过 50%；格力电器 2023 年的营业收入为 2050.18 亿元，其中海外营业收入为 249 亿元左右，占比 12.15%；海信集团 2023 年的营业收入突破 2000 亿元，其中海外营业收入为 858 亿元，占比约 42.6%。透过这些鲜活的数据，我们可以真切地感受到，这些头部家电企业依托我国巨大的市场和产业链优势，勇敢地向国际品牌发起挑战和进攻，已经率先实现了突围，在营业收入超千亿规模的同时摘下了全球产业冠军的桂冠。

那么其他消费品行业的企业，该如何借鉴家电行业国产替代的成功经验，实现弯道超车呢？

第一是在传统赛道狠抓产品创新。正因为传统，所以呼唤变化。本土品牌要充分发挥对于本土市场、本土消费者的深刻理解，顺应国民习惯，充分发挥细节改进、人性化设计、国民记忆等优势，打造出更加适合国内消费者的产品，一点一点地抢占传统赛道上国际品牌在国内的市场份额。

第二是强化产品品质价比。高质平价永远是消费品弯道超车的必杀技，通过优化供应链、精细化管理等方式，用更高的品质、更合理的价格实现商品的普惠，这不仅是我国家电行业实现超越的现实路径，也是当年日本的服装、家电、汽车等行业能够成功实现国产替代的现实路径。

第三是紧抓国民情绪。当下，大众消费者，特别是年轻一代对于祖国的热爱与认同、对于国有品牌的接纳程度，是品牌弯道超车最大的精神支撑。如何能既迎合国民情绪，又展现出全球化的包容度和竞争力，既激发消费者对于本土品牌的自豪感，又引领消费的时尚潮流，是国内消费品牌应当重点研究的课题。

第四是强化渠道建设和全域渗透。中国品牌想要弯道超车，不得不面对国际品牌的围追堵截。现实情况是，很多领域的传统渠道都被国际巨头牢牢把握着，这些巨头通过和经销商、零售商的深度捆绑，阻碍着后来者的发展。而在新兴渠道，国际品牌凭借在组织建设方面的速度和质量快速布局，也能够很快地建立起自己的根据地。美妆行业在电商平台销量排名的变化就是最具代表性的例子。因此，国内品牌不仅要在传统渠道上啃硬骨头，而且要打开思路、放眼全域、深耕特殊渠道，先求增长、求稳定、求份额，再求一战。

虎口夺食固然艰难，但中国消费品产业的崛起是大势所趋。相信在不久的将来，在越来越多的消费品细分领域，中国品牌将替代海外品牌，成为行业的新王者。

新兴赛道的红利

我常和团队成员讲，看消费品行业要有一点科幻思维。什么是科幻思维呢？就是敞开来去畅想未来的 10 年、20 年、30 年，甚至 100 年以后人们的生活会变成什么样。人们每天早上醒来会做什么事？一天之中吃什么、喝什么？靠什么出行？喜欢穿什么样的衣服？如何学习？如何工作？如何社交？那时会有怎样的社会结构和商业模式？有什么东西是真正的底层需求？有什么是不会变化的？

为什么要推崇科幻思维？因为我们小时候所畅想的未来科技，很多在当下都已实现。当时科幻动画里令人向往的视频通话、全息投影、裸眼 3D、无人驾驶等技术，在当下都已经渐渐进入人们的生活，甚至变得司空见惯。而在技术以指数级的速度发展并加速推进人类社会发展进程的当下，对人们未来生活的想象，就是对未来新兴产业和新兴赛道的预测。并且，当我们加入了对人口结构、经济发展、世界格局这些有规律可循的因素的深入理解和合理推演，想象也变得更加具有现实意义。

这里有一个重要的选择，你是相信未来世界会变得像很多科幻故事里展现出的那样充满废土美学、末日景象，还是相信世界将变得更美好、人与自然和谐相处、人民安居乐业？我会毫不犹豫地选择后者，因为我相信全世界人民对美好生活的向往和不断追求，会促使我们修正错误，做正确的事。看似好像扯远了，其实并没有，因为这个基调关乎着我们对新兴赛道的判断。

回归当下的命题，未来消费品产业有哪些新兴赛道有红利呢？首先明确一下，我们把对“未来”的定义限定在10年的范围，因为时间越长，不确定性越大。如果以10年为长度，我认为要从下面两个角度去看：

第一个角度是，在传统行业，人们的消费需求会向着什么样的方向演变。传统行业满足的是人们长期、稳定的底层需求，而在传统行业里，消费需求演变的方向将决定哪些细分赛道会有高速成长的机会。基于我们对消费品传统产业的研究和观察，高成长赛道将持续沿着三个方向发展：健康、快乐和美丽。

首先是健康。无论消费是升级还是降级的，健康的升级是确定的。而且消费者对健康的关注和理解，越来越由粗转精、由表及里。消费观念的转变带来行为方式的转变。为健康买单已经成为一种大众化、日常化的消费习惯，健康相关的行业也因此成为当下仍旧能够保持高增长态势的风口行业，其中也出现了一些值得关注的细分赛道。

近年来由中医药衍生出的各种消费赛道受到关注，包括中医理疗、中医养生、药食同源相关的产品和服务。中医药不仅有着深厚的底蕴，而且有着广泛的应用场景和扎实的群众基础。在国人眼里，中医不仅具备“治病”的医疗属性，而且能应用于日常的保健、养生、调理，甚至是减肥、美容等领域。中药更是因为其药食同源的属性，以大众熟知的配方和功能，被广泛地应用在食品、饮料等领域。同时，因为中医的理念是长期坚持，所以这个赛道里的大部分产品和服务都具有复购属性，一旦获得了消费者的认同，就可以具备长期的增长性。

在传统滋补品赛道，阿胶、灵芝、枸杞、冬虫夏草、石斛、鹿茸等品类都兼具规模与增速，老字号灵芝品牌寿仙谷自 2017 年上市以来，净利润从 0.9 亿元增长到 2.54 亿元，年复合增长率达 18.88%。而 2014 年成立的新锐品牌小仙炖，则通过鲜炖燕窝这个单一品类实现成功突围。

此外，越来越多的年轻人也加入中医药养生的大军中来，为行业增添了更多人气。乌梅汤、养发饮、熬夜护肝元气茶等频繁出圈，养生茶饮、养生糕点、养生保健品的产品创新也层出不穷。以拔罐、艾灸、中医推拿等中医服务为主要卖点的养生机构，成为人们缓解疲劳，甚至是休闲社交的新方式，同时又借鉴美容业的扩张模式，逐渐呈现出连锁化的趋势。我们和君咨询服务的客户榕树家，将 AI 技术和中医诊疗相结合，解决了中医诊断标准化相对难的问题，进而以连锁加盟的方式快速扩张，三年开出了 1600 家门店。但从全国范围来看，真正跨区域、连锁化、具备较强品牌影响力的养生服务企业还没有出现，这一赛道存在广阔的前景和机会。

在健康领域，保健品也是个扛周期的长红赛道。国内人均保健品消费支出和发达国家相比差距非常明显。欧睿数据的统计结果显示，2023 年中国内地保健品人均消费额为 40.5 美元，远低于美国、日本等发达国家水平，就连中国香港的保健品人均消费额也是中国内地的 3.85 倍。随着居民健康意识的提升，保健品人均消费额必然会持续增长。 目前，国内市场上的保健品基本被国外品牌垄断，当中存在着国产替代的大量机会，也逐渐跑出了像 WonderLab 这样的黑马品牌。

体育运动中的各种细分赛道，也进一步迎来了持续的增长。特别是各种小众的户外运动，在过去的几年，通过一波又一波的潮流提高了渗透率：露营、骑行、滑雪、冲浪、马拉松、攀岩等运动逐渐融入人们的日常生活。《户外运动产业发展规划（2022—2025年）》的研究结果显示：2025年，户外运动产业总规模将超过3万亿元。在户外运动的参与率上，国内目前为28%，远低于美国的55%、欧盟的44%，户外运动市场仍有广阔的可挖掘空间。小众运动领域并非不能跑出大的品牌。事实上，体育领域的很多品牌都是从小众运动出发，从满足一部分人群的专业需求开始，逐渐实现破圈的。比如以瑜伽为切入口的露露乐蒙，2023年全球营业收入已经超过96亿美元；以高尔夫和网球为切入口的斐乐（FILA），2023年营业收入为251亿元；以滑雪为切入口的迪桑特，2023年营业收入也超过50亿元。

其次是快乐。这是在消费品“卷”到下半场的今天，非常值得深挖的机会。快乐是刚需，也是一种生产力。美国未来学家阿尔文·托夫勒在《未来的冲击》一书中指出：“未来经济将是一种体验经济，未来的生产者将是制造体验的人，体验制造商将成为经济的基本支柱之一。”随着生活水平的日益提高，体验感、精神悦己越来越受到人们的重视，而最高级的用户体验，就是感到快乐。为快乐买单、具有高附加值特性的“快乐经济”，是中国消费品的新蓝海。在此我列举下面两个当前比较看好的方向：

一个是大文娱产业里具有持久爆发力的赛道。短视频的爆火逐渐改变了大文娱产业的内部结构，电视剧、电影等传统行业被颠覆，短剧、游戏、演唱会等细分赛道则保持高增长态势。

游戏行业仍然大有可为。游戏产业是中国近年来发展最快、最赚钱的行业之一，诞生了米哈游的《原神》、腾讯的《王者荣耀》等多款大单品，中国也早已超越美国，成了全球最大的游戏市场。2023 年，中国游戏市场实际销售收入约为 3029 亿元人民币，用户规模也达到了 6.68 亿人。尽管如此，但中国的游戏行业整体而言仍长期存在大而不强、多而不精的问题。2024 年，首款国产单机游戏《黑神话 · 悟空》“大杀四方”，上线不到一个小时，Steam 平台上该游戏的同时在线玩家数量就突破了 100 万人，这款游戏成为游戏史上在线人数最多的单机游戏，打破了此前由波兰游戏开发商 CDPR 制作的《赛博朋克 2077》创下的纪录，改变了国内游戏产业长期以来大而不强、多而不精的状态。我们认为，这只是一个开始，未来中国游戏在精品化路线上将有许多突破的可能，尤其是将中国丰富的文化资源与游戏本身有机结合起来后。

以音乐沉浸式体验为核心的演唱会、音乐节等也是值得长期看好的赛道。音乐是人类共同的语言，是思想和情感最美的表达。演唱会的“抢票狂潮”与“售罄盛况”是当下这个时代风潮的鲜明注脚。2023 年，5000 人以上大型演唱会、音乐节的演出票房较 2019 年增长 3 倍以上，占演出票房的比重由 2019 年的 19.8% 提升至 35.4%。其中，大型演唱会票房达 146 亿元，创历史新高。近 4 成大型演唱会单场票房超千万元。未来演唱会经济中，有几个值得关注的方向：一是演唱会和文旅产业深度融合，这可以形成消费热点，吸引更多的游客和乐迷，从而带动当地的旅游、餐饮、住宿等相关产业的发展，实现经济和文化的双赢；二是通过 VR（虚拟现实）/AR（增强现实）等技术的应用，增强沉浸式体验的感受，这既可以扩大演唱会的观众群体，又可以增加演出的附加值；三是对“粉丝”经济进行深度挖掘，比如开发纪念品、周边商品、会员服务等相关衍生产品和服务，这可以带动与偶像相关的情感消费。

另一个是宠物行业中的细分赛道。宠物经济本质上是一种以情感、陪伴为核心的快乐经济。在人们把宠物看作家庭成员，选择“执子之手、铲屎到老”的时候，宠物也带给大家无可替代的深层的快乐体验。人与宠物的羁绊越来越深，推动了宠物经济的高速发展。过去几年，我国宠物市场规模保持着超过 13% 的增速。2023 年中国养宠家庭户数渗透率为 22%，并呈逐年上升趋势，预计到 2025 年这一数据将达到 29.9%，与美国、日本等发达国家的 70% 和 57% 相比，还有较大提升空间。根据《2024—2025 年中国宠物行业运行状况及消费市场监测报告》，2023 年中国宠物经济产业规模达 5928 亿元，预计 2025 年市场规模达 8114 亿元。未来在“孤独经济”“养儿式养宠”趋势的催化下，宠物经济的热度还将持续，许多细分市场也都有机会可挖掘。

宠物食品是宠物经济中规模最大、“内卷”也最激烈的赛道，可分为主粮、零食和保健品三类。目前在主粮上，玛氏、雀巢等外资品牌占据绝对优势，地位难以撼动，但是外资品牌在零食和保健品上的布局较少，竞争优势并不明显，是我国宠物食品企业的主要切入点。国产品牌可以与外资品牌进行错位竞争，在主粮实现国产替代的同时，抢占全球宠物零食和保健品市场。而在宠物零食和保健品的竞争中，精细化创新是核心。比如保健品，针对老年、幼年、孕期等不同生命阶段，可以研发不限于美毛、补钙、护肤、调理肠胃等不同细节关照的产品。在宠物用品方面，智能化升级是大趋势，如何降低养育宠物的门槛和难度是关键。

最后是美丽。美丽是人们永恒的追求，也是竞争最为激烈、比较特别的一个领域。美妆、美业始终处于竞争白热化的状态，而和时尚相关的行业又充满了巨大的不确定性。与美丽相关的行业中，我唯一坚定看好的，仍然是医美。关于这一部分，书中的其他部分有详述，此处不再展开。

第二个角度是，科技的发展将怎样改变我们的消费，提高我们的生活水平和质量。这里可以确定的方向就是智能化。走过了信息化、数字化，如今智能化已经成为第三次数字化浪潮的核心标志，与智能化相关的行业是未来增长的核心。在此推荐两个值得关注的方向：智能家居和智能学习。

首先是智能家居。智能化的生活既是刚需，又有未来。智能家居起步于 2007 年，但直到最近三五年才有长足的进步。智能路由器、智能监控摄像头、智能空气检测仪、智能插座等新概念产品层出不穷。据 CSHIA（中国智能家居产业联盟）发布的《中国智能家居生态发展白皮书》，我国智能家居市场规模已经从 2016 年的 2608 亿元增长至 2023 年的 7157 亿元，2025 年可能突破万亿元规模。这当中有两个核心方向：一是以人的需求为中心，持续推进智能家居的便捷化、简易化；二是从智能向智美转变，在智能化的基础上，在产品中融入对美学的认知和概念，让智能家居既好用又好看。

其次是智能学习。彼得·海斯勒在《寻路中国》中提到：中国父母舍得在子女的教育上投钱，这已经是一种民族性格。在 K12 教育阶段，短期内行业的驱动因素是教育“内卷”和教培行业的落幕，线下教育转向线上教育是必然的趋势。智能学习机的存在有效填补了校外辅导机构减少所释放的空白市场，也让优秀的老师、优秀的教学体系、优秀的学习资源变得更加普惠。同时，AI 的赋能也让线上教育变得更加个性化，科大讯飞、学而思、猿辅导等都推出了自己的 AI 学习模型。

尽管在当下的发展阶段，消费品的各个领域都逐渐进入成熟期，但社会在发展，科技在发展，人口在流动，行业在变化，新兴的细分赛道始终存在。以上列举的只是很少一部分我比较看好的赛道，相信这样的赛道还有很多。从更长的时间跨度来看，低空飞行、银发经济，都是广阔的蓝海。但无论如何，满足人们对美好生活的向往始终是主流的方向，关键在于对“美好”二字的解读。这里有对需求的深入洞察，有对未来的前瞻性预测，还有价值观的正确引导。

区域差异化红利

中国仅粤港澳大湾区的经济总量就已经突破 14 万亿元人民币，相当于全球第十大经济体，显示出区域经济的强大动力和发展空间。更不用说在粤港澳大湾区之外还有长江经济带、成渝地区双城经济圈、丝绸之路经济带等诸多区域的发展速度远超其他地区。一方面，这些蓬勃发展的区域为企业成长提供了肥沃的土壤；另一方面，区域与区域间的差异也造就了更多样化的潜力空间。许多企业无须走向全国，扎根在一个区域就能把生意做得很不错。

比如在巨头云集的零售行业，尽管国际巨头沃尔玛、开市客，国内龙头永辉、华润万家等均在全国范围内进行了业务布局，但市场上仍旧存在大量依托单一省域甚至市域、县域的区域型龙头企业。比如四川的红旗连锁，以成都为中心向周围布局，截至 2023 年已经开出了 3639 家门店，2023 年新开门店 144 家，实现营业收入 101.33 亿元，同比增长 1.12%；实现净利润 5.61 亿元，同比增长 15.53%，并且在四川省内的收入占营业收入的比例为 92.27%。类似的，重庆百货作为重庆地区的商超龙头，截至 2023 年底，共开设各类商场和门店 281 个，实现营业收入 189.85 亿元，同比增长 3.72%；归属于上市企业股东的净利润为 13.15 亿元，同比增长 48.84%。同样具有代表性的还有河南许昌的胖东来，其 13 家门店仅分布于河南许昌和新乡两地，一年可以实现营业收入 107 亿元，利润率也远高于同业水平。

区域化市场带来的市场空间是多种多样的：

一类是区域间生活与饮食习惯差异所造就的空间。随着信息和人口的流动加速，区域之间的绝对差异在逐渐缩小，但是诸多生活习惯、消费习惯仍旧在不同区域间形成一些有趣的壁垒。我们总能看到大家津津乐道一些地区差异，比如在饮食方面，西北喜食面食、川渝偏爱麻辣、东北量大味足、上海浓油赤酱等。区域的偏好直接影响了消费者的购买选择，也恰是这种差异化给许多地方企业提供了足够的发展空间。特别是在食品饮料行业，口味依赖可以给本地品牌铸就坚实的壁垒。比如发源于青岛的青食钙奶饼干，是一代山东人的集体记忆，甚至被称为“山东人的一种主粮”。

一类是区域经济发展不均衡带来的差异化市场。经济发达地区和经济欠发达地区，一、二线城市和三、四、五线城市，省会、地级市和县城、乡镇，经济发展的不均衡带来市场发展阶段的不均衡。也许有的区域已经进入了“从优到精”的理性消费时代，而有的区域还处于“从有到优”的消费升级时代。同样的产品、同样的服务、同样的品牌，也许在一个区域内已经趋于饱和，但在另一个区域仍存在巨大的空间。利用这种区域的差异，可以有效帮助品牌找到新的市场。

还有一类是企业地方性资源要素带来的强壁垒。很多企业在地方上拥有极强的资源优势，比如原材料产地、短运输半径、自有厂房和门店、政府资源和政策扶持、人际关系网络等。这种资源往往极难复制、易守难攻。特别是许多国有消费品企业，天然具有这样的优势。还有的企业，因为聚焦区域更便于管理，形成了极强的文化属性，胖东来就是一个典型的案例。

偌大的中国，诸多的选择，但往往适合的才是真正有价值的。当前，有几种区域的市场发展还处于红利期，值得企业多多关注。

一是一、二线城市以外的下沉市场红利。下沉市场通常指三线及以下城市、乡镇与农村地区。这个市场覆盖了约10亿人口，占据了全国GDP的38%左右，是一个庞大且具有活力的经济体。随着基础设施的完善和互联网的普及，下沉市场的消费潜力正逐渐被激发。下沉市场的平均经济发展水平与一、二线城市相比虽然有差距，但仍不乏一些发展突出的地区。像昆山、江阴、慈溪等百强县，以不到全国2%的土地面积、7%的人口，创造了全国10%的GDP。同时，相较于一、二线城市，下沉市场居民刚性生活成本在可支配收入中占比较低，生活压力适中，人情往来更多，诸多因素使得他们更愿意消费，也更有能力消费。随着人口的回流和持续的消费升级，下沉市场的商业活力还在逐步增强。

二是长三角、珠三角等发达区域红利。发达区域更适合新品牌、新业态的成长，特别是具有一定潮流属性的行业。一方面，这些区域拥有较强的经济实力，消费人群、消费能力、消费意愿的基础都足够强；另一方面，这些区域对文化潮流的接纳程度和影响力都足够大，对消费趋势的变化具有引领作用。如桨板、骑行、动漫等相对小众的文化均以这些区域为原点扩散影响全国。可以说，做新消费，尤其是以品牌力作为核心发展驱动因素的企业，更应该牢牢把握这些核心区域，以便更好地将品牌影响力做大。

三是“本地红利”。企业能够在自身所处的区域进行深耕，借助对本地市场的深入理解和深耕区域的资源积累，构建与竞争对手的相对优势，真正做到全面渗透，也是一种选择。企业在本地扩张时所面临的挑战相对全国发展而言更易于解决。尤其是线下业态占比较重的企业，通过本地化经营，加强对渠道的管理，降低供应链成本和品牌投放成本，不仅能够实现对一个区域的全面占领，而且有可能获得更高的毛利润和净利润。

在消费领域各行各业竞争都进入白热化的阶段，辩证看待中国的统一大市场，找到区域差异带来的机会，也许就找到了弯道超车的机会。

品牌全球化红利

特殊的时代必将造就一批强大的民族品牌。

很多企业家都有一种情怀，就是要在有生之年打造出真正的民族品牌。何为民族品牌？只承载规模、历史、文化和美誉还远远不够，真正的民族品牌一定是在国际舞台上占有一席之地、在全球细分领域具有一定话语权的品牌。换言之，真正的民族品牌不是自我的标榜，必须是世界级品牌。

近年来，推动中国制造向中国创造转变、中国速度向中国质量转变、中国产品向中国品牌转变是消费品产业升级的主基调。许多成熟的国内头部品牌纷纷开启全球化之路，并且快速赶超全球行业头部。小米手机、大疆创新、安踏、名创优品、蜜雪冰城等都在全球市场找到了扩张的路径。如果说头部品牌的“出海”是一种实力使然的主动选择，那么在国内多数行业转变为集中度逻辑、消费增长乏力的当下，对于很多还处于成长期的企业来说，“出海”则是一种保持增长的必然出路，一种对未知的勇敢探索。

然而，“出海”短短两个字，要思考的问题却是极其复杂和系统的：世界之大，去往哪里？渠道之多，优选何种？诸多不便，困惑何解？我们可以看到，“向外求”是必然，却也是“必难”。

2023 年被称为中国品牌的“出海元年”。从数据上来看，2023 年全国跨境电商进出口额为 2.38 万亿元，较 2022 年增长 15.6%；其中出口方面增长强劲，出口额达 1.83 万亿元，较 2022 年增长 19.6%；

跨境电商进出口商品中，消费品超过 97%。不少品牌在海外市场斩获佳绩，比如 3C 领域，安克、影石 Insta360 增长显著；餐饮领域，蜜雪冰城、霸王茶姬等品牌在国际市场引发关注；游戏领域，米哈游、莉莉丝等更是热议不断。但在大家竞相逐鹿世界舞台的同时，“去全球化”的浪潮与单边贸易主义抬头的趋势也让新玩家“出海”的脚步变得艰难。

那么在“出海”方面有哪些更加具体的机会值得我们关注？根据和君咨询多位同事对欧美国家、日韩、东南亚国家、中东地区国家、南美洲国家、澳大利亚、新西兰等多个热门海外市场的调研，和对多家企业的“出海”陪跑实践，我们认为有以下一些机会：

一是关注小赛道。以小众垂直需求为切入点往往蕴藏着意想不到的惊喜，因为在这些相对被忽视的领域，竞争没那么激烈，企业也更容易在设计、功能、产品上走出差异化路线。尤其是相对空白的市场品类，是中国企业的绝对主场。义乌小商品城中看似稀松平常的商品不知何时就突然在海外成为畅销款。仅在 2023 年爆火出圈的产品中，就有很多看似离奇、细想却合情合理的东西。比如加热猫床，单凭宠物在睡眠场景中取暖的细分需求就诞生了一款大单品；再如贴合欧美审美的美黑场景，诞生了紫外线贴纸等小众产品。

二是关注算法逻辑下的流量。作为“闯入者”，中国企业在海外市场面临的信任危机是实实在在的困境。破局的方法主要在于流量的获取和品牌的破圈。据 BuzzFeed 数据，海外用户在谷歌（Google）生态或脸书（Facebook）生态内的时长消耗为 30%~40%，另外 60%~70% 的用户使用场景及时长均发生在开放网络之中。这意味着消费者正在逐渐摆脱“围墙花园”的限制。此外，据尼尔森数据，海外80%的人更信任新闻网站上的广告，而不是社交媒体上的。这也意味着中国企业在国内市场熟悉的社交媒体投放的逻辑无法在海外市场取得同样的效果。新时代，像Taboola、OutBrain这样的基于逻辑算法的投放与流量获取才是关键。

三是关注新渠道中的新增量红利。中国跨境电商Temu、希音、TikTok Shop、速卖通在世界范围内的崛起对中国消费品企业而言无疑是极大的发展助力。其中,TikTok Shop在2023年推出了“全托管”运营模式，商家只需提供产品，平台将负责运营、物流、履约及售后服务等，这种模式释放了商家的时间和精力，使其能够更专注于产品研发和生产，提升生产效能；Temu于2023年继英国之后又上线了德国、荷兰、法国、意大利和西班牙五个站点，且在欧洲站点延续了低门槛的入驻政策和低价促销策略，为欧洲消费者提供了高性价比的购物选择。新兴平台和销售渠道通过投入和创新所创造的新增量，可以为“出海”企业带来更广阔的发展空间。

四是关注海外消费降级带来的机会。当前美国通胀数据表面呈现下降趋势，但物价仍然高位运行，且呈现逐渐上涨的势头。消费者对通胀的担忧，使得他们更加谨慎地进行消费。而希音与Temu的崛起，也正显示出国外消费降级与消费分层的现状。在这方面，中国的供应链优势非常明显，许多优秀的产品都可以成为高端品牌的“平替”，在品质不变的基础上把价格打下来，占据市场主导地位。这是20世纪许多日本品牌的成功路径，对当下的“出海”品牌也有诸多启发。

五是关注文化的向外输出。中国文化深厚的底蕴和持续的创新是我们向外输出的底气。除了中国传统文化的输出之外，许多新时代的文化也实现了“走出去”，如“中国网文”“中国剧集”“中国游戏”在海外的影响力之大远超预期。中国网络文学行业 2023 年营业收入规模达到 383 亿元，同比增长 20.52%，其中海外市场营业收入规模为 43.5 亿元，同比增长 7.06%，中国网络文学“出海”作品（含网络文学平台海外原创作品）总量约为 69.58 万部（种），同比增长 29.02%。截至 2024 年 1 月，米哈游旗下的游戏《原神》的全球玩家数量已经突破了 3 亿人，月活跃用户数超过 5000 万人。还有上海豫园灯会在巴黎举办、泡泡玛特在巴黎市中心开旗舰店、小龙坎在全球范围内开店等都彰显着中国文化向外输出的潜力。

产品质价比红利

在全世界任何一个地方，质价比都是最有杀伤力的武器。

为什么全球消费品巨头多数专注于大众市场？因为在大众市场，用户的需求相对简单、重复，企业能够通过规模效应带来的价格优势和品牌效应带来的从众心理取胜，且往往最能做出规模，成就大企业。

我国的大众市场本身又极具优势。从体量上讲，我国的大众市场覆盖了大约 10 亿人口。10 亿人口是什么概念呢？我们可以用数据的对比感受一下 10 亿规模的消费者意味着什么。与主要发达国家人口规模相比，目前欧盟总人口约 4.49 亿，美国总人口是 3.36 亿，日本总人口是 1.24 亿，韩国总人口是 0.51 亿，这几个国家和地区的总人口加起来都不足 10 亿人；和当下最具经济活力的东南亚地区的人口规模相比，按照《中国国家地理》的统计数据来看，目前东南亚十多个国家的总人口数约为 6.79 亿，也就是说我国消费者规模差不多是东南亚总人口的 1.5 倍。

从质量上讲，我国大众市场不仅消费群体庞大，整体消费水平也比较高，而且消费能力一直在持续增长。2023 年，我国人均 GDP 已经达到 1.27 万美元，人均可支配收入稳步提升。并且，根据联合国贸易与发展会议在 1 月 22 日发布的《中国达到国际发达标准的省份汇总报告》的内容，截至 2023 年，我国境内已达到国际发达标准的省级行政 / 市区有 6 个，分别是上海、江苏、浙江、福建、广东和山东。此外，我国还拥有世界最大的中等收入群体，根据国家统计局数据，我国中等收入群体已经达到 4 亿规模。

如此巨大的市场容量和有潜力的消费人群，意味着无论哪一个产业，天花板都足够高，成长出世界级的大单品、大品牌和大企业的土壤都足够肥沃。特别是近几年我国正处在“从优到精”的消费品产业升级当中，消费市场的情绪有了明显的变化。人们越来越倾向于回归消费的本质，不愿再为徒有其表的产品、可有可无的功能、溢价过高的品牌和哗众取宠的营销买单。在消费回归本质的趋势下，大众市场必然是消费品行业承载量最大的市场。

在当下的大众市场，质价比是所有品牌发展的核心竞争力。顾名思义，质价比是产品品质与价格的比值，它的核心是“品质”，即在一定的价格范围内，消费者获得的产品品质有多高。质价比不追求价格最低，而是追求在一定价格范围内的品质等于或超过消费者期望。“由俭入奢易，由奢入俭难”，大众消费者在“从有到优”阶段被培养出来的消费习惯已经很难完全逆转，于是那些品质到位且价格实惠的产品，能够让消费者在品质没有降级的情况下花更少的钱，也就能成为消费者的最优选择。在“从有到优”的阶段，大众市场是最难做的市场，是典型的“既要、又要、还要”的市场。相比之下，当下的纯粹追求质价比的逻辑，其实反而更简单粗暴了。

同样的情况也发生在三十年前的日本。日本经济从 20 世纪 60 年代到 20 世纪 70 年代的高增长进入到 20 世纪 80 年代的“新常态”后，大众消费者的理性消费意识增强，更加注重消费品的实用性，高性价比消费成为主导。伴随着这种风潮，那些以高质平价为特点的品牌迎来了高速的发展，优衣库就是在这种大环境下诞生的。优衣库于 1984 年在日本成立，其母公司迅销集团目前已经发展成排名第三的全球服装品牌，仅次于 ZARA 和 H&M。谈到优衣库持续成功的原因，大家都会给出统一的答案——高性价比。然而，优衣库对性价比有着自己独特的理解，即性价比 = 质量 / 价格。在品质方面，优衣库产品不追求时尚度，但会与全球顶尖面料供应商深度合作，追求面料的高品质和服装的舒适度。在价格方面，优衣库把主销价格点定在市场最低价格，即大多数同类商品的引流最低价，因此大多数消费者不用犹豫就可以购买，实现最高的销量。

质价比是一件说起来简单，但做起来却极其考验企业综合能力的事情。优衣库能够在保持高质价比的同时还具有优异的盈利能力，源于它超强的管理能力，尤其体现在以下几个方面。

一是基本款 + 高品质。优衣库在产品选择方面采取与服装行业追逐时尚款式的主流相反的策略，主动放弃了时尚流行款，选择主攻共性最强的基本款。目前优衣库 70% 的产品为基础款，主要包括纯色 T 恤、牛仔裤、衬衫、外套等，SKU 数量在 1000 个左右，力求“贵精不贵多”。相较之下，做快时尚的 ZARA 的 SKU 常年保持在 8000 个左右。由于专注于基本款，优衣库在成本端的规模效应明显，如优衣库每个产品生产基本都是 10 万件起订，且代工厂数量少而精，只有 70 家左右。

二是供应链强管控。优衣库从 2000 年开始，逐渐转为供应链强管理的 SPA 模式。SPA 模式在服装行业并不少见，但是像优衣库这样将其效能发挥得淋漓尽致的却并不多见。优衣库从洞察消费趋势规划商品开始，全链路打通生产管理、店铺管理、库存管理，并使之高效运营。一方面聚焦基本款，通过生产效率的优化，打造极致性价比产品，另一方面通过销售效率的优化，提升消费者购买体验，让产品更畅销。

三是仓储式 + 高坪效。在门店端，优衣库采用仓储式购物，在陈列上全面细致，更容易满足消费者“多快好省”的需求，同时使管理更高效便捷。此外，优衣库还通过极致的门店管理和全域经营等方式，进一步扩大门店销量，实现高坪效。

优衣库作为极具代表性的企业，可以拆解的内容还有很多，但对质价比的理解和实践，才是它最宝贵的护城河。质价比背后的真正的逻辑不是低价，而是极致的管理。优衣库能在质价比方面做得足够好，本质是它在管理上做得足够好。日本的精益生产和匠人精神是众多中国企业学习的典范。极致的管理首先是供应链的重构。对于消费品企业来说，供应链管理的意义不仅在于成本管控，而且对产品品质提升具有重要的价值。奶茶行业的蜜雪冰城就把供应链做成了自己的竞争壁垒，从供应链上游的柠檬种植，到中游自建工厂及物流配送体系，可谓是把供应链各环节都做到了极致。虽然蜜雪冰城产品的售价是奶茶行业最低的，但利润率却名列行业前列。可以说，在追求质价比的路上，企业真正到了“成功向内求”的阶段。

高净值人群红利

经营会员体系的企业都可以从数据中得出结论，在对消费贡献的占比上，越高等级的会员贡献占比越高，符合二八法则是常态，有的品牌这一比例可能达到 90%，甚至更高。越是高端品牌，这种集中度就越高。在这一点上，我们可以从高端商厦不同等级的会员消费数据上得到印证。

位于浙江的杭州大厦，2005 年便获得全国商场单体单店业绩第一的成绩，2021 年成为百亿级商场，2023 年的销售额约为 130 亿元，一直稳坐浙江高奢商场的龙头地位。杭州大厦商场内有 180 多个全球知名品牌，如爱马仕（Hermas）、香奈尔（Chanel）、迪奥（Dior）等一线奢侈品牌，入驻品牌数量在全国范围内也名列前茅。杭州大厦的年报显示，杭州大厦有会员 83 万人，入门级的会员人数占比为

85.6%，仅贡献了 12.1% 的会员销售额；而最高三个级别的会员人数占比只有 4%，却贡献了近 60% 的会员销售额。其中最高等级的 V6 会员仅有 1133 人，人数占比为 0.1%，贡献了 13% 的会员销售额，每年人均消费 82.4 万元，是入门级会员人均消费的 670 倍。高净值人群的消费能力和对消费的贡献力度，由此可见一斑。

根据《2023 胡润财富报告》的数据，截至 2023 年 1 月 1 日，中国拥有 600 万元及以上资产的“富裕家庭”数量有 514 万户，总财富达到 158 万亿元。其中，千万资产家庭达 208 万户，上亿资产家庭达 13.3 万户。而高净值人群的消费能力也在持续走强。根据《2023 胡润至尚优品：中国高净值人群品牌倾向报告》，中国高端消费市场规模持续提升，已经达到 1.65 万亿元，高端消费品市场已经发展成为我国消费品市场的重要组成部分，成为引领人民群众对美好生活追求的风向标。

奢侈品是高端消费的典型代表。随着中国高净值人群规模的扩大，中国消费者逐渐成为全球奢侈品消费的主力军。根据要客研究院发布的《中国奢侈品报告》，2023 年中国奢侈品消费达到 10420 亿元的市场规模，中国奢侈品消费占全球奢侈品消费的比重约 38%。多家研究机构预测，到 2025 年，中国将成为全球最大的奢侈品市场。更令人期待的是，当下中国奢侈品市场 46% 的销售额是由“90 后”创造的，年轻一代的消费者将给奢侈品市场带来持续的活力。

但我们不得不认识到，奢侈品的形成有历史原因，如今本土品牌想打造奢侈品，还需要很长时间的积累。那么，面对潜力如此大的市场，我们的企业应当如何抓住机会呢？我认为应该重点关注圈层经济和高端品牌的国产化。

首先，高端圈层有自己的消费特点和消费逻辑，高端消费品企业要抓住核心人群特征，玩转高端私域。

消费品行业的营销有一个显著的特点：人群的差异大于产品的差异，即面对同样的人群，无论是销售茅台、名茶、冬虫夏草，还是销售名车、名表，营销的方式和路径本质差别不大。但同样是酒水生意，茅台和二锅头由于面向完全不同的人群，其营销策略、营销方式、营销渠道等就有着极大的差异。这个特点在高净值人群中更为明显。胡润研究院将高净值人群的消费特征总结为“3+5”的特点，即品质、品位、品牌三个追求，以及科技、健康、艺术、服务、公益五条延长线。并且，越高净值的人群，越看重圈层的力量，越倾向于在同类人群中拓展社交圈，参与圈层活动的意愿也越强。

未来，围绕高净值人群，以经营人群为核心的商业模式蕴含着大量的机会。我们假设一个高端消费者一年消费 10 万元，只要能够运营 1 万个客户，营业收入就可以达到 10 亿元。但需要注意的是，同样是围绕一个特殊客群做运营，互联网思维下的圈层玩法在这里是不适用的。由于服务于高净值人群的高端消费，线下服务带来的信任感、面对面交易的安全性、人群之间的社交互动，都显得更加重要，所以高端圈层运营往往以线下私域的形式呈现。这种线下私域运营最早出现在金融和培训领域，如私人银行、家族办公室、企业家同学会等，后来逐渐向医美、美业等延伸，也出现了一批以人群为核心，提供教育、医疗、艺术、资产管理等一站式服务的俱乐部。无论是自身提供专业服务，还是搭建服务平台，高质量的服务、极强的黏性是高端圈层运营的根本。

其次，我们相信，中国将在这一轮周期中逐渐形成一批自己的高端品牌，“中国风”将再次风靡全球。

在18世纪，“中国风”曾经风靡欧洲地区。以瓷器、丝绸、漆器、茶叶等为代表的中国产品深受欧洲地区贵族追捧。欧洲人凭借这些精美的产品和对遥远东方国度的想象，拼凑出一种瑰丽而独特的“中国风”。那时候，中国产品是高端的代名词。

“中国风”能风靡欧洲地区的本质原因，是18世纪时中国的国力站在世界巅峰，中国经济占世界经济的比重超过30%，强大的经济基础和国力是中国品牌风靡全球的坚实基础。但当下，我们不得不遗憾地承认，目前的奢侈品市场当中还很难看到土生土长的中国品牌。尽管这和奢侈品特殊的历史背景有很大关系，但也和当下很多国产高端品牌沉浸在艺术品、工艺品、礼品的定位里自我欣赏有很大的关系。奢侈品和艺术品、工艺品、礼品既有关联，又有着极大的不同。除了高品质外，必须深入日常使用场景，且具有极强的品牌知名度和高端心智，具备一定的社交属性，才能成为真正的奢侈品。

在当下的历史背景下，打造中国的奢侈品牌是一条路径，但更具现实意义的是如何用国产替代的方式，让中国高端品牌走向世界。在新国货运动和国产品牌崛起的浪潮中，不乏在这方面实现成功突围的品牌。例如羊绒服饰领域的鄂尔多斯、三只小山羊，新能源汽车的问界、仰望，手机里面的华为Mate等，凭借着过硬的产品和相对合理的价格，逐渐在细分领域抢占了市场份额。在其他一些细分领域，如房车、游艇等，也有逐渐在国际上崭露头角的品牌。这些品牌的发展道路，才是更值得其他企业借鉴的。

中国的高端消费品牌天然带有中国人共同的价值观和审美情趣，相对欧美国家的奢侈品品牌来说，定价上会更普惠、更强调制造工艺、更追求文化内涵、更注重传统文化的新生等，它们终将走出自己的道路。

资本市场红利

从 21 世纪之初到今天，消费品市场的投资环境经历过热浪，也体验过寒冬。尽管浮沉变化，但我们还是能够坚定地说，未来十年的资本市场依旧有红利。

从客观上来讲，中国 A 股、中国港股和美国、欧洲、日本等成熟市场相比，还有很大差距。比如美国最知名的苹果公司，其市值为 3.46 万亿美元（约 24 万亿元人民币），而同样有世界级实力的小米仅有约 3500 亿元人民币的市值。再对比一下饮料行业的龙头，可口可乐总市值约为 2847 亿美元（约 2.2 万亿元人民币），而国内饮料巨头农夫山泉仅有 2600 亿元左右的市值。运动鞋服领域的耐克的市值为 1271 亿美元（约 8300 亿元人民币），而国内此领域的巨头安踏的市值大约为 1800 亿元人民币左右。这其中的差距不言而喻。哪怕是这些发展较为迅猛的行业中的头部企业，差距也不小。更不用说在很多消费领域中国企业并没有借助资本市场的力量跑出行业龙头，其弱势程度更加严重。

也就是说，对标美国，中国的资本市场还有巨大的空间可以发展和挖掘，毕竟中国资本市场还没有发展到像美国那么成熟。随着经济的进一步增长，消费品企业未来也将随之升级，消费品赛道细分领域中也将涌现出一批高市值的企业。

除此之外，我们也注意到，消费品赛道的诸多企业正扎堆赴中国港股市场上市。在全球经济版图中，中国港股市场作为连接东西方资本的重要桥梁，其独特地位与潜力不容忽视。经过了前几年的快速融资，当前许多新消费企业都完成了一轮“跑马圈地”，亟待登陆资本市场寻求更好的发展机会。在中国A股上市趋严的当下，对于消费品企业来说，中国港股是不得不提的重要市场。

中国港股消费品企业中，头部企业的市值集中度较高，且这些企业多为国民性品牌，如农夫山泉、华润啤酒等。这种市值向头部集中的趋势在过去五年内依然显著，并且高市值企业的市值占比进一步提升。从投资角度来看，头部企业由于其强大的市场地位和品牌影响力，通常具有较高的成长性和稳定性。因此，只要确实是头部企业，它们在市场中的表现往往较为强劲，具备较大的上升空间和投资机会。与此同时，消费品企业通过在中国港股上市，能够迅速获得全球投资者的关注。据统计，中国港股市场的日均成交量中，来自海外投资者的交易占比高达约30%，这一比例在全球主要交易所中名列前茅。这种高度的国际化特性，使得消费品企业在中国港股上市后，能够更快地融入全球资本市场，加速品牌在全球范围内的传播。换句话说，只要是表现较佳的头部消费品企业，能够通过审核完成在中国港股上市，就可以获得较好的全球化资本助力，实现进一步的快速发展。

提到全球化资本，全球化做得最成功的美股的发展历程是中国资本市场最好的参照蓝本，我们能够看到，美股上市企业通过并购做大是常态化的事，不同时期的并购浪潮促使美国企业结构发生了重大改变。通过并购，美国经济从原先的以中小型企业为主转变为现在的形式，即由成千上万的跨国企业构成。

而中国资本市场未来的十年也将是并购的十年。中国消费品上市企业数量众多，但普遍呈现出规模较小、水平较低的特点。因此，资本市场上客观存在各种横向和纵向的并购机会。但是未来的并购逻辑区别于以往的通过跨行业并购拉高 PE 的方式，而是转向与自身产业能够形成协同的产业链上下游的并购，其本质在于消费模式不再依赖财富效应加杠杆，能够满足“广大中国消费者”需求的企业将有望获得更大的市场份额，即“赢者通吃”，所以消费品企业的纵向并购将成为未来重点。

与我们前面所讲的从渗透度到集中度的趋势相似，从产业发展层面来探讨，中国消费品产业的成熟度已然进入到争夺存量市场的阶段。不再是增量经济的态势下，此时讲究的就是横纵向并购的能力。同时，由于不同赛道发展阶段的差异，企业的并购行为也将进一步分化，比如绝对的头部企业必将“合纵”与“连横”发挥到极致，通过双向并购快速组建自身生态圈；腰部的企业则应考虑快速纵向并购，完善自身价值链；底层的基础实力相对较差的企业则面临被并购的命运。最终，A 股上市企业并购 A 股上市企业、A 股上市企业并购未上市企业均会成为常态，各行业将进入快速合并阶段。

此外国家政策的大力推动也在不断加快并购的步伐，如新“国九条”明确指出要推动上市企业提升投资价值，鼓励上市企业聚焦主业，综合运用并购重组、股权激励等方式提高发展质量。虽然不是直接明确地讲希望企业去并购，但是很显然，其政策推动意义不小。政策出台后，资本市场并购明显增温回暖，仅 2024 年上半年，A 股发布并购事件的上市企业数量就已经超过 500 家。相信随着新“国九条”的进一步落实，并购重组市场的活力和动力将进一步被激活。

当下是“估值重构”的时代，IPO 政策的变化、一级市场融资环境的收紧以及优质上市企业充裕的现金储备等因素共同作用，使得并购市场在价格上具有一定的优势，一级市场的整体估值承压，为抄底优质资产提供了较好的机会。对于并购来说这是价格上的利好。对于标的方来说，目前也正好处于投资回购周期，是好的标的可以让出份额的机会。

中华文化红利

中华文化数千年的积淀，为我们留下了丰富的文化遗产和艺术瑰宝，也为现代消费品企业提供了取之不尽、用之不竭的创意范本和灵感来源。未来十年，对中华文化内涵的挖掘将成为消费品企业形成差异化的重要路径。想要打造具备持久生命力的企业和品牌，就一定要深刻理解中华文化、学会传承中华文化。

中华文化的内涵博大精深，并不局限于思想礼仪、文学历史、哲学宗教、建筑诗歌，也有饮食、服饰、居家、出行、护肤、养生、育儿、嫁娶等涉及普通人日常生活，且自成体系的内容。和我们当下的消费相结合的内容具体来看主要有以下三个方向：

一是和生活相关的文化在消费品领域的应用。这里比较有代表性的是中式茶饮文化的发扬光大。在茶叶行业，跑出了华祥苑、八马茶业、小罐茶这样的领军品牌；在中式茶饮这一细分赛道，跑出了蜜雪冰城、霸王茶姬、茶颜悦色等一众具有国际优秀企业潜质的品牌；在瓶装饮料市场，跑出了东方树叶这样的百亿级大单品，也创造了无糖茶饮这一高速发展的细分赛道；在护肤品领域，路威酩轩投资了高端东方植物护肤品牌茶灵，将茶文化与现代护肤理念相结合，开发出富含古树普洱茶成分的高端护肤产品，体现了中国传统文化在现代奢侈品市场的独特价值……除茶饮文化外，中国传统的服饰文化、食品文化、养生文化也都有广阔的挖掘空间。比如在健康产业红利下，东阿阿胶等传统滋补养生品牌的业绩显著增长，备受国际市场的认可和追捧。

二是中华美学在产品创新和品牌打造上的应用。比如近年来走上国际舞台的珠宝品牌麒麟，对中国符号美学中的葫芦元素进行了现代感设计，成就了打响品牌知名度的开山之作；SHANGXIA作为爱马仕集团孵化的中式高端品牌，将中华美学的精髓与西方工艺融合，赢得了国际市场的广泛认可；上海滩将中华文化中的石树、花鸟、山水等自然元素融入设计中，形成了品牌古典浪漫的心智印象；故宫文创将一个拥有600多年历史、荟萃中华艺术瑰宝的殿堂打造成大IP，与现代产品相结合，成功打造出一系列既具历史感又符合现代审美的文创产品……诸如此类的品牌案例数不胜数。中华美学的商业化潜力是无限的，即便是运用中华文化中最微小的元素，也能通过巧妙的设计和创新，创造出极具魅力的品牌和产品。

当下中华美学被挖掘和应用的还只是冰山一角，还有大量的资源和元素等待着我们去探索和利用。因为中华美学不等同于我们常说的东方美学，是一个范畴很大的概念，几乎可以作为中国从古至今一切艺术风格的统称，从横向的地域跨度到纵向的历史维度，它包罗万象，兼收并蓄，丰富又开放。

纵向来看，朝代的更迭衍生了迥异的文化与审美，也孕育出许多独特的美学风格。先秦两汉的风格大气庄重、简洁高贵，一些典型的符号很有代表性，比如秦朝的兵马俑、汉代的瓦当纹饰、隶书等；魏晋南北朝时期，道家的“自然之美”、儒家的“中和之美”和禅宗的“空灵之美”交汇融合，形成了最有东方韵味的美学；唐朝时期，白居易“乱花渐欲迷人眼”的繁华，既是对唐朝社会经济繁荣的诠释，又是对唐朝美学花团锦簇、热烈鲜明风格的注解；而宋式美学迥异于唐代“满城尽带黄金甲”的明亮张扬，是认真对待一片素瓷、一截枯木的朴雅隽永；清朝时期，根植于游牧和渔猎文明的美学表达，是直观而实用的，各种纹样、符号的应用更广，线条明朗、色彩沉稳，工艺也发展到极高的水平，而且由于和近代衔接，许多风格保留至今且仍然有旺盛的生命力。

横向来看，我国幅员辽阔，56 个民族交融汇聚，自然而然地形成了差异且鲜明的地域美学和民族艺术。在敦煌，神秘的莫高窟里，伎乐飞天、反弹琵琶、九色神鹿等，既有美的表达，又有值得挖掘的文化典故。朱炳仁铜艺以《鹿王本生图》为设计蓝本，打造了“九运中国鹿”系列，成为品牌的爆款产品；花西子将苗疆这片充满神秘想象的神奇之地上的精工细琢的苗银艺术和美妆产品结合，成就了以美学破圈的“苗族印象”高定彩妆系列。

三是中国传统价值观在品牌建设上的应用。好的品牌往往承载着具有普世意义的价值观。崇尚自由、独立、个性、开拓、英雄主义的美国价值观塑造了可口可乐、耐克、苹果、特斯拉等品牌的精神内核；充满浪漫、唯美、革命精神的法国价值观孕育出路威酩轩、爱马仕、欧莱雅等一系列引领时尚的奢侈品品牌；英国文化里的高贵精致，塑造了博柏利（Burberry）的优雅传统、劳斯莱斯的卓越品质。而我国传统价值观所推崇的团结、勤劳、坚韧、拼搏的精神，浓厚的家庭观念和乡土情怀，克己复礼、尊重他人、和谐共赢的处世哲学，不仅让我们在过去几十年里创造出令人惊叹的大国工程和难以撼动的供应链体系，而且在全球化的今天仍然具备普世的魅力。华为的“以客户为中心，以奋斗者为本，长期坚持艰苦奋斗”，海尔的“以无界生态共创无限可能”，阿里巴巴的“让天下没有难做的生意”，蜜雪冰城的“真人真心真产品，不走捷径不骗人”，这些企业和品牌理念的背后，都体现了我们中华民族的精神底蕴。

从生活文化到美学，再到价值观，中华文化的红利被开发出来的还不到十分之一。新中式服装迅猛崛起，却没有诞生一个被国际认可的新中式服饰品牌；中华有五千年的滋补养生历史，却没有一个像韩国“正官庄”一样的国际化品牌；中国茶文化有几千年的沉淀，却尚未有和立顿分庭抗礼的中国茶饮品牌……这既是我们的遗憾，又是我们的机遇。从茶饮到服饰，从文学到哲学，从历史故事到民间传说，中华文化的每一个元素都可以转化为独特的商业价值，企业通过不断地创新和努力，完全有可能培育出具有国际影响力的品牌，让中华文化在全球范围内闪耀生辉。

第 4 章 消费品企业战略破局

中国哲学讲究“内圣外王”。趋势和红利，对于所有人来讲都是客观的外在条件，是人人平等的，但能否把握趋势、抓住红利，不仅需要看懂和理解趋势与红利，更需要自身具备过硬的能力和破局的决心。想要穿越周期，其根本还是要在每个战略周期的瓶颈期不断突破自己，进入下一轮增长。

前面讲了产业的周期，企业发展也有自己的周期。这个周期和外部的经济周期、产业周期、资本周期息息相关，但更重要的还是企业自身如何在每一个低谷期、瓶颈期进行突破。破局，更多是企业自身由内向外的成长与突破，而不是简单地去抢风口、拿融资，依靠外部力量。从内部来看，破局的核心首先是企业自身的战略升级，其次是从产品、品牌、营销、供应链四个维度完成业绩的增长与提升，同时，这些增长还有赖于组织作为其基本的保障，以及资本的赋能。所以本章从战略、产品、品牌、营销、供应链、组织、资本七个维度，剖析企业战略破局的底层理论和关键逻辑。

使命驱动、战略升级

我们在提到使命和愿景的时候，往往容易从组织文化的视角去看待它，强调使命和愿景是企业价值创造的起点，应当能够激发员工的使命感和责任感，能够引发用户的认同和支持，能够代表企业家理想的深度和广度，应当能够指导企业健康发展一百年……这些都有道理，但并不是使命和愿景的全部意义，甚至不是它的核心意义。从企业发展的全局来看，仅从组织文化的视角来看使命和愿景，显然是远远不够的。

使命和愿景最终还是要落到战略升级上。为什么很多头部企业能持续保持战略升级，一些企业却始终突破不了？我们做了一些总结和提炼，供大家参考。

使命和愿景，应当虚实结合，激发梦想

使命和愿景之所以能成为企业战略思考的起点，是因为它是企业的灵魂所在。正因为它是企业的灵魂，所以这高度凝练的十几个字里承载的内涵，应当是既务虚又务实的。务虚，是因为它需要描摹出企业的精神底蕴，表达出组织深层的基因和组织向未来许下的宏愿，在真刀真枪的商业世界里，它是月亮与灯塔；务实，是因为它是企业战略定位的表达，企业的商业模式、战略选择、发展目标，都要基于这短短十几个字来表现，在纷繁复杂的企业经营中，它是定海神针。**所以精彩的使命和愿景，一定是虚实结合的，既能够激发梦想，又能够指导实战。**

从战略的视角看使命和愿景，特别要强调“实”的部分，即是否有对战略的指导意义，是否有配套的商业模式资源、组织能力去落地。有的企业觉得愿景越宏大越好，动不动就要做个生态平台，而事

实是能力、资源，甚至产业特点都不允许生态平台的出现，结果愿景无法通过商业模式和经营活动落地，最终沦为一句口号；有的企业做供应链做得好好的，看见别家做品牌名利双收，就一定要把自己企业的愿景定位成“做某某行业的领导品牌”，结果是逼着自己从 to B 往 to C 走，不仅影响了整体的战略方向，还打乱了整体的战略节奏。所以使命和愿景绝不是张口而来的一个概念，不是听起来宏大、好听就可以，而是要能够至少用 5~10 年的时间，用商业模式、用组织能力、用各种资源去落地的。很多人都讲使命是要管 30 年、管 100 年的，这种纯务虚的态度就容易对战略形成误导。使命确实是要管 30 年、管 100 年的，但是它一定要先对未来的 5 年、10 年有指导意义，否则就会变成一个虚无缥缈的东西。使命和愿景绝不仅仅是组织文化层面上的，使命和愿景也是战略的核心部分，是战略的最顶层的设计。我们只有把使命和愿景讲清楚，才能把企业战略定位的差异化讲清楚。

在结合实践的过程中，使命和愿景还会碰到一些实际的问题。

第一是如何解读使命和愿景。比如企业使命同样是“服务美好生活”，但在服务形式、服务内涵、服务人群上，都会有微妙的差别。正是这些微妙的差别，构成了企业的差异化。在企业发展的不同阶段，根据当时的战略重点，服务的路径、服务的深度、美好生活的定义等内涵也会随之变化。比如企业愿景同样是“某某行业的领导者”，具体是做品牌，做品牌服务，还是做产业平台，不同企业的解读是不一样的。如果没有清晰的解读，使命和愿景就会愈发地趋于形而上，给人的感觉千篇一律，只是好听的口号而已。比如许多企业的价值观里都讲诚信、创新、奋斗，解读起来内涵各不相同，但不做解读时很难打动人心。在理解高度凝练的东西时，大家都需要一些明确的素材、一些具体的呈现，否则就很难体会到其中的深意。

第二是使命与愿景需要进行周期性迭代。常常有企业家问我：“你给我们规划的使命和愿景，我可以变吗？”我的回答是：不要轻易变，但需要以十年为单位去进行思考。十年后，如果我们发现这个使命和愿景仍旧具有旺盛的生命力，那么只需要在解读上进行更新，确立阶段性的战略目标即可；如果使命与愿景和当时企业的发展有非常大的出入，那么是有必要去进行更新迭代的。理想固然性感，但现实往往残酷。代际变迁、政策变化、技术突破，企业发展路上有许多不确定性，因此战略规划往往以五年为单位，但两到三年要进行中期调整。使命和愿景不必一成不变，我认为以十年为周期做调整是比较合理的，坚持并不等于固守。

战略破局的核心是商业模式的创新与迭代

当我们用使命和愿景明确了企业的战略定位和长远目标后，接下来的重点就是明确企业的商业模式。

商业模式是战略管理研究的核心内容，关于它的定义众多，即便在学术领域也没有公认的标准答案。抛开一切表象看本质，我认为**商业模式的核心就三点：你的客户是谁？你的产品是什么？你的盈利模式是怎么样的？**讲得再直白一点就是：**你赚谁的钱？你用什么赚钱？你怎么赚钱？**或者你也可以把它转化为更利他的提法，比如你为谁提供价值、提供什么价值、如何提供和交换价值等。但万变不离其宗，所有的提法归根到底都是在回答这几个问题。就这样简单的三个问题，想回答清楚却非常不容易。

关于“客户”

描绘客户画像，是我们说明客户是谁的常规方式。客户画像往往包括客户的年龄、性别、收入水平、职业、受教育水平、选择偏好等信息，市场上关于客户画像制作的方法论和模型都已经非常成熟，相关的专业书籍也有很多。很多购物平台在后台为消费者建立了数百个人群标签来帮助商家辨析客户。咨询公司、购物平台、社交媒体每年也会对消费人群进行重新划分和解析。这些都能够帮助我们更好地描述客户、理解客户，因此这本书在这部分不做赘述。但站在战略的高度，对于“客户是谁”这个问题，有三点内容需要重点思考和关注：

一是想清楚是做 to B 还是 to C 的生意。很多消费品行业的朋友有一个误区，一上来就要做消费人群分析，客户画像直接从 C 端开始，这样做其实是把最关键的问题漏掉了。尽管所有的产品最终都要经过消费者的检验。这很重要。但默认所有消费品企业都是做 to C 生意的，会从一开始就束缚了企业的发展。站在战略的角度，消费品企业首要思考的是 to B 还是 to C 的选择问题。在大部分生意的规模化程度都很高、终端厮杀都十分激烈的当下，做 to B 的生意，精于研发和成本管控，依靠规模带来稳定性盈利，同样是不错的选择。对当下已经完成从 10 到 100 的积累、遇到发展瓶颈的大企业尤其如此。还有一些依靠加盟、代理等形式拓展市场的企业，在商业模式设计上必须考虑好加盟商、代理商的利益，否则产品再好也难以规模化扩张，因此，这类企业既要有 to B 的思维，又要有 to C 的思维。如果要做 to B 的生意，那么客户画像就不能只做 C 端而忽略 B 端的群体。当然，选择 to B 还是 to C，核心还是要看企业的基因。

二是在描绘客户画像时，必须要加入消费场景的维度。消费者的消费行为往往是复杂的，同样的人群会基于不同的消费场景做出不同的选择。以大众熟知的新茶饮赛道举例，年龄、性别、消费能力、消费偏好相同的人群，既可能选择蜜雪冰城的柠檬水作为解渴的饮料，又可能选择约朋友在奈雪的茶坐着聊聊天，和重要的人谈事情也会选择更高档的中式茶馆。一位刚毕业进入职场的女孩，既有可能在商场选购一套适合上台演讲的正装，又有可能在逛夜市小摊时买一些别致的小饰品。收入再普通的工薪阶层，也会在逢年过节、馈赠亲友时选择高品质的水果和糕点，带家人去高档餐厅聚一次餐。越是追求新潮多元生活的消费者，这种场景和选择的跨度就越大。所以在研究客户时，除了描绘人群，务必要同消费场景相结合。

三是要对客户的规模有合理预测。首先，行业规模决定了客户规模的上限，而 to B 还是 to C 的选择，高端人群、专业人群还是大众人群的选择，以及组织能力对规模的承接能力，都对客户规模有着决定性的影响。做 1 万人的生意和做 100 万人的生意、开 1000 家店和开 1 万家店，在盈利模式上会有很大的不同。这要求我们在发展初期就看清客户规模的天花板在哪里、自己的阶段性目标在哪里，也要求我们保持对规模的理解，在不同的发展阶段适应市场的变化，进行商业模式的创新。

特别要强调的是，以上对“客户”的解读，更适合初创型或中小型企业。因为在这个阶段，聚焦是最好的战略，越是聚焦，越容易说清楚。但许多成熟的大企业、大品牌，很可能需要同时去做 to B 和 to C 的生意，也很可能需要以类似的产品不断拓展不同的用户，还很可能不断在拓展同一批客户的不同使用场景，客户的规模会因此而产生变化，对组织能力也相应地有更高的要求。这些都与对战略阶段、战略节奏的设计和把控息息相关，需要具体问题具体分析。关于战略阶段和战略节奏，我们还会在后续章节中继续探讨。

那么，你做的是谁的生意？ to B 还是 to C ？高收入群体还是中等收入群体？老板、高管，还是小镇青年、都市白领？他们热爱旅行还是喜欢宅家？关注品质还是喜欢时尚？他们会在什么样的场景下产生需求？在不同的消费场景下又有什么样的选择逻辑？他们在这个领域的消费是高频的还是低频的？这个客群的规模是大还是小？他们的决策链路又是怎样的？这类人群有什么共同喜欢的品牌可以作为你的对标？他们近几年有什么消费偏好上的变化？一定要围绕客户的分析不断去做追问，才能帮助你更好地明确客户、理解客户。

关于“产品”

在消费品领域，消费品本身是产品，消费体验是产品，同时品牌也是产品、服务是产品、供应链和数字化系统是产品、门店是产品、运营管理的系统本身是产品，甚至围绕你形成的人群圈层也是产品。总之，你的客户愿意为之买单的都是产品。在众多的产品形态中选择什么作为你的核心产品，是这个问题的关键。

在这里，很多人有疑问：那我应该先决定我的客户，还是先决定我的产品？理论上讲，一定是客户至上的，一定是先锚定消费人群和场景，再围绕需求设计或调整产品。但实际上，这两点往往很难在先后顺序上分得特别清楚。现实的商业世界中，创业和守业不是起点分明、界限分明的，而是在众多岔路口走着走着变成了今天的模样。有的创业者在创业前做了详细的市场调研，有雄厚的资金和团队实力做基础，在做了很多客观分析之后做出了选择；有的创业者创始之初仅仅有一份养家糊口的小生意、小作坊，基于自己对市场的理解和不断的学习，一点点摸索出了最适合自己的商业模式；还有的创业者，靠着对一件事物的一腔热忱，做出了市场上没有的创新产品，广受追捧。这些故事在异常开放的消费品领域尤为常见。不同路径导致的产品选择差异巨大。所以在现实中，很多企业都是先有产品，再靠产品来筛选用户的。

选择做什么样的产品，除了对市场的客观分析，核心要看创始团队的基因。人，始终是无法忽略的因素。蜜雪冰城的张红甫出身“草根”，非常理解“草根”，而很多创业者无法理解蜜雪冰城极致性价比背后的极致供应链，那种从每一个环节里控制成本的意识深深流淌在企业的血液里。同样，只有身处富裕圈层，对时尚有独特见解的创业者，才有打造奢侈品牌的可能。这也是很多在某一个领域成功的企业，拍脑袋决定要做一个全新的商业模式，投入大量资金和资源，却不愿尊重商业规律，执意以旧的经验、团队去做新探索的，往往一无所获的原因。

回答“产品是什么”时差异化是最重要的部分。我认为差异化的关键就八个字——人无我有、人有我优。消费品不同赛道的差异化程度是不同的。对于行业内各品牌差异化程度高，或者能够掌握突破性技术，形成配方、工艺、供应链垄断的，价格差异大的赛道，比如服装、配饰、无人机、某些独特口味的食品等，更强调“人无我有”，只有显著的差异化才能脱颖而出。对于同质化竞争程度高、行业内技术水平差距不大、价格带窄、供应链很难形成垄断的赛道，比如智能锁、饮水机、烘焙食品、常温奶等，更强调“人有我优”，即在产品性价比、质价比、心价比上下功夫。“人无我有”更多是基于产品本身的创新，而“人有我优”则更加考验产品背后的支持因素。越是科技含量和时尚含量高的赛道，越倾向于前者。我们当然鼓励所有的产品都能做出突破式的创新，但有时候在一些传统的赛道里，不妨修炼好内功。一个产品如果能同时做到“人无我有，人有我优”，产品的差异化壁垒就可以说很强了。

同时，对于产品的认识，也要考虑企业的发展阶段。总体上企业由小做大遵循的规律是从产品到品类，再到赛道。企业在从 0 到 1 阶段的时候更多会讲产品，因为只有这样才能把基本的商业模式跑通；在从 1 到 10、从 10 到 100 的阶段就需要讲品类了，因为此时单一的产品往往已经很难满足企业的发展；在从 100 到 1000 的阶段，企业已经成为行业里的佼佼者甚至是引领者，此时的战略需要思考的是整个赛道的发展。有人会说，很多企业只靠一个大单品就可以做到几百亿元的规模，所以企业在产品上应该坚持单品策略，坚持到不能再坚持为止。我认为这是需要一事一议的单独企业的个性问题。很多人认为大单品是靠打造出来的，而事实上，很多成功的大单品是天时、地利、人和的结果，是从一家企业的众多单品里跑出来的。

关于“盈利模式”

盈利模式是商业模式里最重要的一环，它决定着客户与产品之间的价值交换形式。

我们在谈盈利模式的时候，应明确两部分的内容：一是要赚哪些钱，也就是盈利方式是怎样的，是靠单一产品盈利还是靠组合产品盈利，如果是组合产品，它们彼此间的关系是什么；二是要赚多少钱，也就是盈利的尺度是怎样的，或者说毛利润率、净利润率水平是怎么样的。

先来说说盈利方式。以实物产品为核心的消费品企业的盈利方式往往最简单，是最传统的靠产品差价来赚钱；靠服务、平台、社群等盈利的企业的盈利模型往往更复杂，这些企业会形成一套产品组合。例如一家专业零售连锁加盟企业，在品牌管理、运营管理、产品供应链、数字化系统等方面都可以收费，还可以靠营业额分成、返利等形式赚钱，甚至可以考虑供应链金融、培训等形式；再如一些经营社群的企业，可以选择通过培训、产品、圈层活动、渠道提点等进行变现；又如一些互联网企业，可以选择以融资的形式起步和扩张，依靠低价吸引用户注册和复购，等用户习惯养成和用户数量积累到一定程度等再收费，去赚未来的钱……

再来看盈利的尺度。对于成本相同的羊绒衫，你如果想要选择高毛利润率、高净利润率的形式销售，可以选择高端人群和高端渠道；你如果愿意少赚一点、做一个更加能持续发展的品牌，可以选择高毛利润率、低净利润率的形式，在定价不变的情况下把成本投入到门店租金和品牌形象上；如果你认为自己不擅长做品牌，但产品设计和生产都不错，也可以选择把价格定低一点，自己少赚一点，把羊绒衫批发给更多的品牌，依靠规模效益带给自己更多的利润。当然，在现实的商业世界，毛利润率、净利润率的高或低都是相对的，特别是在同行业之间，这种差别往往很微妙，但最终的影响却很大。合理的毛利润率、净利润率水平，反映了企业的商业模式，也反映了企业的管理能力、销售能力和成本控制能力，可以帮助企业在竞争中获得优势地位，也决定了企业能否进行规模化的扩张。

盈利方式的多样性和盈利尺度的微妙性决定了盈利模式设计起来是比较难的，特别是组合型的盈利模式，还要考虑各个盈利方式之间的协同关系，就更为复杂。但不管形式多么复杂，一家消费品企业如果想要长久发展、穿越周期，有两个原则必须坚守：一是持续、稳定的盈利是底线。在消费品领域不要对赚未来的钱存太多幻想，互联网、高科技企业的发展逻辑在消费品领域成功的概率很低。二是掌握好利润和规模的平衡点。不要盲目追求高毛利润率、高净利润率，高端化和提高价格在当下的经济环境下不是主旋律。算小账的同时也要算大账，关注利润总额、投资回报率、净资产回报率等综合性指标。

客户、产品、盈利模式构成了完整的商业模式，帮助我们将使命和愿景转变为一门实实在在赚钱的生意。那么，如何去判断一个商业模式是不是足够好？有以下四个维度可以作为评判的指标：

（1）盈利性是不是足够好：总体盈利性是不是足够好、是否具有可持续性。

（2）盈利的效率够不够高：整体的资金使用效率如何、资产回报率是否足够好、人均利润能否持续提升。

（3）能不能形成规模经济：规模化是企业发展的核心，你的商业模式是否更容易复制、更容易做大体量，进一步形成规模经济。

（4）规模化能否带来壁垒：仅有规模化是不够的，还要看在规模化的过程中，盈利模式能否为企业积累特殊的优势，为企业带来更坚固的壁垒。

在商业世界里，商业模式的变化有很多，在比较传统的消费品领域，商业模式大致可以分为以下几种类型：

第一种模式，是“**基于标准化的批量复制**”，一般是基于某一种经营形式，通过将其做到高度规范化和标准化，并不断在其他市场进行复制以获取当地的用户，来实现不断扩张，从而扩大规模占领市场的模式。采用这种模式的特别常见的就是连锁化经营类的企业。如餐饮、美业、服装等行业的很多企业都采用这种模式。这种模式下的最小盈利单元（fundamental unit economics），是单店。

第二种模式，是“**基于产品的规模化扩张**”，一般是基于某一类产品，在特定的渠道上进行铺货和销售的模式。采用这种模式的企业瞄准一个规模足够大的客群和需求，聚焦在一类产品的深度研发和品类拓展上，通过不断地投放广告做大知名度，并借助渠道的力量触达消费者。我们熟悉的快消品、家具家电、3C 产品等行业的企业往往采用这种模式。这种模式下的最小盈利单元，是单品。

第三种模式，是“**基于用户群的深度服务**”，一般是围绕某一类用户群体，基于对其消费偏好和消费需求的深度理解，提供多种具有针对性的产品和服务，通过持续做大用户规模、做高用户黏性、挖掘并满足用户的新需求，来扩大规模。如社区团购、高端会员俱乐部、养老社区等企业往往采用这种模式。这种模式下的最小盈利单元，是单人。

互联网平台的发展让这三种商业模式衍生出了许多新的表现形式。比如在传统模式里，用户是消费者，但在互联网平台模式里，用户不仅是消费者，而且可以是生产者。例如好慷到家、58同城等到家服务类、资源撮合型的互联网平台，通过汇集流量，帮助手艺人、技术人员、家教等自由职业者对接到相应的需求，抽取一定的提成，同时提供基础服务来盈利。本质上讲，这种盈利方式也是“基于用户群的深度服务”，只是同时涵盖了需求方和供给方两类人群；再如共享模式下，交易的不是产品的所有权，而是该产品阶段性的使用权，企业把一个商品的生命周期拆分成无数个使用周期来销售。从本质上讲，这种盈利方式也是“基于产品的规模化扩张”。

仔细拆解上面三种类型的商业模式，会发现它们都有一个共同的特点，就是最小盈利单元。什么是最小盈利单元？企业盈利就是用可复制的产品或服务，满足具有一定基数的客户的共同需求，且能够通过产品、服务的标准化和规模化来不断实现营业收入和利润的扩大。这个可复制的产品或服务，就是最小盈利单元。

打造最优盈利单元

热衷于投资消费品的巴菲特和查理·芒格在判断企业投资价值的时候，也会重点研究“最小盈利单元”，他们的投资团队甚至认为看懂最小盈利单元后可以“将会计数据抛在一边”。最小盈利单元这个概念为何如此重要？从投资的视角看，拆解最小盈利单元可以发现一家企业在不同业务上创造的价值的差异，也可以发现同类业务中不同的盈利单元在价值创造上的差距，从这些差距出发可以进一步拆解出更多详细的经营数据，从而更好地了解一家企业的经营潜力，而不是因关键问题被总体的财务数据轻描淡写地带过而错过好企业。以沃尔玛和亚马逊早期的发展为例，伯克希尔 – 哈撒韦不仅会关注它们的总收益，而且会关注它们旗下一家店的情况，基于此来分析企业在获客成本、客户生命周期价值方面是否存在问题等。从企业经营的角度看，要想找到企业的最小盈利单元，一方面要通过多个单元的横向、纵向对比，以及不断的分析、拆解，找到影响其发展的关键要素，并不断打磨、优化，把最小盈利单元做成一个相对最优的盈利单元；另一方面要对这些关键要素进行总结、提炼，形成标准化、可复制的交付细节。这就是消费品企业最重要的战略聚焦。

那么，如何评判最小盈利单元是不是足够优秀呢？其评判标准主要体现在以下三个方面：

一是盈利性。以线下门店为例，有不少实体创业者受互联网思维的影响比较深，愿意不惜成本地打造一家门店，认为单店即便不盈利、只赚个流水，能起到宣传效果也是极好的，等以后店开多了，形成规模效应了就一定能赚钱。于是在单店还没盈利的情况下，就快速进行扩张，导致经营压力和风险都很大。消费品行业与互联网行业不同，如果单店无法证明自己的盈利能力，后面开的新店一般也很难赚到钱。而单店赚到不错的利润，也只是评价最小盈利单元的基础要素，是不是足够优秀，还要评估它的复制性和可控性。此外，线下门店的单店盈利性是不是优秀，主要通过横向与同类店铺进行对比来评判，除了看单店的营业收入、利润，还要拆开来看坪效、人效、租售比、盈利周期、生命周期等要素。我们会在后面的单店模型章节进行更详细的分析。

二是复制性。一家门店、一个单品能取得成功有很多偶然因素。也许是因为老板亲自上阵当厨师做出了拿手的好菜，也许是因为产品刚好可以满足某些小众用户的小众需求。但如果这些因素不具有很强的复制性，那么这家门店、这个单品就不是优秀的最小盈利单元。很多需要提前一两个月预约的米其林餐厅，虽然深受追捧，一家店的利润也很可观，但终究无法成为一家大规模、有作为的企业；一些对选址、店长、客户群体、供应链等要素要求极高的线下门店，虽然也可以复制出三五十家，但如果继续扩大规模就会遇到难以突破的瓶颈；有些产品受到原材料、设备、技术等问题的影响，很难实现规模化的量产……这些都给企业的发展盖上了天花板。

三是可控性。如果一家线下门店，既有着不错的盈利性，又可以快速地复制，但很难从供应链、品牌、管理上进行管控，店长在当地进行采购或者换块牌子对门店的生意都没有太大影响，这就说明最小盈利单元不具有可控性。消费品行业里的许多领域都有着悠久的历史，比如水果店、牙科诊所、教培机构，可以说是由小摊贩、小医馆、小私塾演变而来的，有成百上千年的历史。因此它们的很多生意模式对选址、交付者能力的依赖大于对产品标准化、品牌的依赖，经营者自产自销的收益大于依赖品牌和供应链的收益，这就很容易陷入“规模不经济”的情境。如果很难从产品供应链、品牌、管理上进行管控，成熟的店长都自己去开店了，那么企业做到一定规模后就很难持续扩张。宠物店、牙科诊所、二手奢侈品门店，目前都是这种情况。

盈利性、复制性和可控性，不仅是判断最小盈利单元是否优秀的主要指标，而且是企业在模型优化、标准化建设、供应链、品牌力等各方面能力上不断精进的目标。随着数字化、物流等基础设施的日益完备，商业模式和管理模式的创新和关键技术的迭代，一些原本很难实现连锁化经营、规模化复制的盈利模型也有了规模化的可能。如水果店、眼科医院、房产中介等都出现了优秀的行业标杆企业。

只做 90 分以上的业务

了解了最小盈利单元的重要性，很多企业家不免问：“我公司里盈利的业务不少，该如何做取舍呢？”我的建议是：只做 90 分以上的业务。

企业逐利的本性和价值坚守的长期主义，往往在互相较量。在企业发展的过程中，充斥着各种各样的选择与诱惑。早期，为了让企业活下来，很容易什么赚钱做什么，每开辟一个新业务，都能给企业带来短期的、局部的增长。这样做显而易见的好处还不只是增长，很有可能正是这样的单点创新，让企业一下子找到了新的业务增长点，跑出了第二曲线。但开辟一条新的业务线、创造一个新的价值点容易，想要优化它就非常艰难。随着企业的发展，业务容易像摊大饼一样，变得大而全。但企业的各项资源是有限的，分散的业务条线带来分散的资源配置，最终导致各业务条线都只能做到 60 分，单独拿到市场上竞争力都不够强。在这个阶段，拓展不是重点，聚焦才是关键。这时就需要重新对业务进行梳理和取舍，以壮士断腕的勇气砍掉那些再努力也只能做到 60 分的业务，在完成价值聚焦后，集中更多资源，全力去做好 90 分以上的业务，为企业打造真正的壁垒。

战略升级的三个阶段

企业发展是一个循序渐进的过程，不同发展阶段、不同规模、不同位势的企业，在战略上的重点一定是不同的，你永远不可能用一个唯一的理论去指导不同发展阶段的企业，或者把某一个阶段的成功经验复制到其他阶段去。这就需要企业在发展的过程中阶段性地审视自己的战略布局是否合理，适时去进行升级迭代。

在大量的咨询实践和案例研究中，我们一般将企业按照初创期到成长期、成长期到成熟期、成熟期到成为产业领袖的这个过程，分为三个战略发展阶段（见图 4–1）。

战略 1.0：价值聚焦——少就是多。在这个阶段，企业的核心战略是打造最优盈利单元，全力做好 90 分以上的业务。在这个阶段企业专注于做哪一个品类、哪一个渠道、哪一类客户，从根本上讲，是由企业的基因决定的。对于消费品企业来说，这个阶段是否走得扎实尤为重要。因为对于消费品企业来讲，特别是对做 to C 业务的消费品企业来讲，存在很多隐形的壁垒，比如消费者的心智，比如渠道渗透的程度，再比如产品的依赖程度、核心技术的深耕、门店管理的标准化程度等。这些隐形壁垒的构建和强化，特别需要持续聚焦带来的

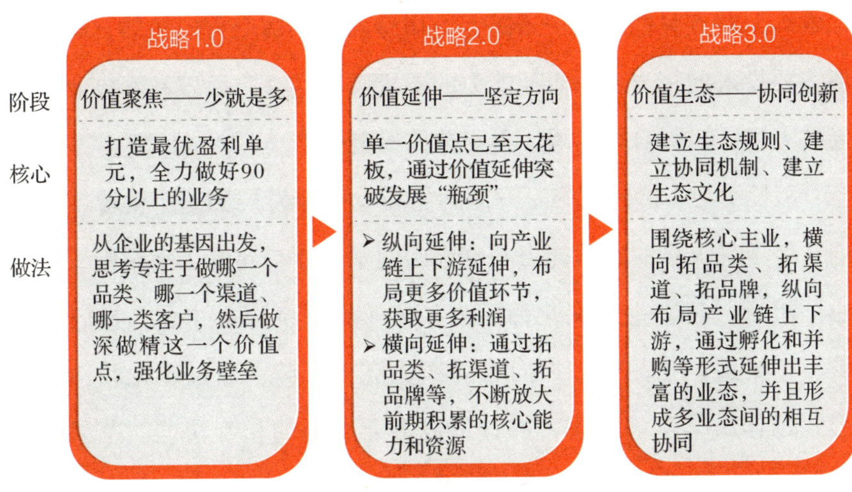

图 4-1　战略发展阶段

持续投入，把一个价值点做得足够深、足够精。穿越周期的结果来自长期主义的投入。正是在这个过程中，企业不断强化业务的壁垒，才有能力进行进一步的价值延伸。

战略 2.0：价值延伸——坚定方向。这是一个从量变到质变的过程，也是一个企业完成惊险跃迁的过程。在这个阶段，企业在战略 1.0 阶段的聚焦已经可以看到天花板，需要通过价值延伸进行突破。价值延伸的方向有纵、横两个方向：纵向是向产业链上下游延伸，布局更多价值环节，核心是在产业链整合的过程中获取更多利润，同时加深企业护城河；横向是进一步复制企业能力和资源，通过拓品类、拓渠道、拓品牌等，不断放大前期积累的核心能力和资源，并且在不同品类、不同渠道、不同品牌间形成能力协同和资源共享。在这个阶段，企业有两点需要注意：一是企业战略的重点是明确价值延伸的方向，纵向或横向，只能坚定地走其中一条路，对另外一条可以孵化、探索，但重点只能放在一条路上，切忌同步朝两个方向拓展。同步拓展需要投入的精力和对企业能力的要求都非常高，很容易变成业务布局摊大饼，轻则自顾不暇，重则被拖累至死。

战略 3.0：价值生态——协同创新。企业发展到这个阶段，考验的已经不是自身的经营能力和资源问题了，而是建立生态规则、建立协同机制、建立生态文化的能力。企业要围绕核心主业，横向拓品类、拓渠道、拓品牌，纵向布局产业链上下游，通过孵化和并购等形式延伸出丰富的业态，并且形成多业态间的相互协同。苹果、华为、小米、腾讯等巨无霸企业都进入了价值生态的阶段。构建价值生态的关键在于找到协同整个生态的“抓手”，通过抓手的力量统一生态规则、搭建交流平台、影响生态文化。这个“抓手”可以是一个应用终端，如小米、华为的 IoT（物联网）平台；可以是一个流量共享的机制，如腾讯的用户共享机制，甚至可以是一套强有力的企业文化。

这里需要强调的是：首先，上述战略发展阶段每个阶段对应的企业规模大小是不一样的。在大多数行业中，企业要发展到 10 亿～30 亿元以上的规模，才考虑进行价值延伸，到 100 亿以上规模才考虑布局价值生态。对于个别市场规模特别大的行业，这个数字还要加倍，企业一定要在该做什么事的时候做什么事，这个过程不能越级、跳级。本质上，每一次价值的升级都是商业模式的迭代和升华，每一步都是后一步的坚实基础。其次，战略升级演化的主要依据有两个，一个是机会，即哪里有盈利的机会，另一个是能力，即企业自身的组织能力，一定要将两者结合起来决定战略的升级方向。有机会没能力和有能力没机会，都会导致战略决策的失误。这需要对机会的精准把握和对于自身能力的客观判断。

掌握战略的节奏感——有耐心、踏实干

我和企业家交流时常常说：你的企业需要用 3 年的时间实现业绩的增长，5 年的时间实现商业模式的迭代，而使命的实现至少需要 10 年。许多心急的创业者不肯相信，认为 3 年增长、5 年迭代、10 年实现使命，这样的周期太长了，现在企业从创业到成熟的时间早已越来越短，经常听到有企业 3~5 年就完成上市，他的企业只用 1 年就完成了商业模式的迭代，并没有像我说得这么难。人人都喜欢立竿见影的效果，但企业的能力有大小，企业家的能力也有大小，我们不排除有的企业的决心特别大、能力特别强，比如雷军从创办小米到上市只用了 8 年，黄峥从创办拼多多到上市只用了 3 年；还有的企业赶上了某个比较大的风口，比如抖音平台的超级红利、某些政策的超级红利，从而实现了快速迭代。这些都属于偶然性事件，是占尽天时、地利、人和要素的结果。但大部分企业，已经形成了固定的商业模式，积累了一定的客户，也吃完了集中爆发的平台红利，在存量经济的时代，就不得不拥有长期主义的心态，用 3 年、5 年、10 年的周期来完成战略的升级。

为什么战略升级需要这么久呢？除了受宏观环境的影响，核心在于战略突破本身的难度。企业在刚开始创业的时候，找准一个新的渠道，打造出一个爆款产品，甚至是投放了精准的广告，业务就可以快速增长起来，但这些增长的本质是价值点的单点复制，它并不改变

企业运转的体系。在这个阶段，你的初心是没变的，价值创造的逻辑是没变的，商业模式本身是没变的，完成这样的增长，在 3 年以内就可以实现。对于有众多人群基数的消费品企业来说，这个过程可能更快。但是你要进行商业模式的改变，就意味着你的客户要改变，你的产品要改变，你的盈利方式也要改变。这种改变不是单独发生的，而是需要一个系统去支撑的。在这个改变的过程中，整个系统的建设是漫长的，模式跑通需要时间、客户积累需要时间、盈利累积需要时间、组织成长需要时间。所有的过程都需要时间，跑得太快很容易出问题。所以企业如果要做商业模式的迭代，需要以 5 年为周期，才能完成整个系统的升级，到这个时候，企业家和组织的能力也跃升到了新的阶段。而要实现使命和愿景，就更需要时间的累积，因为它是一个更加宏大的命题，不仅需要量的积累，还需要质的跃升，至少要用 10 年的时间才能真正实现。

品类聚焦、单品制胜

回看那些穿越周期的消费品企业，无论它的品牌做得多漂亮，营销做得多扎实，成功的前提还是能够创造出好的产品。“酒香也怕巷子深”的前提始终是“酒香”。所以，消费品的本质永远是产品为王。要相信，在这个信息互通频繁、用户识别能力提升、资本掘地三尺寻找好项目的时代，真正优秀的产品一定有脱颖而出的机会。

市场上对于产品的理解是多种多样的，有的讲爆品，有的讲大单品，也有的讲经典款，还有基于产品讲品类创新的。那么站在承接战略规划的角度，我们应该围绕产品思考哪些问题呢？首先是品类的聚焦。

品类聚焦是基础

“爆品战略”“大单品战略”是当前被提到最多的产品战略。诚然，所有消费品企业都希望能不断打造出爆品和大单品，但实际情况往往是很多企业没有办法直接贯彻落实大单品战略，这与企业所处的行业、经营的模式、所处的产业链环节、发展阶段等都有很大的关系。

从行业来看，食品、饮料、酒水等行业，工业化程度高、市场空间大、行业成熟度高、稳定性强，由爆品跑出大单品的可能性更高，如可口可乐、东方树叶、安慕希酸奶、乐事薯片、贵州茅台等都是百亿、千亿量级的大单品。而鞋服、珠宝等行业，市场对时尚度的要求较高，终端产品始终在变化，跑出的大单品就只是相较于其他产品而言销量稍佳的产品。企业即便有几款销量较好的产品，也很难靠其撑起整个企业的营业额。比如安踏这样的运动品牌，即便已经有几百亿元规模的营业额，但消费者却很难列举出其中的某个单品。

从经营模式来看，通过线上销售的产品，特别是通过短视频平台或直播电商平台销售的产品，由于对产品的推荐和解读更详细，对流量的吸纳力更强，更容易跑出大单品，但形成规模后的天花板也较为明显；而在线下平台销售的产品，企业必须有足够多的 SKU 支撑门店运营，消费者的诉求除了“买”还有“逛”，消费者更加注重消费体验，也更加愿意对比和尝试，就比较难做出大单品。比如名创优品这样的专业零售型企业、茑屋书店这样的生活方式体验店，它们更重视店铺的整体运营，而非某一款大单品的销售。

从产业链环节来看，同样是做水果生意，终端的零售一定是产品丰富而多样化的，有的消费者喜欢吃西瓜，有的消费者要买葡萄和蓝莓，你不可能只做其中几样，因此企业就很难聚焦到某个单品上。但水果的供应链企业就不同了，它们非常容易做聚焦，重点经营好几个大单品就够了。怡颗莓的蓝莓、都乐的香蕉、新奇士的甜橙等，都实现了规模化。

从发展阶段来看，有的企业业务繁杂，连聚焦哪个品类还没有摸索清楚，很难一下子去打造某个大单品。

所以，不同行业、不同业态、不同环节、不同阶段的企业对大单品的理解是非常不同的。

但无论如何，企业都可以先从品类聚焦开始做起，特别是那些本来就不容易出现大单品的行业更是如此。如名创优品在零售领域聚焦玩具、饰品、美妆工具等日杂百货，小熊电器聚焦小家电，露露乐蒙在运动服饰领域聚焦瑜伽服，方所在彩妆领域聚焦底妆等，都是品类聚焦的成功。而消费品平台型企业，也要思考品类的聚焦，砍掉那些盈利性、发展性弱的品类，将资源、人才聚焦到优势品类上。

不要过度放大品类创新

产品领域另一个重要的战略思想是品类创新。作为定位理论的延伸，品类创新通过进一步细分市场和赛道，为企业创造成为心智第一的机会。品类创新在消费快速升级的几十年里大放异彩，经典案例数不胜数，许多企业依靠品类创新实现了业绩突破和弯道超车。

通过产品创新实现的品类创新，为消费者创造了全新的价值，收获成功是市场的自然回馈，但如果盲目关注品类创新，脱离消费者真实需求，脱离产品本身进行价值创造，这条路就很难继续走下去。首先，品类的细分不是无限的。一只蚯蚓切成两段，两段都能生长为新的生命，但切成四段、八段，还能有几段真正存活，就很难讲了。历经了几十年的市场发展，许多赛道在没有颠覆性创新的情况下已经很难再持续进行细分，一味固执地向这个方向发展，很容易形成“伪需求”“伪创新”，出现一时在营销端做得热火朝天、很快又销声匿迹的情况。其次，品类创新的基础是产品创新。高明的品类创新一定是建立在对消费者需求的深刻洞察和理解之上的，也是建立在产品的颠覆式创新基础之上的。一个亮点、一个卖点、一个组合，既不是原创，又没有为消费者提供太多价值，是无法支撑企业走向品类创新的。

消费品企业要想穿越周期，终究要回归到用产品去满足消费者需求的本质上来。苹果公司目前主营的品类不超过十种，而且在每一个品类上都不是开创者，但极致的产品创新仍然赢得了市场的追捧。事实上，做好品类的聚焦，在产品上坚守本心不断精进，不断满足消费者更多的需求，才是产品战略的根本。

大单品是消费品企业的理想状态

完成品类的聚焦后，就要开始思考产品的聚焦了。产品的聚焦，其实也是相对的。对于零售行业来说，开市客的SKU远少于沃尔玛，这就是产品上的聚焦；对于水果零售行业来说，能聚焦几个核心品类，也算产品聚焦了；但对于汽车企业来说，可能可以只推出几款产品，依靠几款产品就撑起一家企业的高速发展。同时，不同行业的大单品的量级也是完全不同的（见表4-1）。在食品、饮料、酒水、汽车、手机行业，十亿级的大单品是比较常见的，也不乏百亿、千亿级的大单品。而在保健品、小家电、化妆品领域，跑出十几亿的大单品都非常不容易了。

但无论规模如何，核心大单品在规模效益与产品壁垒上是意义重大的。所以说大单品既是消费品企业的重要目标和理想状态，又是品牌穿越周期的法宝。

一定会有人问，该如何打造大单品呢？

首先要打破大单品可以“打造”的误区。尽管市场上有各种打造大单品的方法论和模型，但事实上，真正成功的大单品都是“试”出来的。在产品研发的阶段，没有人会想到最初被当成药品的可口可乐能够畅销一百多年，也没有人敢肯定iPhone一定能超越三星成为全球第一的手机品牌。消费品是个很玄的领域，消费者的需求看似很好理解，却又千变万化。一个数百人的研发团队斥巨资打造的产品可能因为一个环节没有设计好，就会惨遭消费者的嫌弃；一个在创始人看

表 4-1　2023 年消费品行业全球大单品（部分）

	部分十亿大单品	所属企业	销售额 / 元	部分百亿大单品	所属企业	销售额 / 元	部分千亿大单品	所属企业	销售额 / 销售量
饮料酒水	王老吉凉茶	广药集团	93.49 亿	五粮液普五	五粮液	约 500 亿	飞天茅台	茅台	超 1000 亿元
	洋河 M6+	洋河酒厂	约 80 亿	特仑苏	蒙牛乳业	超 300 亿	可口可乐	可口可乐	超 1000 亿元
	五粮液 1618	五粮液	约 50 亿	伊利纯牛奶	伊利乳业	超 200 亿	—		
	青花郎	郎酒集团	约 70 亿	国窖 1573	泸州老窖	约 200 亿			
	美汁源果粒橙	可口可乐	超 50 亿	中国红牛	华彬集团	约 200 亿			
	营养快线	娃哈哈	超 50 亿	洋河梦之蓝	洋河酒厂	130 亿			
	脉动	达能	超 50 亿	茅台 1935	茅台	110 亿			
	大窑汽水	大窑饮品	32 亿	东方树叶	农夫山泉	约 100 亿			
	茶 π	农夫山泉	25 亿	东鹏特饮	东鹏饮料	约 100 亿			
食品	伊利巧乐兹	伊利乳业	超 50 亿	奥利奥	亿滋国际	269.6 亿			
	恰恰葵花籽	恰恰食品	42.7 亿	康师傅方便面	康师傅	138.14 亿			
	蜜雪冰城柠檬水	蜜雪冰城	超 40 亿	乐事薯片	百事	约 300 亿			
	卫龙调味面制品	卫龙	25.5 亿	ruffle 薯片	百事	133 亿			
保健品	东阿阿胶块	东阿阿胶	超 20 亿	—			—		
	汤臣倍健蛋白粉	汤臣倍健	超 20 亿						

（续）

	部分十亿大单品	所属企业	销售额 / 元	部分百亿大单品	所属企业	销售额 / 元	部分千亿大单品	所属企业	销售额 / 销售量
保健品	汤臣倍健健力宝	汤臣倍健	15~20 亿	—			—		
	life-space 益生菌	汤臣倍健	10~15 亿						
家电	石头科技扫地机器人	石头科技	80 亿左右						
	徕芬高速吹风机	徕芬电子科技	超 30 亿						
化妆品	雅诗兰黛小棕瓶	雅诗兰黛	16.3 亿						
	海蓝之谜精粹水	雅诗兰黛	22.3 亿						
	海蓝之谜菁纯眼霜	雅诗兰黛	19 亿						
汽车	—			红旗 HS 5	中国一汽	超百亿	model Y	特斯拉	122 万辆
				比亚迪秦	比亚迪	超百亿	丰田 RAV4	丰田	107 万辆
				大众 Polo	上汽大众	超百亿	本田 CR-V	本田汽车	84.6 万辆
消费电子				华为 Mate X5	华为	超 100 亿	iPhone 14 Pro Max	苹果	3400 万台
				Galaxy A54 5G	三星	超 300 亿	iPhone 14	苹果	2900 万台
				华为 Mate 60	华为	600 亿	iPhone 15 Pro Max	苹果	3300 万台

注：除奥利奥为 2022 年数据外，其余均为 2023 年全球零售数据

来精彩绝伦的产品创意，可能消费者就是不买单。苹果、华为长期投入大量的研发人员，但产品每年的颠覆式创新可能也只有一两个；肯德基大量的研发投入，落到终端门店的产品也并不多。大企业对于大单品的打造逻辑，其实也是筛选和测试逻辑。所以其实在产品创新领域，除了极致的产品精神，是没有方法论可言的，所谓的方法论大部分是基于品牌营销、为新品制造声量的。

做大最小盈利单元才是真正的大单品战略

前面我们所说的大单品往往是指有形的产品，其实是站在产品的层面看产品。但站在战略的高度去看，不同商业模式下的核心产品形态各异。特别是在“基于标准化的批量复制”和“基于用户群的深度服务”这两类商业模式下，企业并不只对交付给客户的产品负责，还需要对标准化的门店、个性化的服务等内容负责。所以，站在战略的高度来看，最小盈利单元才是真正的产品，而做大最小盈利单元才是真正的大单品战略。

麦当劳作为全球最知名的跨国连锁餐厅之一，截至目前已经在全球拥有近 3 万家分店。麦当劳战略层的大单品不是汉堡、薯条和炸鸡，而是一家标准化、可复制、盈利性良好的单店。打造优秀的单店模型，并成功进行批量的复制就是麦当劳真正的大单品战略。SKP 作为全球知名的高端时尚百货商场，聚集了近 1000 个全球知名品牌，拥有数十万名会员。对于 SKP 来讲，人流量越大，平均客单价越高，商场整体的收益就越高，而在高端商场，20% 的客户贡献的销售额远超 80%。因此，服务好 20% 的高端客户，让每一位高端客户能够在商场中消费得更多，就是 SKP 真正的大单品战略。

占领心智、品牌焕新

在消费品领域，品牌是一个自带光环的词。品牌的出镜率之所以特别高，是因为品牌有三个层次的含义，每一层含义的范畴是不同的，但同时每一个层次的含义应用范围都很广。第一个层次的品牌代表的是企业，由于很多企业品牌和产品品牌的名称是一致的，所以这两者常常被合二为一，它代表了整个企业，比如我们常说的民族品牌，背后其实是一家民族企业；第二个层次的品牌代表的是产品、营销等一系列企业动作在消费者心中形成的综合印象，它代表了品牌在消费者心中的形象和位置，也就是营销理论中常讲的“品牌心智”；第三个层次的品牌代表的是品牌名称、品牌定位、品牌商标、品牌形象、品牌故事、品牌 IP、品牌传播等一系列品牌要素的合集，它也是在业务层面对品牌职责范围的界定。所以当我们谈论品牌的时候，要先明确对品牌范畴的界定，弄明白我们说的到底是哪一个层次的品牌，否则就很容易陷入“品牌就是品牌定位”“品牌就是品牌的视觉形象”的定义错位。

由于我们在这一章讨论的是消费品企业的战略破局，在这样的语境下，我们讲的品牌其实是第二个层次的品牌，也就是“品牌心智”。因为只有真正实现了品牌形象在消费者心中的持续突破，才有可能实现业务发展的持续突破，它的达成既离不开具体的品牌要素的变化，又绝不简单等同于品牌要素的变化。

站在战略破局的层次看品牌，核心工作有两个，一是占领心智，二是品牌焕新。这也是最大、最难的两个命题。

品牌心智的占领，不能依赖局部性工作完成

既然品牌心智是由产品、营销等一系列企业行为形成的综合印象，想要实现品牌心智的占领，绝不是仅仅通过品牌形象、营销活动、渠道销售或产品创新等局部性、碎片化工作就能达成的，而一定是通过“研、产、销、供、服”各板块的通力配合，综合给到消费者一致且清晰的感受，是一个综合的影响。如何做到用户心智的占领呢？我认为有三个重要的抓手：用户锁定、场景营销、认知强化。

用户锁定。锁定核心人群，才能决定品牌应该占领什么样的心智，围绕这样的核心人群，确定产品怎么调整、形象怎么设计、故事怎么讲、营销如何做、走什么渠道等。以脑白金为例，作为老年人使用的保健品，受众首先是老年人，所以品牌会强调“睡眠好、肠道好、年轻态”的产品特性。但在具体的购买场景中，老年人精打细算的消费习惯导致他们的购买力有限，且对价格很敏感。脑白金为了提升产品溢价，巧妙地将核心受众定位为逢年过节有送礼需求的人群，再以“今年过年不收礼，收礼只收脑白金”的“洗脑”广告占领这部分人群“送礼就送脑白金”的心智空间，成功将脑白金打造成具有礼品属性的高端保健品。

场景营销。细化消费场景，只有在具体的消费场景下做内容，才能让消费者有切实的感知，相信品牌给出的承诺会在场景中兑现。比如美团外卖为了扩大业务范围，需要将消费者对外卖的心智从餐饮扩散至药品、日用品、百货等更多品类，就以“万物到家”为思路做了一系列场景营销：过年时买年货，露营季送 5L 奶茶桶，还有宠物版美团外卖和“送手机”“送飞盘”等。在无数真实场景的填充之下，美团外卖的“万物到家”不再只是一句喊得漂亮的广告，用户接收到这些场景，便可以逐渐在心目中建立起美团外卖“万物到家”的品牌认知。

认知强化。即通过反复的强调和时间的积淀，将认知强化成心智。如果将消费者对品牌的心智认知想象成一个计分板，那么可能企业的某个动作得分、某个动作减分，消费者对品牌的最终认知是企业一系列动作在其心中计分的加减之和，也就是常说的“消费者品牌心智就像一个存钱罐，每一个品牌动作目的都是往里面存钱”。值得强调的是，这些动作既有为了吸引用户首次购买而做的效果广告，又有为了强化复购和转介做的营销动作，还有产品本身的现场陈列等。有的动作重复做，有的动作只在关键时刻做，有的动作则润物细无声地做，这个过程强调的既是组合，又是配合。

做有生命力的品牌，让品牌自我成长

有生命力的品牌不止于新，而且要有不断生长的能力。这种生命力能让品牌时常走在时代的前沿，时常理解消费者的需求，时常适应环境的变化，并且时时在进步，时时在成长，甚至还能孵化扩张、繁衍生息。

打造有生命力的品牌，首先需要一个有生命力的品牌内核。什么是有生命力的品牌内核？我认为有生命力的品牌内核一定是具有普世的正向价值观的。可口可乐为什么能够畅销上百年而始终保持年轻化的形象？因为快乐、活力是人人都认同的正向价值观，无论时代如何变迁，快乐和活力永远给人带来愉悦。为什么乐高仅凭借一款六边形的积木就能够成为全球消费者最喜欢的玩具之一？因为无尽的创造力本身就拥有无穷的魅力，无论是创造的过程，还是创造的结果，都令人痴迷。为什么蜜雪冰城能在竞争激烈的奶茶领域保持持续的增长？因为实惠的品牌内核满足了大众对生活的小美满的需求。我们曾经为一家越野摩托车品牌提炼了“再勇敢一点”的品牌核心价值，因为作为一项极限运动，越野赛车手的精神内核就是勇敢。有了勇敢的内核，那些自我突破的故事、那些极具张力的形象，就都找到了依托。品牌方有必要找到那个让自己生生不息的品牌内核。

有生命力的品牌一定是年轻的。年轻化不是低龄化，也不是一定要锁定 25 岁的年轻人的审美。年轻化是跟得上时代的潮流，品牌能够在核心价值、产品研发、营销策略等方面体现出与时代潮流同步的活力和创新。消费者天然喜欢尝鲜，年轻人以和父辈母辈不同为独立的表现，时代的变迁也带来审美的变迁……种种原因要求品牌始终保持一种可控的新鲜感。那些认为老年人永远喜欢雕花红木、永远喜欢欧式罗马柱的观念也是错误的，无论什么年纪，审美都会变化，谁都不喜欢“过时”的东西，只是大家对时尚的理解不同罢了。好利来是近年来“老品牌年轻化”的典范，它的年轻化由功能层次分明的产品矩阵和贴合年轻群体的营销玩法共同完成。产品上，好利来通过明星爆品半熟芝士长期稳住基本盘，形成口碑护城河，同时通过与年轻人喜欢的动漫 IP 如奥特曼、哈利·波特等做花式联名打造流量单品，短期冲量，以点破圈，让品牌不断吸引新客户。营销上，好利来在高频做联名的同时打造创始人 IP，罗成以“社恐富二代老板”为人设，亲自下场做 IP，使得品牌形象更加平易近人，好利来成功从一家老牌面包店变为流量的弄潮儿，实现了品牌焕新。品牌年轻化最好的办法有且只有一个，就是放心地把品牌交给年轻人去运作，因为只有年轻人才真正懂什么是年轻。

有生命力的品牌是可以适应环境的。只有不断适应新的环境，才有可能实现持续扩张。很多品牌“出海”时出现水土不服的情况，就是还没有修炼出这样的适应能力。品牌国际化的核心是在坚守核心价值的基础上实行本地化策略。以百胜中国为例，它一直致力于将旗下的肯德基、必胜客等品牌融入中国。产品上，肯德基进行本地化菜单革新，推出了早餐粥、安心油条、老北京鸡肉卷等一系列适合中国人胃的菜品；供应链上，引入本土供应商，我们今天熟悉的上市企业如圣农发展、千味央厨、宝立食品等，都是跟随肯德基成长起来的本土供应商；营销上，基于本土文化与消费者建立情感连接，以“国漫守护人”“中国女排精神”为主题制作宣传物料，融入中国的文化和精神；组织上，将组织完全本地化，除了一开始就由中国本地的高管主导以外，肯德基还培养了一批本土人才成为核心骨干。一系列动作不仅让肯德基、必胜客在中国快速扩张，而且牢牢占据了品牌心智，甚至让留学生在百胜的大本营美国都怀念起中国的肯德基。

有生命力的品牌是可以孵化和繁衍的。当一套品牌的打法足够成熟时，就有可能用同样的方法复制出一个新的品牌。依靠多品牌矩阵占领更多市场的成功企业有很多，宝洁、欧莱雅、农夫山泉、安踏等都是这一模式的成功代表。单品牌有天花板，矩阵运营则没有上限。不同的品牌有各自不同的价格带和使用场景，能够覆盖不同的消费群体，能够让企业在面对此消彼长的消费需求变化时更加游刃有余。孵化和并购是通过打造品牌矩阵来实现扩品类、拓市场、增人群的方式。无论是孵化还是并购，背后都是品牌强大的控场能力。什么是控场能力？一是有一套自己的成熟且有效的打法去赋能新的品牌，二是有足够的控场资金和资源去滋养新的品牌，三是有陪伴成长的耐心和面对失败的宽容去陪伴新的品牌。这里的每一项都不容易。

单点打爆、全域增长

近几年，私域运营、内容营销、场景营销等概念陆续成为热议的话题。无论热点如何变化，从战略角度来看，我认为企业营销应当分为两个阶段。第一个阶段是卖货逻辑。这个阶段企业营业收入规模一般在 1 亿至 10 亿之间，仍然以销售主导。因为这一阶段企业规模尚小，没有能力支撑全渠道的发展，所以最重要的策略是单点打爆、渠道深耕，集中精力和资源在某一渠道中抢占份额。第二个阶段是市场逻辑。这个阶段企业已经跑通 1.0 版本的生意模式，进入成熟阶段，迈向百亿甚至千亿元规模，单一的营销模式已不足以支撑企业的持续增长。此时，企业需要从单点迈向全域，作战方式也必须进行重大转变：即从简单卖货转向战略思考、从模仿转向创新、从团队作战转向组织发力。

基因决定模式

企业在商业模式建立之初就会面临一系列的拷问：门店是做直营还是做加盟？产品是分销还是直销？先进入哪些市场，后进入哪些市场？最初的营销策略制定非常关键，影响因素也有很多，但团队基因的识别才是定模式的起点。每个创始团队、创始人的基因都是不一样的，但你会发现每个成功的企业虽然各有各的成功之处，但他们之所以成功，都不是因为一厢情愿地去学某个企业或者品牌，不是因为盲目对标行业头部，照猫画虎、照本宣科，而是因为他们恰好发挥了自己独特的优势和资源。

同样是以单店为核心的企业，基因不同，加盟与直营的选择便不同。有的企业擅长 to B 模式，擅长用创富梦想感召人心，那么在 10 亿元营业收入以内时就选择加盟模式，少做 to C 业务。新式茶饮刚刚兴起的时候，喜茶和奈雪的茶因为精致设计的门店和新奇的产品而爆火，两个品牌走的都是直营路线，但当时的蜜雪冰城却卖掉了直营店，坚持走加盟模式。这是因为彼时的蜜雪冰城对自己的基因有着非常清醒的认知：直营模式适合营销创意极佳、擅长门店场域营造的团队。在这样的模式下，各地门店完全处于总部管理之下，服从度高，任何营销方案只要策划得当，几乎都可以同步落实，执行层面阻碍少，品牌能够集中精力依赖营销创意快速出圈。因此喜茶无论是出惊艳设计、另类周边，还是与高奢品牌联名、打造营销大事件，在当时都是“不鸣则已，一鸣惊人”的。而加盟模式适合擅长做 B 端营销、靠产品取胜的企业。在这样的模式下，总部可以用最快的速度去打江山、扩疆域。最终蜜雪冰城靠加盟快速扩张，成了这个行业里的头部企业。事实上，一些我们熟知的品牌，如鸭鸭、茅台、美的、格力，其优势本质上都是 B 端的营销能力。

基因不同，市场的选择便不同。有的企业擅长做海外消费品，就不要急于转到国内来。对于发展优秀的“出海”品牌，有一个总结特别好，叫作“生而全球化”。这个词描述的是这样一个现象：在全球贸易受阻的大背景下，跨境电商产业迅猛发展，其中一大批像希音、TikTok、速卖通、Lazada、极兔这样的跨境企业，属于“生而全球化”，其设计生产、供应链等环节在中国，但它的销售业务从诞生第一天起就在海外，没有在国内销售过。其实这种“生而全球化”的选择，也是基于企业的基因所作出的战略性选择。希音的创始人许仰天于 2007 年毕业后从事的便是外贸电商工作，在创立希音之前，曾经创办跨境女装品牌 ROMWE，非常熟悉境外的市场环境和销售策略。因此创办希音后，他没有选择发展境内市场，而是在企业诞生之初就直接面向境外市场。虽然目前境内消费者对希音了解得不多，但在欧美的许多国家、日本等地，它已无所不在。在美国评选的 2023 年十大增长最快的品牌总榜中，希音位列第四。

类似的例子还有很多，由于基因的不同，公域与私域的选择、线上与线下的选择等都不同。但无论如何，营销的重心都要和基因匹配。企业也要从自身考虑：我的价值是什么？我的优势是什么？我怎么扩大优势？先识别基因，然后确定并坚定营销模式。

有渠道的深耕才能有单点的打爆

在企业发展过程中，渠道策略通常采用两步走的策略：先深耕一个核心渠道实现单点打爆，再进行模式复制实现全面开花。具体来说，创业初期，企业可以非常专注地做一个渠道，集中资源把这个核心渠道做好，构建一套成熟的打法。等企业越来越成熟、从个人能力驱动转换到组织能力驱动的时候，再去开拓多个渠道。之所以强调要先渠道深耕，而不是先多点发力，一是因为先做透一个渠道，就能不断优化，构建出全套闭环打法，便于把成功经验快速复制到其他渠道，二是因为这样可以集中配置资源和精力，尤其对于一些专做线上渠道的品牌来说，这样有利于获得平台的支持。

那么，如何深耕渠道，才能实现单点打爆？这件事其实没有什么深奥的大道理，也无须一下子投入大量资金。干一件大事，它的关键在于做对一系列小事，去改善触达消费者的每个环节。因为营销和品牌不一样，营销是个苦活、累活、精细活，它的重点不在于说而在于做，不在于理论而在于实践，它是靠日复一日的营销动作把产品一件一件卖出去的。

比如可口可乐作为一个百年品牌，在大的营销方向上，始终围绕快乐展开，没有做过大的变动。但是在具体的细节上，却做得非常细致。可口可乐公司内部的至高指引就是“执行为王”，强调“微调改变世界”。比如对于大瓶的可口可乐，如何摆放能让销量直接翻一倍？可口可乐的销售团队为此研究了一种方法，叫地龙，这个方法其实只是做了一个小小的改变：将平时我们都要去货架里去取的可乐，加一个提手，而且还不能摆放得太整齐，得让可乐歪歪扭扭地散落在地上。就做这一件事儿，和放在货架上销售相比，销量就能翻两番。为什么呢？因为直接摆在地上，无须从货架上往外拿，套上提手更利于消费者顺手直接拿走；此外，随意散落的放置，就像摆地摊一样，给消费者“价格实惠”的暗示。这就是营销中很小的“小事”，做对它就能带来改变。

类似的细节改动还有许多，产品陈列、包装设计、价格定位等各方面都能挖掘出诸多值得改进的细节。它们看上去没太大的区别，考验的就是对消费者的精准洞察、对渠道的深刻理解、对细节的完美把握。哪怕比别人做得好一点点，积累起来就有了总体业绩。这种持续改善、有效改进的能力是企业运营能力的体现，更是企业隐形的壁垒。

好的营销团队有狼性也要有韧性

任正非曾经说：“狼有让自己活下去的三大特性：一是敏锐的嗅觉；二是不屈不挠、奋不顾身的进攻精神；三是群体奋斗的意识。”好的营销人，就应该是一匹狼，好的营销团队一定是具有狼性的。复盘华为的发展历程会发现，它能够取得今天的成就，其核心因素是多方面的，营销可以说是其中至关重要的一环，而狼性的营销团队是成功的关键。但仅有狼性是不够的，真正有力量的团队，还需要日复一日精耕细作的耐心和日复一日为目标而奋斗的韧性。

全域增长，走出舒适圈

渠道聚焦让企业集中资源，短时间内迅速提升销量，但当完成一定量级的积累后，渠道的局限性会让企业遇到天花板。到了这个阶段，全域营销是实现增长的必经之路。此时面对愈加复杂的环境和问题，企业必须要在观念上打破既有的模式。

从“卖货”进入战略思考。从第一个阶段的卖货逻辑到第二个阶段的市场逻辑，从单一渠道走向全域营销，这个过程中会涉及很多战略上的研判：是否从线上走向线下？继续直营还是开启加盟？如何从线下走到线上？选择货架电商还是兴趣电商？是否从国内走向国外？首先进入哪些国家的市场？度过生存阶段后，企业必须面对复杂的战略谋划，用战略的思考判断方向、调整模式、调配资源。

从模仿走向营销模式创新。优秀企业成功的背后离不开营销模式的创新，如小米的社区营销、贝壳的ACN（经纪人合作网络）机制、名创优品的合伙人机制……出于行业不同、企业基因不同、客群定位不同等原因，任何行业都没有可以完全照搬的模式，企业不仅要在产品上创新、品牌上创新，而且要在营销模式上结合实际情况，理性分析、大胆想象，做出自己的创新模式。

从个人作战到组织发力。创业初期，是企业创新试错、高速突破的时期。这个阶段个人的力量、团队的力量往往显得尤为重要，团队内部往往以销售和业绩为导向，此时最好的管理就是没有管理，所有人都在为了一个目标狂奔。但到了新的阶段，光靠个人和团队已经不够，必须形成组织的力量，通过组织的协同配合完成业务的飞跃。“华为铁三角”就是这样的组织创新，它以由客户经理、解决方案专家、交付专家组成的工作小组为面向客户的最小作战单元，不仅能够实现不同专业领域间的协同工作，还通过项目立项实现了资源的灵活调配和高效利用。

强强联合、精益管理

由于消费品是直面客户复杂需求的产品，消费品的产业链分工是非常细的。从服装的纽扣、拉链、商标，珠宝的原石、切割、镶嵌，水果的种植、仓储、运输，到汽车的电池、玻璃、传感器，手机的芯片、屏幕、摄像头，在各个行业的各个环节，专业化程度都已经达到非常高的水平，也出现了许多像福耀玻璃、立讯精密、申洲国际这样的非常强的供应链企业。

消费品企业产品的供货成本、质量、交付效率，甚至研发创新，都会受到供应链的影响。特别是像手机、汽车这样的行业，其供应链在全球布局，是一个极其复杂和庞大的体系；像服装、配饰等时尚变化特别快的行业，极其考验供应链的响应速度和弹性；而终端价格厮杀特别激烈的行业，对供应链的规模效应和成本管控的要求就极高。

历经几十年的积累，消费品领域的供应链企业在规模、效率和研发能力上都有了质的飞跃，甚至有些品牌仅需要做好终端销售一件事，从研发到生产运输全部由供应链企业解决，品牌光靠采购就可以完成从0到10的积累。可以说，在消费品领域，很多企业的成功在于供应链的成功。

但同样是消费品领域，不同行业在深耕供应链时面临的挑战是不同的。越是工业化程度高、整条产业链从上游到下游变化都不大的行业，如食品、饮料、酒水、日化等，企业越需要通过布局供应链降低成本、把控质量、强化竞争壁垒，其难度也不太大；而越是产品复杂化程度高，产业链上游的技术性强、下游的产品变化多的行业，如手机、汽车、餐饮、服装、饰品等，凭一己之力建立全产业链的难度就越大，对于供应链管理的要求也越高。因为篇幅的关系，我们无法面面俱到地剖析身处不同行业的企业在供应链上应当如何布局，但其中有几条原则，是大部分消费企业需要遵循的。

找到最强供应商，强强联合

终端品牌成功的背后往往是与优秀供应链企业的双向奔赴。优秀的供应链企业也有自己选择客户的标准。对于很多企业来说，摒除甲方心态，拿出诚意主动寻求同优质供应链的合作，强强联合才能插上腾飞的翅膀。

小米作为手机行业的后起之秀，用15年的时间赶超多个行业领军企业，终于在2024年8月销量首次超越苹果，跻身全球第二。一个以高质平价为主要卖点的品牌，能在市场上获得如此巨大的成功，和它们的供应链选择有着极大的关系。小米在创始之初最重要的策略就是“非苹果供应商不用，非三星的旗舰供应商不用”。但作为一个毫无基础的手机品牌，在创业初期想要与全球顶级的供应商合作实属艰难，小米供应链团队在早期不断遭到拒绝，创始人雷军不得不亲自出马，调动他在投资界、金融界、互联网界的朋友来和供应商建立联系。为了达成目标，在和高通这样的供应商合作时，小米可以说是闭着眼睛签署合约的。有时候，供应链的负责人甚至要带着存款证明去和供应商谈合作，以证明小米有支付的实力。在超乎想象的努力下，小米才逐渐建立起同高通、夏普、富士康、胜华等细分领域供应链巨头的合作，确保了创新技术的落地和产品品质的保障。

我们常说“产品为王”，其实对于供应商的选择也是极致产品精神的体现。供应商的水平决定了产品的最终呈现效果，只有优秀的供应商，才能更好地理解终端的需求，并通过自身积累的经验和资源不断为产品做加法。在任何关系里，选择与优秀者同行，都是快速成长的关键。

嵌入产业集群，深入供应链

产业集群是中国制造的骨骼。在中国的 3000 多个县级市及下属城镇中，活跃着各种各样的制造业群落。以服装行业为例，以广州、深圳、东莞为代表的珠三角和以上海、苏州、杭州、嘉兴为代表的长三角，分别构建了集服装面料、辅料、设计、生产、批发、品牌、电商、直播、“出海”等产业链各环节于一体的繁荣生态，形成了粤派和杭派两大服装产业集群。这些产业集群不仅为身处其中的服装企业带来了供应链整合的便利，提高了创新和生产的效率，还让这些企业能够依托集群之间的资源、技术、信息、人才等获得更大的发展空间。2023 年中国服装行业百强企业中，仅江苏、浙江、广东三省的企业就占据了 76%。

在企业经营中，经营“圈子”非常重要。很多企业一直以来自由生长，凭借创始人的敏锐和团队的冲劲完成了基础的积累，发展到陌生的水域时就很容易遭遇瓶颈。但事实上，你遇到的所有问题，要么在行业里早已有人遇到过，要么跨行业早有解决方法。产业集群里丰富的资源和集体的智慧，会给到企业许多帮助。还游离于产业集群之外的企业，一定要抓紧时间嵌入产业集群，进入核心圈子。这样不仅可以快速解决人才、技术、生产等问题，有效减少研发成本、人力成本、运输成本，进一步构筑企业壁垒，而且能在同优秀企业的碰撞当中更好地看清趋势，寻求发展机会。

从选品思维到共建思维，与供应链共生共赢

品牌与供应商的关系，绝不是甲方与乙方的关系，而是共生共赢的关系。品牌应当建立共建思维，从合作的第一天起就把合作伙伴当成自己企业的延伸。

企业一方面要与供应商建立起良好的沟通机制，确保信息的畅通。品牌是距离市场最近、最了解市场趋势和消费者需求的，这些趋

势和需求直接关系着品牌的生命力，需要品牌及时调整和响应，这就需要供应商做好支持品牌调整的准备。此外，供应商因为同时服务多家企业，从订单端对于行业整体的情况有直观的感知，相当于一个大数据集成中心，反过来也可以为企业提供行业整体趋势的客观判断。另一方面，企业与供应商在研发中要形成协同机制。大到技术的适配，小到产品的型号，品牌和供应商都应当深入到对方的体系中去，理解对方的需求、能力，共同实现产品的技术创新和迭代。例如申洲国际与优衣库共同研发出主打吸汗、透气、柔软的功能性面料 AIRism，与耐克共同研发出主打轻盈、保暖、透气的面料 Tech Fleece 以及针织鞋面等。

此外，链主型企业，在持续提升产业链水平的同时，也可以通过进一步形成生态圈来突破自身发展的瓶颈，灵活运用各类投资形式，扩大业务版图，寻求新的增长曲线。在这一点上，小米、华为都通过构建生态圈的形式布局 IoT 业务，已经形成了相对成熟的模式。

深耕供应链，筑就护城河

除上文讲到的供应链合作外，深耕自身的供应链也是消费品企业可以考虑的选择。处于产品稳定、终端变化不大的行业的企业，通过自建、参股、控股等形式深耕供应链，是降低产品成本、筑就企业护城河的重要手段。

例如农夫山泉很早就开始进行全产业链布局了。包装饮用水的核心成本在包装和运输上。为了解决这个问题，农夫山泉在全国拓展水源地，就地建立水厂和包装厂，就地灌装，再围绕水源地进行分销，极大地降低了成本。再如奶茶品牌蜜雪冰城，其赖以成功的极致性价比也和其对供应链的深耕分不开。在上游生产领域，蜜雪冰城通过自建生产基地、在原材料产地建厂等方式进行业务布局，已建立起252亩（1亩≈666.667平方米）的智能制造产业园和130000平方米的全自动化生产车间；在仓储物流环节，蜜雪冰城在河南、四川、新疆、江苏、广东、辽宁等22个省份设立仓储物流基地，采用“仓储基地+统一配送”模式，使物流运输网络辐射全国。对于这类企业来说，供应链不仅是最重要的企业护城河，而且可以成为欣欣向荣的业务增长曲线。

精益管理，数字化护航

苹果现任CEO的传记《蒂姆·库克》的作者曾写道：“许多人可能并没有意识到，对苹果这样一家成熟的公司来说，最重要的不是产品，而是物流、高效的供应链、分销、财务和营销。”

在供应链的管理上，少有灵光闪现的创意，少有大刀阔斧的改革，也少有一呼百应的营销，更多的是精益求精的精神和日复一日的打磨。数字化技术的发展让供应链企业的精益管理更加便捷、精准。运用各项创新技术，建立更加细致、高效的供应链数字化管理系统，是向管理要绩效的核心。

目前，供应链数字化的技术及解决方案在各行各业都已经比较成熟。在农业养殖、种植环节，可以通过芯片进行养殖、种植过程的溯源；在仓储物流环节，各种智能化手段可以确保高效安全；在生产环节，ERP（企业资源计划）系统已经经过反复迭代，可以满足企业各种场景的各种需求……甚至有许多优秀的先行者，使用数字化技术对供应链进行全方位的创新性的改造，将供应链数字化管理用到极致，从而形成了独特的壁垒。例如风靡全球的快时尚品牌希音，依托数字化技术，构建了一套供应链管理自循环体系：在产品研发设计端，通过大数据分析等手段，精准捕捉和预测时尚趋势及用户需求，再由产品设计团队跟进设计；在供应链运营端，用数字化手段对原材料采购、生产制造等环节进行数字化再造；在仓储物流环节，运用智能仓储系统和物流跟踪技术，确保商品能够被快速、准确地送达消费者手中。正是因为将数字化技术运用到极致，所以希音才能在终端快速变化的服装领域实现小单快返的柔性生产，在要求不断推出新品的快时尚行业达到平均每天上新 2000 个 SKU、存货周转天数仅有 30 多天的水平。

组织成长、能力迭代

消费品企业的发展一开始可能是由产品、供应链、渠道等决定的，但要成为行业领袖乃至穿越周期，一定离不开强大的组织能力。战略是抽象的，组织是有形的。不管在什么样的时代背景下，消费品企业的战略破局最终还是依赖于组织的不断成长与突破的。战略与组织能力的有效协同才能真正帮助消费品企业实现目标和建立核心竞争力。

纵观国内外各种组织学理论及各类企业的组织建设实践可以发现，消费品企业的组织能力建设始终离不开机制、人才、文化等方面。组织能力是机制、人才、文化等相互协同融合、相互共生互动的结果，消费品企业需要建立系统的组织思维，才能推动组织飞轮的转动。组织能力的建设是慢变量，处于不同发展阶段的企业的组织能力建设侧重点也不同，这非常考验企业家的定力及对组织关键命题的把握，切勿“照搬照抄”“搞大跃进”“朝令夕改”。只有对组织能力建设的关键点和大方向有系统认知和把握，才能在奔跑中调整姿势，推动企业不断提升组织能力。

组织效率——组织能力衡量的第一标准

一家企业的组织能力强不强的最终表现就是组织效率高不高。我们可以从量化和非量化两大方面来评价组织效率。组织效率的量化指标主要是人均营业收入或人均利润，关键看组织的这两个指标与同业或标杆对比差距多大以及是否能保持持续增长。胖东来 2023 年营业收入规模是 100 亿元，员工为 7000 人，人均营业收入为 140 万元左右。对比之下，永辉超市人均营业收入为 75.9 万元、红旗连锁人均营业收入为 65.5 万元、人人乐人均营业收入为 50.9 万元，胖东来人均营业收入可谓遥遥领先。相关数据披露，截至 2021 年末，蜜雪冰城平均每人创造了 285.9 万元营业收入，超过了当年美团和字节跳动的人均营业收入。这些企业正是因为长期不断地进行组织能力建设，才有越来越高的组织效率。除了量化指标，还可通过内部协同效率、决策时效等非量化指标来评估企业的组织效率。参加几次企业内部的跨部门专项会议、看一看企业 OA 决策审批流程与周期等就能对企业的组织效率有个大致判断了。

很多企业在发展早期，组织效率很高，但随着业务与组织规模的不断扩大，组织效率越来越低，这是需要引起重视和警惕的。组织效率是企业组织能力建设的仪表板，消费品企业需要不断检视自身的组织效率，并有效调整策略。

做活前台，做强中后台——组织能力建设的核心主线

消费品行业是一个更贴近市场、变化更快的行业，不管是 to B 还是 to C 的消费品企业，面对不断变化的客户需求和激烈残酷的同业竞争，业务一线（基层）的力量与决定性影响最大，基层需要具备很强的灵活性与敏捷性。所以，消费品企业所有机制的设计都需要围绕“做活前台、做强中后台”这一核心主线展开，以扁平化为导向，建立专业高效的中后台和灵活而有战斗力的前台，以提升组织的运营效率和创新效率。

传统科层制和官僚化的组织模式不适合消费品企业，扁平化是消费品企业组织能力建设的核心方向。能不多设层级坚决不设，能大部制就大部制，关键是要提升组织纵向、横向反应与协同效率，并保证随时掌握市场最真实的信息。

对于作为一线作战单元的前台，其组织建设需要先细分做专、饱和布局，再整合深耕。不管是线下连锁门店、线下渠道、线上电商平

台还是某类产品部门，都要按照最小盈利单元去拆分并配套相应的前台组织架构，并给予其充分的权利，最终形成内部良性竞争且可复制的组织模式，不断裂变出更多具有盈利性的前台。正如海底捞所做的一样，它给予了一线门店充分的授权，才有了行业闻名的服务模式及不断的高质量开店。

灵活的前台需要有专业强大的中后台支撑。消费品企业中后台的主要功能是把握组织方向、建立并迭代组织规则以及管理组织资源。专业能力是中后台的立身之本，中后台需要不断聚焦“标准、体系、资源”层面的整合优化，沉淀组织方法论，为前台做好赋能与服务。安踏之所以能够在近几年取得飞跃式发展，其中一个重要原因是建立了一个扁平化的组织、灵活高效的业务单元和强有力的中后台，助力了多个子品牌的快速发展。

组织能力的建设还需要决策机制、运营机制、权利机制、人才管理机制等一系列组织机制配套。消费品企业在进行具体的组织建设的时候，首先需要思考并明确组织架构模式，进而进行相关组织机制的设计与优化，以有效保障“做活前台、做强中后台”这一组织建设目标的实现。当然，在实际运作中，组织架构模式与组织机制的设计是动态修正、互为支撑、协同并进的。

迭代中保持稳定有效——组织能力建设的基本准则

“好组织都是变出来的”，这是清华大学经济管理学院宁向东教授非常强调的关于组织变革的基本观点。组织的发展是有脚步声的，消费品企业需要随着战略与业务的发展及时进行组织的变革与迭代。只有传统的行业，没有传统的企业。企业可以是百年企业，但组织一定要年轻有活力、与时俱进。伴随着消费品企业从 0 到 1、从 1 到 10、从 10 到 100 等不同阶段的跨越与发展，企业需要不断迭代组织能力，通过经营班子整体能力的不断提升、组织机制的不断升级、人才结构与能力的不断优化提升等助力企业实现跨越式发展。组织变革与迭代要一步一个脚印，不能冒进。下一阶段组织变革迭代的基础是上一阶段所沉淀的组织能力，同时每次变革迭代都要基于消费环境、业务发展阶段、业务规模、运营效率、资源要素、市场协同性、供应链协同性等特点综合考量。

在组织变革与迭代中保持组织的稳定性与有效性是关键，不能因为组织的变革迭代导致“组织失控”，避免出现如中高管队伍变动频繁、骨干人才大量流失、内部协同繁杂低效、文化价值观被稀释等问题。美的在 50 多年的发展中不断进行组织变革迭代，从早期的直线职能制到事业部制、超事业部制，再到扁平化的集团组织，虽然不断迭代，但始终保持了良好的组织稳定性与有效性，公司发展得越来越好。很多原本优秀的消费品企业就因为在组织变革迭代中忽视或没有把握好组织的稳定性与有效性，导致企业发展陷入困境。如某上市服装品牌，巅峰时期曾达到百亿营业收入、百亿市值，最终却申请破产结算，黯然退市。其失败一方面是因为其战略与商业模式存在问题，但组织变革迭代中高层的不断变动、内部缺乏有效协同、文化被稀释等也是造成这一结局的另一重要原因。

抓好组织文化——组织能力建设的底层基石

组织文化对于企业的发展起到至关重要的作用，是企业组织能力建设的基石。消费品企业由于特别贴近消费者、产品与服务的日常生活化、偏劳动密集型等特点属性，其组织文化的建设更加迫切，组织文化的影响范围也更深远。众多知名的消费品企业均表现出很强的组织文化特点并演化出一系列文化影响，如胖东来、海底捞、华为等。

随着时代的变迁、企业的发展及员工代际变化等，组织文化需要不断迭代升级。每家企业都有自己的组织文化，但不是每家企业的组织文化都能有效落地并真正融入企业的日常经营管理中。组织文化建设的关键在于文化落地，文化落地的关键在于文化制度化。组织文化建设首先需要考虑制度层面的融入与结合，可以将组织文化与企业的选人用人制度、员工发展体系、绩效考核制度、运营管理制度等进行有效融合，以使企业在“人”和“事”两大层面的管理上均能遵照和践行组织文化与相关理念。在组织文化与“人”和“事”的相关制度的融合上，企业还需要进一步将制度分解成相关要求、标准及行为方式。在“人”的方面，组织文化更多体现的是底线和择优，并引导员工整体的职业理念与行为。在“事”的方面，组织文化可作为工作督察、绩效评价、工作纠偏等的准则与依据。所以在文化制度化方面，消费品企业需要结合自身企业“人”和“事”的相关制度及管理机制，找到组织文化适宜的落脚点，进而针对性地进行文化要素的拆解以及相关要求、标准与行为方式的深化应用。组织文化的落地还需要企业创建良好的文化环境。一方面利用当下各类线上渠道平台进行组织文化的创新传播，另一方面员工规模较大（含加盟或外部生态企业员工）的企业可考虑开设线上员工心声论坛或文化社区等，构建内部无障碍沟通与信息互通渠道，创建开放平等的组织氛围，让各级员工有归属感，更好地凝聚人心。

产业深耕、资本助力

讲到资本，很多企业家可能又爱又恨。在现实的商业浪潮中，很多企业因为资本得到了快速发展，甚至一跃成为行业龙头，同时也造就了一个个财富神话。但也有很多企业被资本限制了企业自身的发展，或走入歧途，或被资本绑架，最终发展停滞甚至走向没落。在为企业提供咨询服务的过程中，我们发现很多消费品企业在快速发展过程中都面临融资问题，一方面企业急需大量的资金来扩大业务布局、升级产品与供应链、提升品牌影响力等，但另一方面企业对资产资源有限的情况下怎么融资、是否要引入投资者、引入什么样的投资者、是否要上市、去哪里上市、如何设置融资节奏、怎么把控融资风险等一系列问题感到迷茫和困惑。针对上市这个问题，很多企业家也是很纠结的。上市能够放大企业价值，帮助企业获得更多的资本、提升品牌影响力、更好地吸引人才等。但上市后企业也会面临很大的压力与挑战。除了对业绩增长、内部经营管理规范的要求，对企业整体的治理模式、经营理念、经营思维以及体系机制都会产生重大的影响，有时风险也会被放大。

企业要做大，资本是永恒的主题，资本运作是每位企业家的必修课。资本之于企业就如同血液之于人体，是企业做大做强做久的核心要素之一和重要驱动引擎。不同业态、不同发展模式及不同发展阶段的企业对资本的要求或者侧重点不一样，同时企业家的理想抱负也决定了企业不同的资本策略。

金融为器，成就产业领袖

和君集团董事长、和君商学院院长王明夫先生曾说："企业竞争拼什么？当然是拼供、研、产、销的对错、速度、效率和竞争力。这是企业在产品市场上的短兵相接，你多我少、你死我活，是地面部队的生死之决。而决定地面部队竞争力的制空力量，是资本走向和人才流向……资本市场的资金走向和潮起潮落，不但影响行业市值和企业市值，而且深刻地影响产业兴衰和结构变迁，也在制空权的意义上决定了企业的竞争力和命运。"

对于企业而言，发展终局一定是成为产业领袖，而众多企业在成为产业领袖之路中都充分运用了资本的力量，资本助力企业战略破局并进入更高的发展维度，如当年分众传媒通过资本运作进行行业整合，先后收购聚众传媒、框架传媒等，成为电梯媒体的绝对领导者；美的集团通过不断的资本运作持续进行商业版图的扩张等。

资本是具备放大能力的，企业资本运作所带来的优势是极为重要的。以增发 10% 的股份为例来进行计算，千亿市值的企业能够一举融资到百亿量级的资金，而一家仅有三五十亿市值的企业也能够融资到三五亿元左右的资金。消费品企业，可以把这些资金投入到企业发展的关键环节或者用于产业并购，一次好的投资并购能有效拉高市值，并拉开与竞争对手的距离，进而帮助企业建立起发展护城河，甚至引领产业发展。而若没有这些资本资源，企业想要构建关键壁垒就只能徐徐图之，这长线慢熬中的市场变数更难以被预测。

安踏集团董事局主席丁世忠先生曾说："要想做一个国际品牌出来，没有 30 年的沉淀是很难的，但是通过收购完全可以实现快速飞跃。" 2019 年，安踏以 371 亿元收购亚玛芬，然而在 2018 年底，安踏的现金及现金等价物总额只有 93 亿元，正是上市企业平台及产业资本运作推动了安踏一系列的品牌并购整合，使其逐步与国内的一众竞争对手如李宁、361° 、特步等拉开显著距离。

华润啤酒从 1993 年收购沈阳啤酒厂开始，围绕啤酒产业开展了一系列娴熟的资本运作和产业整合，陆续收购浙江银燕、安徽圣力、泉州清源、杭州西湖朝日、蓝剑集团、金威啤酒等企业，构建了强大的啤酒王国，并于 2017 年开始布局高端化。华润啤酒俨然已是我国啤酒产业的代名词，它改变和引领了我国啤酒产业三十多年的发展，且已然表现出超越世界的眼界与格局。同样，近两年国内零食企业整合并购、茶饮企业纷纷冲刺资本市场等现象无不透露着资本与企业发展的唇齿相依的关系。

产融互动，推动产业升级

“产业为本、战略为势、创新为魂、金融为器”是和君咨询的战略与产融互动十六字诀，是企业战略发展的顶层思考框架。企业唯有一切动作立足产业，把握产业的基本发展规律，用好资本工具，才不会迷失前进的方向。不管是A股100多家千亿市值公司成长之路上令人眼花缭乱的资本动作，还是3G资本的赋能式投资，其本质皆在于产业为本，不断布局和深耕产业，进而获得产业与资本的双丰收。企业上市的目的是产业发展，不是为了赚更多钱，因此要从产业发展、社会贡献、企业传承等维度系统规划资本战略。从消费品产业来看，产业发展周期，产业上下游的规范性，产品毛利润率水平，供、研、产、销的标准化程度等都会对消费品企业的商业模式与资本运作模式产生重大影响，只有深刻理解产业发展特点，并基于企业的能力资源找到对的战略方向和资本路径，方能推动企业不断升级和高质量发展。

在现实的商业世界中，我们经常看到不适合上市的企业谋上市、在企业自身能力尚未完善的时候疯狂扩张和收购等，这本质上是企业发展与资本运作的节奏不匹配。企业的发展是有节奏的，不同阶段侧重不同，资本运作只有匹配企业发展的节奏，并与企业所处行业的特点、行业周期、业务培育周期等协调，才能奏出产融互动的美妙协奏曲。在从0到1阶段，企业主要任务是验证业务的合理性与商业模式的有效性，基本实现产品、市场的布局与经营盈利，该阶段的企业普遍存在资金需求量大与融资渠道狭窄、融资金额有限的矛盾，企业面临的最大困难是资金短缺。早期股权融资、短期银行负债融资等成为这个阶段企业资本运作的主要方式。在从 1 到 10 的阶段，企业已具备一定的规模量级，商业模式趋于成熟，主要任务是继续将企业的资本和利润投入到特定方面，进一步积累能力和资源，并开始规模化的扩张发展。这个时候企业就要考虑战略投资者的引入、短期银行负债融资与长期银行负债融资的组合使用、收益留存再投入等。当发展到从 10 到 100 的阶段时，企业已具备较好的市场占有率和盈利能力，商业模式、业务经营体系、内部管理体系等越来越稳定和完善，上市成为企业资本运作的主旋律。此时企业可以通过上市建立直接融资渠道。同时结合企业所处行业的业务特点、风险偏好、财务情况等配套采用银行间的周转信用借款、长期银行贷款以及对外公开发行债券等资本运作方式。当企业发展至 100 及以上阶段时，第二业务曲线培育与业务版图扩张、产业链深耕与整合成为企业的战略重心，这时候企业越发需要资本助力，以投资、并购、重组为核心的多层次、多模式及风险可控的资本运作方式成为企业进行产业腾挪和产业升级的重要工具。

消费品行业涉及的子行业领域广泛、差异巨大。有些行业产业周期短，有些行业产业周期很长，有些行业极致工业化，也有些行业相对农业化。同时消费品行业还很容易受地域、消费者喜好、人口结构、科技变迁的影响。因此消费品企业的产融互动是对企业家的定力、眼界和格局的极大考验。近年来，经济结构的调整、资本市场的改革给消费品企业的发展与产融互动带来很大的压力。但不管外部环境如何变化，企业要做的都是识别产业发展与业务扩张的底层逻辑，聚焦业务，验证与升级业务模型，夯实业务发展基础，此时再进行合理的融资会如虎添翼。只要行走在对的路上，那么到达理想未来只是时间长短问题，有时慢就是快。如果对行业本质的把握有偏离，且业务模型尚未跑通或还不够理想，就不断融资、快速上市、大干快上，那就很容易陷入发展困境，而这时船大了要调头也很难。消费品企业在做好做实业务基础的同时，还需要审时度势，洞悉和把握产业发展机遇，优化业务结构，这也有助于提升企业的估值溢价。近期与一位从事消费品投资的朋友交流，他说现在消费企业的估值都很低，但只要业务有“出海”的、在重要市场有一定的品牌口碑和占有率的（如宠物食品企业在美国市场做得好的），其估值就可以提高。

其实很多消费品企业，业务现金流挺好，常规的银行融资也能满足发展资金要求，在资本运作上需要更加关注的是产业资本资源的整合。消费品行业的产业投资与资本运作的重要准则之一是产业资源与业务协同。对于未上市或者新兴的消费品企业，拥有强大产业资源的资本进入，不管这一资本是上游供应链资源还是下游渠道与终端流量资源，都可能给企业的业务发展带来革命性的价值，可以让企业少走很多弯路，如伊利收购澳优乳业、字节跳动收购沐瞳科技等。而已上市的消费品企业，一方面要继续谋划引入更强大的产业资本，因为产业优势资本、行业巨头等的进入，将为企业提供资金、技术、人才乃至管理方面的众多优势，从而全面提升企业竞争力，如京东入股尚品宅配、美的系盈峰集团控股顾家家居，就是两大巨头深度融合创造新的发展格局与模式的范例；另一方面要成为其他消费品企业的产业赋能者，丰富和强化自身产业布局，并以此实现自身与被投企业的双赢。近年来，消费品上市企业的产业投资在各个细分行业不断兴起，除了成立相关产业基金，部分企业还专门成立投资公司，以专业化的团队来开展投资与资本运作，如新希望的草根资本、温氏股份的温氏投资、绝味食品的网聚资本等都是行业的先行者。

修炼内功，有效驾驭资本

资本是把双刃剑，资本是否能为企业所用、企业是否能形成良好的产融互动循环，考验的是企业对资本的驾驭能力。企业需要建立正确的资本理念、风险意识，并不断发育能有效支撑资本运作的内部能力。不管是做产业还是基于产业的资本运作，都应该树立坚持初心、长期主义的理念。优秀的企业和企业家都不是短期主义者，他们内心笃定，拒绝诱惑，客观理性，所思所见的是未来 10 年、20 年乃至更长周期的趋势，他们在资本运作上亦是如此，因而成就了一个个穿越产业与资本周期的企业。

资本拥有恢宏磅礴的力量，能够助推企业跨越式发展，但如果缺乏资本风险意识，资本也会变成洪水猛兽。在商业模式尚未成型的情况下大力引入投资者、企业估值不合理、承诺并签订苛刻的资本对赌条款等，本质上都是对资本的盲目追求，缺乏资本风险意识，在企业后续发展中稍有不慎就会陷入困境。这样鲜活的例子到处可见，有初创成长的企业，也有本来经营良好且处于快速发展中的企业，在拿到资本投资后盛极而衰，资本反而成了企业没落的推手，实为可惜。

不同资本工具的运用需要企业有相应的专业能力与综合能力。不管是银行融资、引入战投、上市、发行基金、发债、资产注入还是投资并购，都要求企业具备很强的专业能力，包括专业的人才、专业的运作管理体系等。产业并购重组更是对企业的产业能力、运营管理能力等综合能力的考验。并购重组的底层逻辑是“融合 + 整合”，融合体现为与新团队在战略方向、企业文化、组织机制、人才管理上达成共识，整合则体现在协同赋能并推动业绩的持续增长。安踏对始祖鸟、斐乐、亚玛芬等品牌的成功并购，美的对小天鹅、库卡等的一系列并购都淋漓尽致地体现了这些企业的综合能力。所以，企业需要不断地进行专业能力和综合能力的建设，才能游刃有余地驾驭资本，从容不迫地利用各类资本工具，最终推动企业形成良好的产产互动、产融互动格局，迈向成为产业领袖之路。

穿越周期

第5章 实践中的先行者

最近听到一位从事教育行业的朋友提出了一个很新颖的观点，叫作“小成功是成功之母”。

我们一直以来强调的都是“失败是成功之母”，为的是鼓励人们在失败后不要气馁，相信终有成功的一天。而“小成功是成功之母”强调的是每一件小事上的成功才会最终成就更大的成功，鼓励大家把每一件小事做好，并且多给他人肯定。这句话对企业也很适用。对于一家百亿、千亿元营业收入或市值的企业来说，它的成功一定不是一时、一事的成功，而是能够在不同的时间点上清晰地把握趋势、抓住红利，并且在产品、品牌、营销、供应链、组织和资本各个方面都做到非常优秀，而且持续精进、稳定发挥。为了让大家更直观地感受企业战略破局、穿越周期背后的逻辑，我选取了几家在各方面都很值得研究的标杆企业作为案例和大家分享。

在选择案例时，我既没有选择像宝洁、肯德基这样的国外消费品巨头，又没有选择同仁堂、贵州茅台这样的“中华老字号”，而是选择了几家国内优秀的消费品企业作为解读的对象，一方面是因为这些企业的发展规模、发展阶段，以及所处的环境、面向的消费者，更能反映中国企业的总体情况，有利于消费品企业理解和学习；另一方面是因为食品饮料、服装、零售等都是与人们日常生活息息相关的传统赛道，它们本身规模大、成熟度高、稳定性强，是消费品行业的核心。作为案例的这几家企业都是伴随着行业的成长而成长起来的，它们的成长故事也是行业的成长故事，它们所做的突破和创新，解决的也是行业的困境与难题。同时，这几家企业所处的行业本身也经历了多轮周期。安踏先后经历了 2008 年金融危机、2013 年行业库存危机、2015 年线下零售危机，在一轮轮危机中反而愈挫愈强，成就了蜚声海内外的运动服饰集团；名创优品则诞生于零售业激烈变革的大背景之下，逆势成长为一家全球性的专业零售连锁集团；而在每一轮的行业变革中，农夫山泉都牢牢把握住了机遇。作为已经进入千亿梯队的头部企业，这些企业的经验是经过时间检验的。

我还尽可能选择了上市企业作为案例，它们在产业上成功的同时，在资本市场也有非常优秀的市值表现。即便是受政策和市场情绪影响、当下处于市值低谷的爱美客，也一度被资本市场称为“女人的茅台”。它们在经营成功的同时，也经历了资本市场的检验与认可，经历了资本周期的考验。

作为案例的爱美客，处在我仍旧十分看好的医美行业。我认为，医美行业，特别是这一行业的上游供应链企业，还有很大的发展空间，随着入局者越来越多，这个行业还将迎来更加精彩的故事。而另一个案例物产云商，则是国有消费品企业中比较有代表性的企业。在众多的消费品企业中，国企有很多特殊之处，物产云商在体制机制上的突破，值得许多国有消费品企业借鉴。

讲述这些头部企业案例的各种文章和书籍众多。财经作者、资本分析师、相关学者，都给出了不同角度的专业解读。我也许没有财经作者的妙笔，能将企业的发展讲得波澜壮阔、触动人心，也没有资本分析师对数据和模型的精妙分析，但我将从咨询的视角出发，坚持问题导向、内部视角，从战略迭代与战略升级的角度给出观察和解读。希望大家在知道发生了什么（know what）和背后的规律（know why）的同时，也能看到这些优秀企业值得借鉴的做法（know how）。

安踏：品牌并购之王

运动鞋服为什么是一个好赛道

服装行业有两个典型特征：一是审美迭代快、二是科技属性弱。两者共同决定了这个行业集中度很低，难以孕育出高市值企业（见图 5-1）。

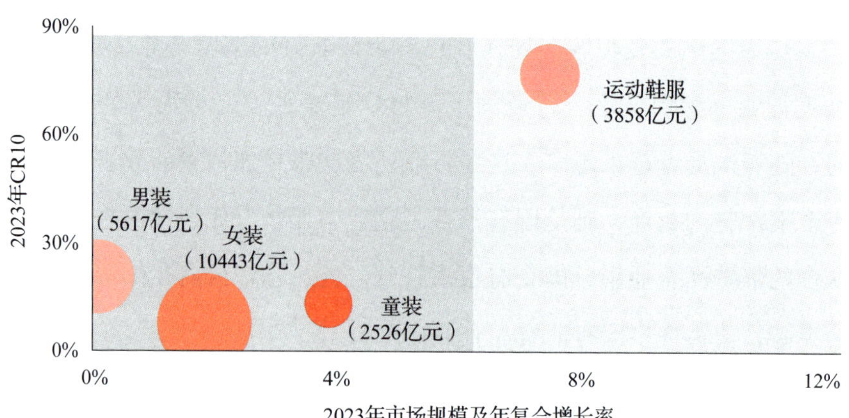

数据来源：欧睿咨询、艾瑞咨询、中金点睛

图 5-1 中国服装行业各赛道表现

审美迭代快导致产业细分和专业化是常态，上游的面料创新往往难以被下游品牌整合，产业链条分散，难以形成集中的巨头。比如女装有淑女、日韩、民族、欧美、学院、甜酷、新中式等数十种风格，且在风格上不断推陈出新，品牌如果时尚雷达稍迟钝一些，就有可能被淘汰，因此企业必须投入大量精力在对时尚风向的研判和快速反应上，同时也很容易因为款式原因形成库存积压，难以建立核心壁垒。目前女装行业市场规模达到 10443 亿元，却没有绝对头部的企业。很多曾经知名的女装品牌要么已经倒闭，要么奄奄一息。

科技属性弱导致品牌难以借助研发形成明确的壁垒。男装行业相较而言更稳定，因为男性审美相对稳定，经典款式能够流行多年，男装企业应当有机会和精力投入研发上。即便是这样，男装企业也难以依靠研发建立壁垒，更不用说诞生千亿市值的巨头了。

但运动鞋服是服装行业中的例外。它是这个行业中为数不多兼具审美迭代慢和科技属性强的细分赛道。相较于更注重外形设计的休闲服饰，运动鞋服更注重舒适度和功能性，并且特定的场景和运动需要特定的专业产品，如打羽毛球要硬拉鞋、打篮球要场地鞋。而且其功能性的方向很清晰，如轻便、弹力恢复和透气、透汗性等都是可量化的。运动鞋服品牌本质上不是去追赶潮流，而是通过持续的研发投入和绑定优质供应商打造核心爆品、单品，形成较难被攻破的竞争壁垒。此外，由于消费者更注重功能属性，对产品的专业度要求更高，运动鞋服品牌的心智认知一旦形成就更难被颠覆。很多运动鞋服品牌还会通过持续的广告投入，绑定头部营销资源，包括体育明星、大型赛事等。

在这两大特征的共同作用下，运动鞋服行业成为服装行业中具备规模大、市场集中度高等特点的细分赛道，成为培育高市值企业的优质土壤。国际市场上，耐克、阿迪达斯、露露乐蒙等品牌的市值均超过千亿，而本土品牌在经历了竞争—淘汰—集中的产业发展阶段后，也逐渐涌现出安踏这样的高市值的运动鞋服集团。

国内第一、世界第三的体育用品集团

被大家熟知的安踏，从 1991 年诞生至今已有 30 多年历史。它从福建的一家制鞋小作坊成长为如今行业的参天大树。30 多年来，它经历了 2008 年金融危机、2013 年的行业库存危机、2015 年的线下零售危机等多轮波动，依然健壮地坚挺在头部，并且依靠收购网罗众多体育专业品牌，实现了全球化，走得愈发稳健。即使在 2023 年这样一个市场相对沉闷的年份，安踏的业绩依然亮眼。

从营业收入规模上看，安踏稳居国内体育运动品牌头把交椅。2023 年财报显示，安踏营业收入为 623.56 亿元，是李宁的 2.26 倍、特步国际的 4.35 倍、361° 的 7.41 倍。同期，耐克中国、阿迪达斯中国的营业收入也仅为 521.6 亿元、243.80 亿元。在核心盈利部分，安踏也一骑绝尘，2023 年其毛利润率达 62.59%。再来看门店数量，2023 年底，安踏主品牌海内外门店加起来一共达 9801 家，远高于李宁的 7668 家、特步的 6571 家。2023 年，《福布斯》杂志发布了 2023 年“全球企业 2000 强”排行榜，安踏位列全球第 997 位，是唯一入榜的中国体育用品企业。

事实上，2022 年安踏的王者地位就已经初现端倪：2022 年度，安踏营业收入为 536.51 亿元，首次超过耐克中国同期的 514.22 亿元，至此，安踏在中国市场已经没有对手。此后，安踏继续巩固自身在国内市场的行业龙头地位，将与耐克中国的差距继续拉大。2023 年与 2022 年，安踏集团与耐克中国的营业收入比分别为 1:0.9，1:0.84。

安踏与李宁的业绩对比如图 5-2 所示。

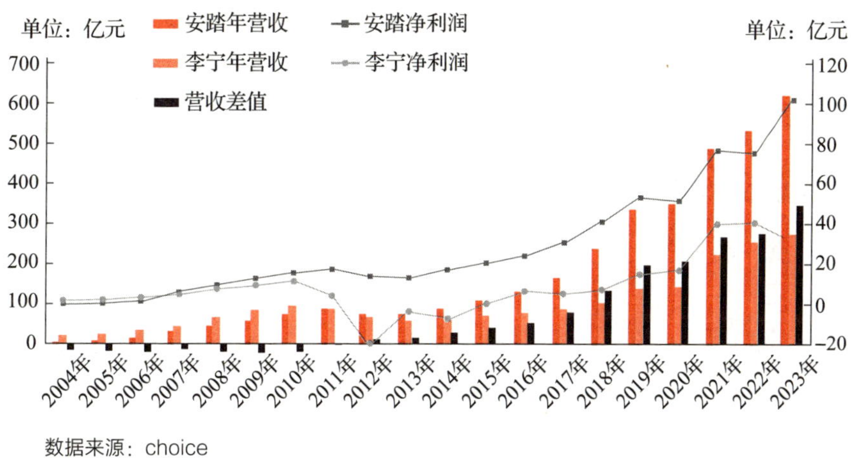

数据来源：choice

图 5-2　安踏与李宁的业绩对比图

不止于国内市场，作为世界第三的体育用品集团，安踏已经在靠战略和实力走向价值与竞争的深水区，从国内走上国际舞台。2017 年，创始人丁世忠在安踏年度盛典上说：“过去我们谈了很多全球化的理想，2018 年我们要积极实践，实现战略布局全球化。”2018 年开始，安踏正式推进全球化。2021 年，安踏发布了新十年战略，将“单聚焦、多品牌、全渠道”升级为“单聚焦、多品牌、全球化”。2021 年 7 月，安踏市值突破 5000 亿港元，一度超越阿迪达斯，成为全球仅次于耐克的运动鞋服企业。2022 年，安踏签约 NBA 球星欧文、落子东南亚零售市场。2024 年 2 月，安踏旗下的亚玛芬登陆纽交所，成为北美资本市场 2023 年 9 月以来规模最大的 IPO。

从表面看，30 余年时间里，安踏不仅甩开李宁、特步等国产品牌，而且成功超越耐克中国和阿迪达斯中国，是国内体育用品行业不折不扣的“王者”，品牌商业价值显著。然而，安踏的成功并非全然依赖于行业红利和选择的运气。更深层次地看，安踏已经培育出强大的自我发展能力，形成了一种持续的造血动能，能够敏锐地捕捉市场脉动，持续地进行自我革新，稳健地穿越周期起伏。而这背后，使安踏穿越不确定性的周期波动、不断成长的力量，我认为最关键的是以下三点：品牌至上、全域布局、产融互动。

品牌至上，从单一品牌到多元生态

“品牌至上”，是安踏写在年报中的要点。作为中国最大的体育用品集团，安踏的跨越式崛起和新增长曲线都离不开“品牌”这一课题：1999 年发力体育营销，打响品牌；2009 年收购斐乐，开始发展多品牌。品牌力就如坚韧且富有弹性的跳板，让安踏从默默无闻发展为家喻户晓，从单一的大众品牌发展为多元的品牌集团。

安踏主品牌，占领大众专业体育用品品牌心智

1999 年的体育营销事件是安踏知名度提升的转折点。当时，“大量广告 + 明星代言”是中国消费品牌的经典打法，但是还从未有请

运动明星担任广告主角的。而奥运会，作为最高等级的体育事件，是品牌向全球展示自我的好机会。1999 年，安踏签下乒乓球运动员孔 ×× 作为首位代言人，推出了“我选择，我喜欢”的品牌口号。2000 年，该乒乓球运动员在悉尼奥运会一举夺冠，安踏也一战成名，借助其传播力和体育赛事的热度拉动销量增长。相较之下，同年李宁聘请的代言人是时尚明星，她无论是在知名度还是在代表的运动精神上都与孔 ×× 没有可比性。安踏请乒乓球运动员代言之后，2004 年，有 44 个运动品牌在央视打广告，费用超过 2 亿元，但却没有一个品牌像安踏一样大放异彩。安踏正式拉开同大部分同行的差距，开始追赶李宁。

体育营销只能解决品牌触达的问题，为了使市场认可安踏作为体育用品品牌的基本属性，安踏锁定主打性价比的大众市场，持续地在营销、产品、品牌端发力，持之以恒地提升知名度、美誉度和忠诚度。

营销上，安踏坚持对核心体育营销资源进行长期高额投入，来提高知名度。这主要表现在以下两个方面：一是赞助高端赛事。2004 年，安踏成为 CBA 职业联赛运动装备唯一指定合作伙伴；2009 年，安踏代替阿迪达斯，开始为中国奥委会提供赞助，至今已累计为中国国家队的 28 支队伍打造奥运比赛装备，这一数据远超其他国产运动品牌。2019 年，安踏成为首个与国际奥委会合作的中国体育用品品牌。2023 年，安踏与国际奥委会续约，合约期延至 2027 年。二是签约奥运冠军。安踏凭借敏锐独到的眼光，多次成功押宝冠军代言人，比如乒乓球男单冠军、滑雪冠军等，塑造更强的头部品牌心智。通过这两大动作，安踏不仅塑造了自身在运动鞋服领域的专业形象，而且成功打造了自己的国民形象。

产品上，安踏不断增强产品的专业属性和设计水平。安踏 2023 年的研发投入超过 16 亿元，是国内运动鞋服品牌中最高的。庞大研发投入的背后，是安踏构建了一个非常庞大的产学研合作创新网络，与包括清华大学、东华大学在内的多所高等学府联合成立研究中心，专注于运动科技与装备的前沿探索，并设立院士工作站及博士后科研工作站，推动自主研发科技成果。在生产制造端，安踏推动供应链核心合作伙伴建立了 11 家研发中心、4 家材料创研中心及 1 家鞋底科技研究院，致力于材料和工艺的创新。而从成品设计出来后到量产之前，还要经过无数次的设计迭代，安踏在中国、美国、日本、韩国、意大利设立了 6 个设计中心，为产品注入更多元化的设计理念，确保产品能够满足全球不同市场的审美需求。

品牌上，自 2006 年安踏确定“永不止步”（keep moving）的品牌口号后，以此为基调的品牌精神与品牌价值输出始终不变。这一口号体现了 30 多年来安踏从未变过的初心，不仅强化了消费者的价值认同，而且积淀成为安踏品牌自身的精神底蕴。

多品牌战略实现年轻化、国际化、矩阵化，打造有生命力的品牌

到 2016 年，安踏主品牌已经拥有了整整 25 年历史，在消费者心目中建立起了大众专业运动品牌的心智印象，但也避免不了被打上

“品牌老化”的标签。如何使品牌年轻化、为品牌注入年轻的 DNA，是安踏面临的巨大挑战。面对这种变化，安踏提出了多品牌战略（见图 5-3），通过并购来实现安踏品牌的年轻化、国际化和矩阵化。截至目前，安踏已经通过收购主控了包括斐乐、迪桑特、可隆、始祖鸟在内的共计 15 个品牌，形成了三条增长曲线：第一，以安踏为代表的专业运动；第二，以斐乐为代表的时尚运动；第三，以迪桑特、可隆为代表的户外运动。2023 年，斐乐在国内运动鞋服市场的市占率达到了 7.4%。2024 年 2 月，始祖鸟成功在纽交所上市。

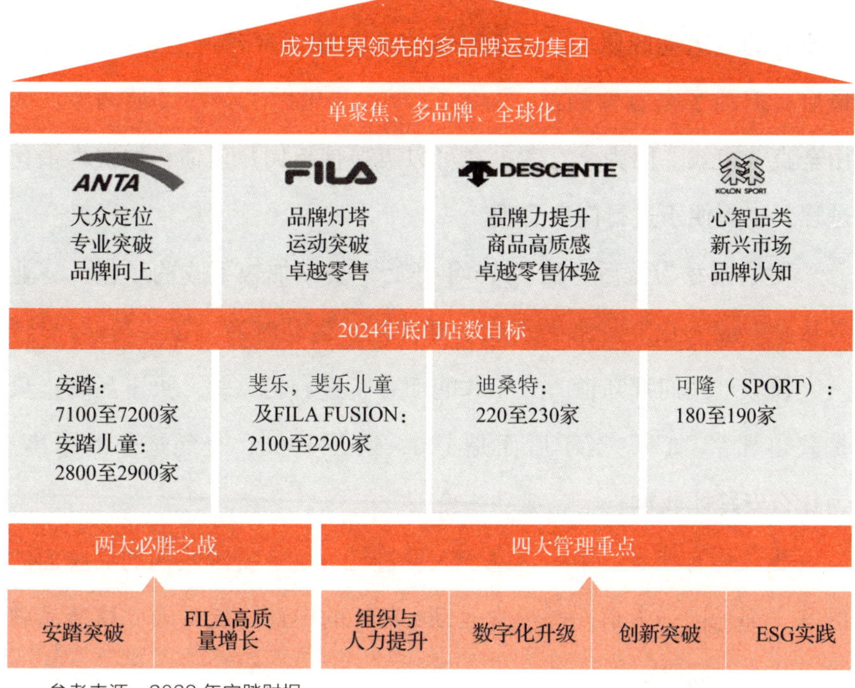

参考来源：2023 年安踏财报

图 5-3 安踏多品牌战略

其中斐乐的成功运作是“破天荒”的。2023年斐乐营业收入为251亿元，贡献了安踏总营收的40%，市占率达到7.4%（见表5-1）。而安踏并购的其他品牌的收入总体量也从2019年的17亿元增长到2023年的69亿元，年复合增长率超过40%。为什么安踏能够成功打造斐乐这个成功样板？核心原因是三个举措：首先，选择了合适的领头人，搭建了独立的运营团队。安踏聘请了法国鳄鱼中国区原行政总裁姚伟雄担任品牌负责人，充分给予斐乐管理团队独立运营权。其次，明确了与主品牌互补且精准的时尚定位。2011年，斐乐中国正式提出“回归时尚”的战略，确立高端运动时尚的品牌定位，部分隐藏原有的纯运动的属性，以25~45岁的高端消费者为主要目标客群。最后，启动了全直营的模式。2012年，斐乐做了一次渠道调整：采用全直营模式。因为全直营模式可以直接捕捉用户反馈，加快本土化进程，也更便于进行门店管理。

斐乐扭亏为盈后，从2016年开始，安踏加快了收购步伐，将业务从“专业大众”一个类别成功延伸到“运动时尚”及“高端户外”三大领域。我们都知道，对于并购而言，整合是关键。买下品牌，只是获得那个“1”，至于后面是100、还是1000，全凭运作的本事。为什么安踏能收购一个、成功一个？

我认为有三点：第一，基于人群进行收购。安踏收购的品牌面向的其实都是同一人群——热爱运动/户外的中产阶层，因此这些品牌都定位为中高端。

第二，赛道聚焦，行业跨度小。安踏收购的品牌都聚焦在运动鞋服及配件这个大赛道中，于安踏主品牌来说行业跨度不大，只是略

表 5-1　2015—2023 年中国运动鞋服品牌市占率 Top10

	2015 年	2016 年	2017 年	2018 年	2019 年	2020 年	2021 年	2022 年	2023 年
耐克中国	15.5%	16.9%	18.2%	18.7%	18.8%	20.1%	18.1%	17.5%	17.9%
安踏	7.8%	8.1%	8.4%	9.0%	9.1%	8.6%	9.8%	10.8%	10.2%
李宁	6.9%	6.6%	6.2%	6.0%	6.5%	6.8%	9.3%	10.4%	10.1%
阿迪达斯中国	15.3%	16.1%	18.3%	19.2%	18.8%	16.6%	15.0%	9.8%	9.0%
斐乐	2.0%	2.2%	2.5%	3.7%	5.4%	6.5%	7.3%	7.4%	7.4%
特步	6.3%	5.6%	4.5%	4.7%	4.8%	4.6%	5.0%	6.1%	6.1%
斯凯奇	1.8%	3.0%	3.9%	4.9%	5.3%	5.9%	6.6%	5.9%	6.0%
乔丹	2.5%	2.9%	2.9%	3.0%	3.9%	4.5%	4.3%	4.5%	4.7%
361°	4.3%	4.2%	3.8%	3.1%	2.9%	2.7%	2.7%	3.3%	3.4%
中国乔丹	2.4%	2.5%	2.6%	2.5%	2.3%	2.0%	2.0%	2.1%	2.2%

资料来源：欧瑞数据，广发证券《纺织服饰行业：从中国奥运领奖服变迁看国内运动鞋服行业竞争格局变化》

有差异。比如斐乐以时尚和艺术为出圈特点；而迪桑特是专业运动品牌，专注于滑雪、高尔夫、铁人三项三大专业户外运动；可隆则属于深耕露营和户外的轻户外运动品牌。安踏并购时间线见表 5–2。不仅如此，安踏也会对收购品牌旗下的品牌组合进行精简。比如安踏并购亚玛芬后，就陆续在 2019 年、2021 年和 2022 年剥离了亚玛芬旗下的三个品牌——骑行品牌 Mavis、健康器材品牌 Precor、智能手表品牌 Suunto，使业务重心始终聚焦在鞋服等核心品类。

表 5–2 安踏并购时间线

<table>
<tr><th>时间</th><th colspan="2">收购品牌</th><th>收购金额</th><th>品牌定位</th></tr>
<tr><td>2009 年</td><td colspan="2">斐乐</td><td>约 4.6 亿元</td><td>意大利时尚运动品牌</td></tr>
<tr><td>2015 年</td><td colspan="2">斯潘迪（sprandi）</td><td>数千万美元</td><td>户外、爬山</td></tr>
<tr><td>2016 年</td><td colspan="2">迪桑特</td><td>1.5 亿元</td><td>日本滑雪品牌</td></tr>
<tr><td>2017 年</td><td colspan="2">可隆</td><td>合资</td><td>韩国第一户外运动品牌</td></tr>
<tr><td>2017 年</td><td colspan="2">小笑牛（kingkow）</td><td>0.6 亿港元</td><td>童装品牌</td></tr>
<tr><td rowspan="6">2019 年</td><td rowspan="6">亚玛芬（10 个细分品牌）</td><td>始祖鸟</td><td rowspan="6">46 亿欧元</td><td>加拿大高端户外品牌</td></tr>
<tr><td>威尔胜（Wilson）</td><td>美国网球、高尔夫及其他球类运动装备品牌</td></tr>
<tr><td>萨洛蒙</td><td>法国鞋履服装及攀山、远足、越野跑及其他运动装备品牌</td></tr>
<tr><td>阿托米克（Atomic）</td><td>奥地利滑雪装备品牌</td></tr>
<tr><td>壁克峰（Peak Performance）</td><td>运动时尚品牌</td></tr>
<tr><td>Armada</td><td>专业滑雪品牌</td></tr>
</table>

（续）

时间	收购品牌		收购金额	品牌定位
2019 年	亚玛芬（10 个细分品牌）	ATEC	46 亿欧元	棒球和垒球设备品牌
		路易斯维尔·斯拉格（Louisville Slugger）		棒球品牌
		EvoShield		棒球、垒球、橄榄球和长曲棍球防护装备等品牌
		DeMarini		棒球、快投和慢速垒球运动品牌

来源：和君咨询整理

第三，沉淀出了可复制的完整打法。我们可以把安踏的打法拆分为营销、产品、渠道三个层面，我们以迪桑特为例进行分析。首先，在营销层面，一方面通过代言人、自媒体营销，向更广泛的人群破圈，比如迪桑特邀请明星吴 ×× 进行代言，使品牌受众从滑雪运动爱好者向商务精英人群破圈，目前迪桑特的消费者画像主要为 35~40 岁的精英人士，其中男性占比为 60%~70%；另一方面设立会员制度，拔高品牌力。其次，在产品层面，配合目标人群的扩展，推出更多产品系列。最后，在渠道层面，打造高端门店，赋予门店更大的面积、更好的形象。

或许有人会问，多品牌是否会模糊消费者的心智认知，给消费者造成什么都不专、什么都不精的错误印象。但事实是，并不会。大多消费者对安踏主品牌、斐乐、始祖鸟的印象其实是分离的，不觉得它们是同一家公司的品牌。这得益于安踏在收购后通常会用独立的团队来运营。

而品牌的矩阵化也帮助安踏同步实现了品牌的国际化。收购是实现国际化的重要手段，安踏通过收购这些国外知名品牌，拥有了全球化的资源和整合资源的能力。比如亚玛芬，业务遍及全球，旗下始祖鸟、萨洛蒙等品牌都是各自细分领域里的佼佼者，在全球市场拥有较大的影响力。

全域布局，渠道的立体式深度渗透

过去，安踏以线下渠道为主。2019 年时，安踏电商收入的贡献尚且只有 18%，也并未布局私域。然而，随着数字时代的浪潮汹涌而来，安踏迅速调整策略，于 2020 年 8 月正式提出 DTC（直接面对消费者）战略，以消费者为中心，实现线上线下一张网、公域私域一盘棋，构建起一张全域经营的大网。目前安踏已经搭建起了包括线下门店、平台电商和私域电商在内的三大渠道支柱。

线下渠道方面，截至 2023 年末，安踏各品牌在全球有超过 12000 家门店，其中主品牌的门店总数为 9801 家，远超其他品牌。安踏主品牌在线下渠道的核心动作是收购一级分销商的股权，并将其旗下门店转为安踏直营店。

那么为什么别的企业采用代理模式，而安踏却改用直营模式了呢？品牌代理是“非 DTC 时代”的运营模式，它存在三大问题：第一，代理模式下品牌与终端用户离得太远，把握不住用户需求；第二，全国上下一盘货，无法满足区域差异化需求；第三，门店运营效率低下，2019 年安踏旗下门店已经高达 10516 家，线下门店容量趋近饱和，想要实现内生增长，需要的不是门店数量的增长，而是运营精细化。而直营的最大好处便是直面客户，减少过程中的损耗、利益博弈。对于安踏来说，直营能实现门店的高质量发展。其实，安踏线下门店也并非是全部由代理转为直营，而是“直营 + 少量精选优质经销商”。恰巧 2020 年线下门店经营困难，安踏顺利收回了大量门店。

平台电商方面，2023 年末，电子商贸收益占安踏总收益的 32.8%。总体来看，安踏对货架电商和社交电商都有布局。货架电商是安踏的底层基塔，从 2016 年开始，安踏逐步从代运营手中收回店铺，转为自营门店。在社交电商方面，安踏通过入驻抖音、快手等新兴的直播电商，通过专场活动、联名营销等方式提升粉丝黏性，实现品牌力增长。2023 年，斐乐跻身抖音销售额前十大品牌，是打进前十大的两个体育用品品牌之一。那么为什么安踏能做好平台电商，做到收益占比超过 30% 呢？首先是建设适配的组织。安踏进行组织调整，将电商管理部职能划分到大数据部门，各品牌电商业务从集团电商事业部放回品牌，打通部门墙，使安踏电商业务与各个子品牌的经营逐渐融合在一起。其次是利用数字化技术提升选品质量。利用大数据优化选品和配送过程，实现商品全价值链智能化。

私域电商方面，安踏从 2020 年开始正式布局私域。2021 年中，安踏正式提出赢领计划 ，明确指出私域流量系统升级，希望 2025 年时安踏私域的流水占比达 20% 以上、有效会员数量达到 1.2 亿、会员复购率达到 40%。目前安踏的官方私域渠道主要是小程序、APP 和官网。目前安踏官网升级处在稳定发展中，且取得了一定的品效结合的成果。从销售角度来看，安踏 2021 年小程序营业收入高达 1.6 亿，跑出了盈利模型。从品牌渗透效果来看，目前安踏的私域流量池已经拥有超过 7000 万会员、2.5 亿消费者数据资产。除此以外，安踏还发力数字化建设，借助数字化手段和工具来赋能前端零售渠道，重点强化会员体系建设、会员服务和不同平台人群运营，达到提升线上线下零售表现以及销售平台多样化等效果。

产融互动，成就持续的跨越式增长

路威酩轩的老板阿尔诺曾在总结路威酩轩的成功时说："规模经济才是我们成功的基础。"让阿尔诺实现这一规模经济的秘诀就是并购整合。通过产融互动，越买越大，越大越买。安踏能够在中国市场连续超越阿迪达斯和耐克，并把其他国产品牌远远甩在身后，也得益于会买。

纵观安踏的市值变化（见图 5–4），我们可以清晰地看到，安踏从 2007 年上市至 2015 年一直处于稳增长时期，但从 2016 年至 2022 年进入高速增长时期，其中的关键节点就是安踏于 2016 年提出了多品牌战略，开始加速并购，此后安踏陆续通过收购许多国际顶级运动品牌，如知名日本滑雪品牌迪桑特、韩国第一户外运动品牌可隆、加拿大顶级户外运动品牌始祖鸟等 15 个品牌，突破了营业收入和市值的瓶颈。2023 年，安踏总营业收入为 623.56 亿元，其中主品牌营业收入为 303 亿元，剩余的全部由并购品牌贡献。而且由于其并购的品牌大多走高端路线，利润更可观。并购带来营业收入增长，拉动市值增长。2017 年，安踏市值首次突破千亿元大关。2019 年收购亚玛芬后，安踏市值迎来又一轮上升，于 2021 年 7 月达到顶峰，超过 5000 亿元，一度超越阿迪达斯，位列全球第二。

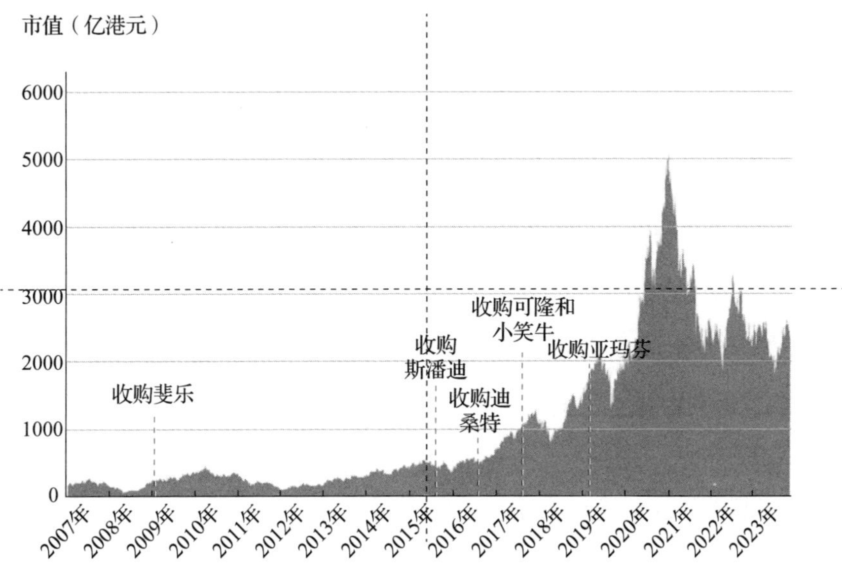

数据来源：choice，和君咨询整理

图 5-4　2007—2023 年安踏市值表现

正如安踏创始人丁世忠所说："以当今中国公司的品牌运营能力，在 30 年内做出一个始祖鸟或威尔胜，可能性几乎为零。而通过收购，并以中国市场为潜在增长空间，则可能完成一次脱胎换骨。"安踏依靠一系列并购活动，形成了"并购—市值增长—再并购"的良性循环，打造了一个强大的产业生态系统，实现了品牌间的相互赋能，巩固了安踏的行业地位。

要想并购成功，资金是第一步。安踏最大的一笔并购是 2019 年对亚玛芬的并购，共花费了46亿欧元（约合人民币360亿元），是安踏当年净利润的9倍。如此庞大的资金，从何而来？安踏联合方源资本、腾讯等财团，成立了新公司Mascot Bidco Oy，以新公司的名义执行收购。其中安踏持股57.85%，耗资大约27亿欧元（约合人民币215亿元）。但仅仅如此还不够，安踏当时的现金流并不足以覆盖全部收购成本。2019年6月末，安踏的账面上只有82亿元现金，为了弥补资金缺口，安踏向银行申请抵押贷款，成功筹集资金67亿元，又向独立第三方借款17亿元，同时劝说亚玛芬原股东接受要约收购。最终，安踏实现了收购目标，也背负了沉重的债务，2019年安踏整体负债比率从2018年的7.3%上涨至22.3%，负债总值从2018年的78.54亿元上升到201.57亿元。

安踏的这次并购无疑是成功的。完成收购后，安踏先是对亚玛芬的品牌进行了精简，将原本杂乱的品牌矩阵统一成了三大业务线，确保每条业务线都有一个主力品牌：技术服装是始祖鸟，户外表现是萨洛蒙，球类运动是威尔胜，各司其职。与此同时高层换血也在同步进行，准则是只找和目标最匹配的人。目前亚玛芬旗下的品牌，尤其是始祖鸟、萨洛蒙、威尔胜，已经成为安踏第三增长曲线的主要构成，安踏借此进入了户外服饰领域以及滑雪、网球等小众运动赛道。

安踏的成功当然并不能简单归因为以上三点，在品牌、渠道、资本的背后是安踏前瞻性强、善于利用危机的决策力，也是推进谨慎、做事迅速的执行力。无论是行业库存危机还是实体零售危机，对绝大多数企业来说都是一个极大的挑战，安踏却总能在危机时刻敏锐地去捕捉“机会”。而每一次的战略执行也非常迅速。强生公司前CEO

拉尔夫·拉森在谈论企业如何面对未来时说过这样一句话:“成长的本质是一场赌徒的游戏。”在商业的牌桌上,有的人以运气为筹码,有的人却是做好了充足准备,赌的是谋定而后动的心态和前瞻性的策略。一向善于战略驱动且稳扎稳打的安踏,是不折不扣的后者。

虽然安踏已经排名国内第一,但是无论是在营业收入规模还是市值上,与世界第一耐克的距离都还很遥远。2023 年耐克全年营业收入约 3641.4 亿元人民币,是安踏全年营业收入的 5.8 倍。耐克 2024 年 9 月 4 日的市值为 1271 亿美元(约合 8670 亿元人民币),而安踏当天的市值仅为 2124 亿元人民币。尽管如此,安踏作为一个成立仅 30 多年的品牌,它的发展速度和市场表现都已经令人叹为观止。我们相信随着时间的推移,年轻的安踏还将永不止步。

农夫山泉:稳健致远的长期主义

百亿单品竞相涌现的软饮行业

鞋服行业最大的特点是变化快、商品的生命周期短,不仅有季节性的更迭,还受到潮流趋势变化的影响。哪怕是不同年份的同一个季节,人们的审美也会出现“此一时彼一时”的差异。因此品牌需要在面料、色彩、设计和其他配套方面不断创新,以满足消费者对新鲜感的追求。快速的行业变化,造成了鞋服品牌 SKU 多却少有大单品的现状,而且每次季节变换,品牌都不得不面临存货压力。这些因素共同作用，导致鞋服行业创业难度大，大市值企业的出现更是难上加难。

相较之下，软饮行业的发展则截然不同，这个行业似乎天生就更容易孕育出大单品。过往三十年，软饮行业中的每一个基础品类都诞生了长久不衰的大单品：碳酸饮料中有可口可乐、百事可乐；瓶装水中有农夫山泉、怡宝、百岁山；茶饮料中有阿萨姆奶茶、东方树叶、王老吉；功能饮料中则有东鹏特饮、红牛……一款款耳熟能详的大单品，是软饮行业波澜壮阔30年的最佳缩影。2023年，国内有16个销售额超过100亿元的软饮大单品，有56个销售额超过20亿元的单品。相较于手机、汽车等行业，软饮行业由于技术和艺术含量低，难有什么大的创新，不需要频繁迭代，产品一经面市，历经10年甚至50年都能依旧为人们所喜爱：可口可乐在中国销售近50年，依旧有每年300亿元的销量；特仑苏诞生于2005年，历经19年发展，仍旧是众多人的心头好；旺仔牛奶、AD钙奶、优酸乳三大含乳饮品体量均超过百亿规模，也是许多人的童年回忆；超过百亿规模的大单品中，即使是时间最短的东方树叶，于2011年上市，至今也已走过了13个春秋。

那么，究竟是怎样的特质，让饮料行业涌现出如此多的大单品？从供给端来说，饮料行业高度工业化和标准化。生产一件服装要经过多道工序，工艺复杂，甚至可能需要手工制作。相比之下，饮料的生产流程自动化程度更高，需要人为干预的部分很少，能够实现大规模生产。正因如此，饮料企业的人均产值相对更高。2023年，华丽集团有在职员工15.75万人，营业收入却只有201.14亿元，人均产值为 12.77 万元，而伊利的在职员工仅 6.4 万人，就创造了 1261.79 亿元的营业收入，人均创收 197.15 万元。除此以外，相较于汽车行业，饮料行业的设备投入相对较低，企业可以用较低的成本扩张产能。从需求端来看，饮料是一个明显的惰性行业。不同于服装的喜新厌旧，味蕾是有记忆的，且这种记忆很微妙。饮料产品进入用户的“习惯区间”后，就获得了持续的生命力。在这个习惯区间里，用户养成了习惯、产生了依赖。例如可乐，虽然我们难以准确描述可乐的口味，但是在购买可乐时却能想到可乐的味道，甚至可乐味已经成了其他食品中的一种新味型。在依赖性之外，许多饮料还含有成瘾成分，让人欲罢不能，如烈酒中的酒精、茶饮中的咖啡因、含乳饮品中的糖都让人成瘾。

由于大单品的涌现，以爆款打天下、以超级单品“论英雄”，成为饮料行业不可回避的规律。头部企业都会有多个大单品做支撑（见表 5-3）：可口可乐在 300 亿级的单品外，还拥有美汁源果粒橙这款 50 亿元的产品；伊利乳业拥有 3 款超 200 亿的大单品；农夫山泉除 200 亿级的瓶装水外还拥有 100 亿级的东方树叶……得益于大单品的多且稳定，软饮行业的企业更容易做大，市值更容易做高，利润更稳定，也更容易穿越周期。在美股市场，截至 2024 年 4 月 15 日，市值超过 1000 亿美元的企业共有 21 家，其中三家是软饮企业，三家中有两家百年企业——可口可乐、百事，其市值均超过 2000 亿美元，而运动鞋服行业世界第一的耐克的市值仅为 1389 亿美元，餐饮巨头麦当劳的市值也仅为 1928 亿美元。在国内市场，农夫山泉 2023 年净利润率超过 28%，远高于安踏的 17.55%。

表 5-3 2023 年饮料大单品销量

量级	产品	所属品类	企业	规模
300 亿	可口可乐	汽水	可口可乐	超 300 亿
	特仑苏	牛奶	蒙牛乳业	超 300 亿
200 亿	金典	牛奶	伊利乳业	超 200 亿
	伊利纯牛奶	牛奶	伊利乳业	
	安慕希	酸奶	伊利乳业	
	农夫山泉瓶装水	包装水	农夫山泉	202.62 亿
100 亿	中国红牛	能量饮料	华彬集团	近 200 亿
	百事可乐	汽水	百事	150 亿
	怡宝纯净水	包装水	华润怡宝	124.45 亿
	康师傅冰红茶	茶饮料	康师傅	超 100 亿
	旺仔牛奶	含乳饮料	旺旺集团	
	AD 钙奶	含乳饮料	娃哈哈	
	优酸乳	含乳饮料	伊利乳业	约 100 亿
	王老吉凉茶	植物饮料	广药集团	
	东方树叶	茶饮料	农夫山泉	
	东鹏特饮	能量饮料	东鹏饮料	
50 亿	纯甄	酸奶	蒙牛乳业	近 100 亿
	蒙牛纯牛奶	牛奶	蒙牛乳业	超 60 亿
	阿萨姆	奶茶	统一	
	六个核桃	植物蛋白饮料	养元饮品	61.62 亿
	美汁源果粒橙	果汁	可口可乐	超 50 亿
	营养快线	含乳饮料	娃哈哈	
	加多宝凉茶	植物饮料	加多宝	
	脉动	功能饮料	达能	

（续）

量级	产品	所属品类	企业	规模
50 亿	养乐多	乳酸菌饮料	养乐多	超 50 亿
	百岁山	包装水	景田	约 50 亿
	天丝红牛	能量饮料	天丝药业	
	莫斯利安	酸奶	光明乳业	
	椰树椰汁	植物蛋白饮料	椰树集团	50 亿
30 亿	元气森林气泡水	气泡水	元气森林	超 40 亿
	娃哈哈瓶装水	瓶装水	娃哈哈	
	唯怡豆奶	植物蛋白饮料	蓝剑集团	40 亿
	今麦郎蓝标水	包装水	今麦郎	
	大窑汽水	汽水	大窑饮品	约 40 亿
	外星人电解质水	运动饮料	元气森林	35 亿
	光明 look	酸奶	光明乳业	约 30 亿
	银鹭花生牛奶	含乳饮料	银鹭	
	乐虎	能量饮料	达利	
	锐澳鸡尾酒	新酒饮	百润股份	
20 亿	香飘飘冲泡奶茶	奶茶	香飘飘	26.86 亿
	三得利无糖茶	茶饮料	三得利	超 25 亿
	茶 π	茶饮料	农夫山泉	约 25 亿
	康师傅绿茶	茶饮料	康师傅	超 20 亿
	露露杏仁露	植物蛋白饮料	承德露露	
	统一绿茶	茶饮料	统一	
	豆本豆	植物蛋白饮料	达利	
	味全每日 C	果汁	味全	
	简爱酸奶	酸奶	朴诚乳业	

（续）

量级	产品	所属品类	企业	规模
20 亿	名仁苏打水	苏打水	明仁药业	超 20 亿
	尖叫	功能饮料	农夫山泉	
	凉白开	包装水	今麦郎	
	雀巢咖啡	咖啡	雀巢	
	好益多	乳酸菌饮料	一大早乳业	
	健力宝	碳酸饮料	健力宝	
10 亿	山楂树下	果汁	冠芳集团	近 20 亿
	汇源果汁	果汁	汇源集团	
	和其正	凉茶	达利	15 亿
	李子园甜牛奶	含乳饮料	李子园	14.12 亿

注：10 亿级大单品数量较多，因篇幅限制未列全

资料来源：信达证券、食品板

成就千亿市值饮料帝国

2024 年 6 月，新财富 500 创富榜公布，农夫山泉创始人钟睒睒以 4560 亿元的持股市值成为中国首富。钟睒睒的财富主要来源于在两家上市企业中持有的股份：他持有农夫山泉 84% 的股份，在该榜单评定前，即 2024 年 6 月 21 日，农夫山泉的市值为 3794 亿港元；他还持有万泰生物 73.3% 的股份。在这个大单品涌现的饮料行业中，用家喻户晓来形容农夫山泉并不为过。它通过“深度渠道策略”，将自己的经销网络像毛细血管一样扎进中国广阔的每一寸土地。在中国任何城市，不论是江浙沪，还是新疆、西藏，走进任何一家便利店，

几乎都可以买到它的产品。但很多人只是买过它的产品，却并不知道农夫山泉到底有多强大。

在以大单品逻辑为制胜核心的饮料行业中，但凡知名企业，都会有一个或者几个大单品做支撑，其中十亿、五十亿规模的单品不在少数，但做出 100 亿、200 亿规模的单品对于国内的企业而言却是个不小的挑战。但是农夫山泉做到了。2023 年，在与怡宝、百岁山、今麦郎蓝标水等众多单品激战的过程中，农夫山泉瓶装水依旧保持着增长，销售额达到 202.62 亿元，同比增长 10.9%。而东方树叶更是爆发式发展，成为 2023 年众多品牌混战的无糖茶饮赛道中唯一单品销售额约 100 亿元的单品。据尼尔森零售数据，2024 年 1—6 月东方树叶销售额同比增长超过 90%，相比去年同期几乎翻了一倍。截至 2024 年 7 月，东方树叶在无糖茶饮赛道中的市场份额已经超过 70%。

农夫山泉的盈利能力和增速更令人称道。根据其招股说明书，2017 年至 2019 年，在全球收益超过 10 亿美元的上市软饮料企业中，农夫山泉的收益增速位列第一。2020—2022 年，农夫山泉营业收入分别为 228.77 亿元、296.96 亿元和 332.39 亿元，三年内营业收入增长了 103.62 亿；到 2023 年，仅一年时间增长近百亿，达到 426.67 亿元，同比增长 28.4%。其实，农夫山泉和任何行业的巨型高增长企业相比都毫不逊色。2023 年净利润达到 100 亿元且从 2021 年开始连续三年净利润增速超过 15% 的公司，可谓凤毛麟角。在全部 A 股和港股上市企业中，这样的企业仅有 10 家，而农夫山泉位列其中（见表 5-4）。

表 5-4 2021—2023 年连续三年净利润增速超过 15% 的巨型公司 （单位：亿元）

公司	2023 年净利润	2022 年净利润	2021 年净利润	2020 年净利润
宁德时代	467.6	334.6	178.6	61.0
网易	293.6	198.4	169.8	123.3
中国核电	194.1	163.2	140.5	109.5
杭州银行	143.8	116.8	92.6	71.4
泸州老窖	132.9	104.1	79.4	59.6
中国铝业	125.8	108.4	77.9	15.7
农夫山泉	120.8	85.0	71.6	52.8
成都银行	116.7	100.4	78.3	60.3
迈瑞医疗	115.8	96.1	80.0	66.6
山西汾酒	104.6	81.6	53.9	31.2

数据来源：choice，和君咨询整理

卓越的企业一定有自己的竞争优势，这种优势可以是成本，可以是技术，可以是渠道，也可以是占领了消费者心智的品牌力。那么农夫山泉的竞争优势究竟是什么？1996 年，农夫山泉成立初期，正在经历一个“不甜不喝”的阶段，消费者偏好“快乐水”碳酸饮料和“小甜水”含糖茶饮。当时碳酸饮料为国内软饮行业第一大品类，但市场份额被百事可乐和可口可乐这两大外资品牌大幅占据。1994 年，国内碳酸饮料实力最强的天府可乐不敌洋可乐的凌厉攻势，与百事成立了合资企业，标志着国产碳酸饮料市场的最后一道防线被攻破。当时含糖茶饮也备受消费者喜爱，但市场主要被台资的康师傅和统一两大巨头把持。1995 年，统一冰红茶面世；1996 年，康师傅推出盒装冰红茶，一时间火爆全国……在软饮行业，拥有大单品的头部企业一旦占据主导地位，其他品牌就难以分到一杯羹，那么作为后来者的农夫山泉，为何能在夹缝中顽强成长，最终完成逆袭？它又是如何一步步构建起自己的护城河的？

战略引领：天然健康是最核心的战略

“天然健康”的产品理念是农夫山泉战略破局的起点。作为一家产品型公司，农夫山泉的产品战略决定了公司战略。在天然健康理念的驱动下，农夫山泉放弃了当时被消费者热捧的碳酸饮料与含糖茶饮，而选择了基础的包装水赛道，与可口可乐、百事、康师傅、统一等竞争品牌形成错位竞争，在被成熟品牌大幅占据的软饮市场里获取一席之地。此后不久，包装水超越碳酸饮料成为国内软饮市场的第一大品类，2023 年占软饮行业零售规模的 23.6%。如果在 20 世纪 90 年代时，初生的农夫山泉入局竞争激烈的碳酸饮料与含糖茶饮赛道，或许连生存下来的机会都没有。

在包装水赛道中，天然健康理念进一步发挥作用。彼时生产纯净水的娃哈哈、乐百氏才是市场主导者，农夫山泉如果不寻求差异化很难在与巨头们的混战中获胜。2000 年，由于“长期饮用不含矿物质的纯净水对人体健康有害”这一实验结论，农夫山泉决定停止生产纯净水，全部转向生产天然水，和娃哈哈、康师傅等主打纯净水的品牌进行差异化竞争。凭借天然水的概念，农夫山泉快速抢走消费者，占领市场。2012 年，农夫山泉在包装饮用水市场的份额上升至第一，而这第一名的荣耀持续至今。

在包装水之外，农夫山泉和诸多消费品公司一样，开始进行多元产品布局。品类扩充选择上，农夫山泉亦把握天然健康的主旋律，切入茶饮料、功能饮料和果汁等具备天然健康属性的赛道，且在每个赛道都成功打造出大单品：在茶饮料赛道，茶 π 于 2016 年上市，2017 年销售额就突破 25 亿元,2023 年，东方树叶销售额约 100 亿元，成为农夫山泉的第二款百亿大单品；在功能饮料赛道，尖叫于 2004 年面世、2023 年销售额超过 20 亿元，力量帝维他命水于 2010 年上市、2019 年销售额达到 11.11 亿元，成为 10 亿级单品；在果汁赛道，由于传统果汁饮品中大量的添加糖引发消费者担忧，农夫山泉推出的天然新鲜的 NFC 果汁逐渐受到市场青睐，17.5° NFC 果汁于 2016 年上市，2023 年零售规模达到 5 亿元，同比增长 28%，远高于果汁赛道 1% 的整体增速。

做深一个细分赛道已非易事，再往下一个赛道去突破，大部分企业都突破不了，那么农夫山泉为什么在主业包装水之外，每切入一个新赛道，都能推出强势单品？我认为有两个最核心的共性要素，一个是战略远见，另一个是战略耐心。东方树叶的打造是“远见”与“耐心”最典型的代表。

很多人谈及东方树叶时都对其战略远见赞许有加，因为农夫山泉能在甜味一统天下、无糖茶饮市场规模还很小的背景下，看到机会并躬身入局。但我认为，在商业领域并不缺乏具有敏锐商业嗅觉的企业，农夫山泉的“远见”更体现在对节奏的把握上。事实上，国产品牌中，最早踏入无糖茶饮赛道的并非东方树叶，而是统一旗下的茶里王。2004 年 6 月，茶里王正式被推向中国大陆市场。彼时，市面上除了日本的三得利乌龙茶，鲜有其他无糖茶饮品牌。可惜的是，因无糖茶饮一直无法获得主流用户的青睐，2011 年，茶里王最终选择退出市场。但在这 7 年里，茶里王也坚持不懈地教育市场、迭代产品，不能说没有远见、没有耐心。有意思的是，恰好就在茶里王退市的 2011 年，农夫山泉旗下的东方树叶正式面市。茶里王 7 年的市场教育最终为东方树叶做了“嫁衣”，2011 年也成了中国无糖茶饮市场历史上具有十字路口意义的一年。那么，农夫山泉为什么选择在 2011 年推出东方树叶？

我们可以结合中日两国在茶饮赛道的产业演变规律（见图 5–5），窥见其中缘由。日本的无糖茶饮市场在 1980 年前后开始萌芽，当时无糖茶饮仅占日本饮料总量的 1%。到了 1990 年，在经济发展和人口老龄化的双重作用下，国民健康意识觉醒，无糖茶饮迎来高速增长期。如图 5–6 所示，2011 年的中国，无论是在人口老龄化程度还是在人均可支配收入上，都与 20 世纪 80 年代的日本有着惊人的相似之处。或许正是这种相似性促使农夫山泉在 2011 年这个时间点推出东方树叶。

当然 2011 年时中国的无糖茶饮市场，确实如同 20 世纪 80 年代的日本一样尚处于培育阶段，不被主流消费者所接受。2011—2018 年，东方树叶经历了长达 7 年的亏损，但农夫山泉始终没有放弃它。在此期间，东方树叶也并非只是等风来，而是一直默默打磨产品力，在设计、设备、工艺上下足了功夫（见图 5–7）：瓶身上，为了让消费者放心，做出了市场上首款半透明的瓶身，方便消费者看到清透的茶汤；口感上，为了保持纯正茶味，于 2011 年引进了国内首条 Log6 级

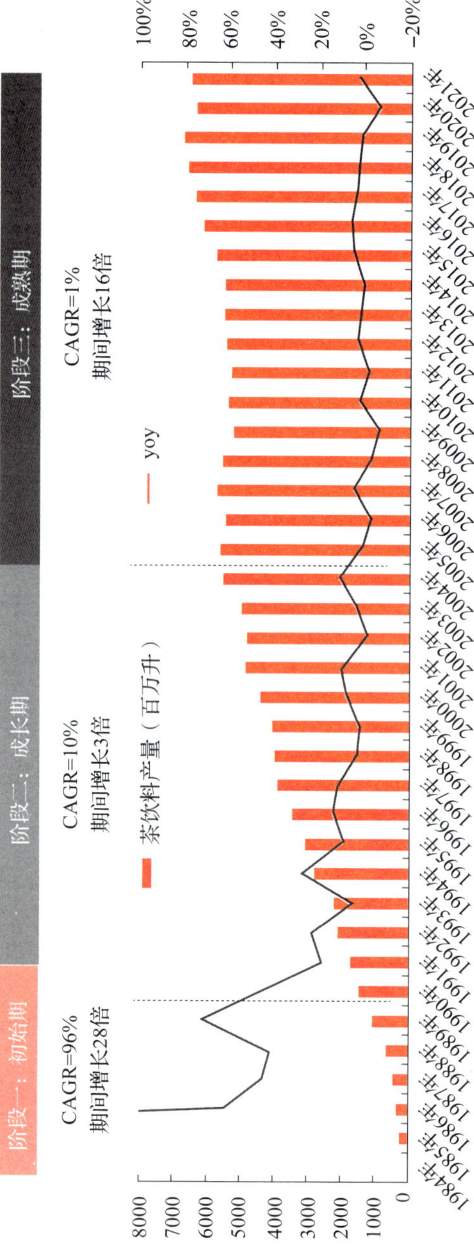

资料来源：中国银河 2023 年《无糖茶：消费分级与品类繁荣》

图 5-5　日本茶饮行业在近 40 年里穿越 3 轮周期

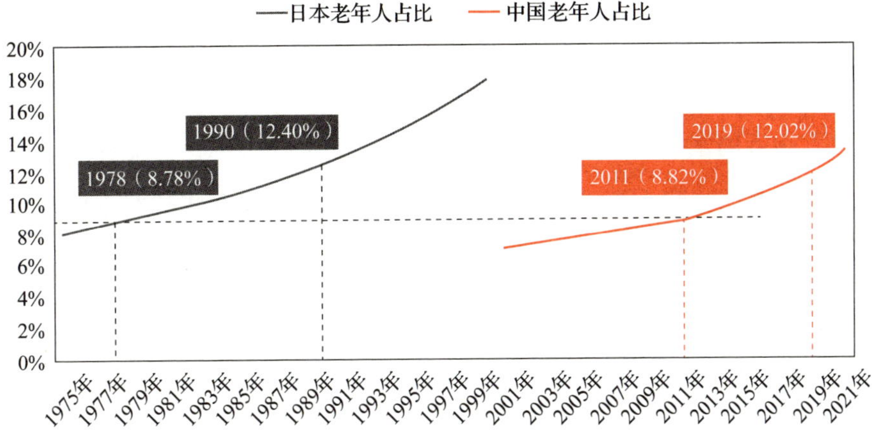

数据来源：日本厚生劳务省

图 5-6　中日 65 岁及以上人口占比

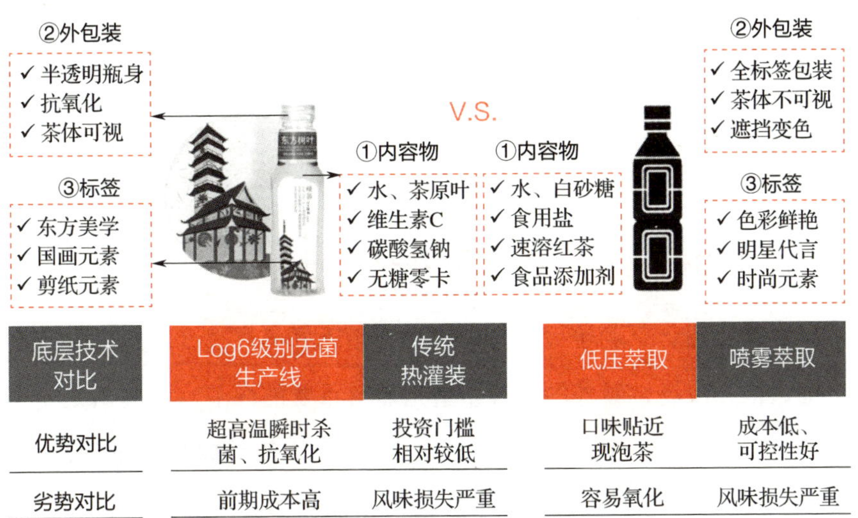

底层技术对比	Log6级别无菌生产线	传统热灌装	低压萃取	喷雾萃取
优势对比	超高温瞬时杀菌、抗氧化	投资门槛相对较低	口味贴近现泡茶	成本低、可控性好
劣势对比	前期成本高	风味损失严重	容易氧化	风味损失严重

参考来源：华泰证券《饮水知源，探寻长期价值》

图 5-7　东方树叶的产品巧思

别的无菌冷灌装生产线，能将原茶的色、香、味完整保留在瓶内，数月不变；工艺上，2013 年，为了让口感无限接近现泡茶，进一步改进茶叶提取工艺。2019 年，中国的老龄化程度恰巧达到与 1990 年的日本相近的水平，65 岁及以上人口占比达到 12.02%，消费者的健康意识也开始苏醒，无糖茶饮市场步入成长期，蛰伏 8 年的东方树叶终于守得云开见月明。2019 年，东方树叶市占率达到 28.9%，此后多年连续占领无糖茶饮第一的位置，2023 年，其销售额约为 100 亿元，强势拉动农夫山泉茶饮板块同比增长 83.3%。

2024 年 8 月 10 日，钟睒睒时隔 20 年再次登上央视《对话》节目，当谈及东方树叶的 7 年亏损时，他的回答颇耐人寻味，他将其描述为“战略性亏损”，并说道：“增长曲线一定会有一个缓慢的健康的积累过程，高技术企业都是这样，更不要说传统企业了。传统企业一定要脚踏实地。”这种长期主义的精神和脚踏实地的态度，便是农夫山泉战略耐心的最佳注脚。

品牌为核：差异化占领用户心智

软饮赛道，百舸争流，竞争激烈，不乏好的产品，品牌要想突出重围、抢夺市场，对外的品牌塑造是非常重要的环节。农夫山泉便是其中的标杆案例。2023 年凯度 BrandZ 最具价值全球品牌排行榜中，农夫山泉以 217.64 亿美元的品牌价值位居榜单第 81 位，是 14 个上榜的中国品牌中唯一的软饮企业。作为消费者，我们提到农夫山泉时，脑海里总会条件反射般地响起它的广告语。而这些深入人心的广告语，代表了农夫山泉极为成功的品牌打法，以至于不少人认为农夫山泉是一家“被卖水耽误的广告公司”。

在农夫山泉的品牌打造上，力出一孔是最大的特点。农夫山泉坚持“推出一个产品时，不仅是推出产品，而且要推出品牌的灵魂与精神”。它所有的品牌营销内容，都紧紧围绕“天然健康”的战略占位。在此基础上，利用差异化概念，实现各个赛道的层层突破。在瓶装水赛道，农夫山泉凭借差异化概念，主动发起营销进攻，颠覆了行业格局。2000 年，农夫山泉发起“天然水 V.S. 纯净水”之争，宣传“天然水更健康”的理念，纷争之中，主打纯净水的娃哈哈市占率下跌，1 元水的时代正式结束。2008 年，农夫山泉开始强调“水源地”概念；2013 年，宣传“酸碱度”理论，以人体体质酸碱理论为依据，提出“碱性水有益健康”，最终在“天然水 V.S. 矿物质水”的竞争中，康师傅跌落龙头，农夫山泉成功坐上了包装水市场的头把交椅。

瓶装水赛道的成功，让农夫山泉对茶饮、功能饮料和果汁这三大赛道上的营销思路也变得清晰和坚定：围绕天然健康，结合产品创造差异化概念，实现层层突破。在茶饮赛道，东方树叶顺应健康意识的觉醒，提出“无糖零卡、无添加”等健康概念。面对强劲对手三得利乌龙茶，它又创造了“传统的中国茶，神奇的东方树叶”这一宣传语，强调品牌的东方文化属性，最终实现近百亿的销售额。在功能饮料赛道，尖叫通过创新的“运动补水、专业等渗”概念，重新定义了运动饮料。它强调不仅要补充水分、电解质和适当的糖分，还要实现等渗透配比，以快速吸收并减少肠胃负担。在果汁赛道，2016 年推出 NFC 果汁时，强调“非浓缩还原”的纯粹性，与其他品牌的浓缩汁加水复原的产品形成差异。农夫山泉甚至将 NFC 这一概念直接放入品牌名称中，以突出其天然和健康的属性。

系统回顾农夫山泉在各个赛道的差异化概念打法会发现，农夫山泉采用的其实是一套清晰的三步走方案：首先，通过市场教育进行造势，向消费者普及天然健康的理念；其次，打造独特的产品概念，吸引消费者注意力，成功起势；最后，不断创新和迭代产品，加强自身壁垒。这样一整套循序渐进的打法，不仅为农夫山泉在各个细分市场建立了有利的市场氛围，还定义了竞争规则，让农夫山泉的行业地位变得不可撼动。

差异化的概念能让消费者在短时间内形成独特认知，而要想把认知强化成心智，则需要反复的强调和时间的积淀。农夫山泉在重复叙事上亦有自己的独特之处。不同于许多企业通过与流量明星等热点对象绑定来做广告营销的方式，农夫山泉侧重于通过深入人心的广告语和极具美感的微电影，讲述品牌背后的故事，以更加多元立体的方式，将天然健康的品牌理念埋进用户心中。

农夫山泉的广告语经过多次变换，但每个阶段都精准地抓住了消费者心理（见图 5-8）。1998 年，一句“农夫山泉有点甜”，巧妙地利用了“甜”这一可感知的特质，从感性层面上与消费者建立了情感链接；2008 年，开始采用水源地叙事，用“我们不生产水，我们是大自然的搬运工”，引导消费者自发联想天然泉水的纯净与价值；随着时间的推移，农夫山泉进一步在理性层面与消费者沟通，通过酸碱度、等渗、NFC 等概念，强调产品的功能性和科学性；到了 2018 年，农夫山泉的广告语又更新为“什么样的水源，孕育什么样的生命”，强调人与自然和谐共生的理念，这是一种价值观的传递。在这一过程中，农夫山泉的广告语体系从感性到理性、从理念到价值观，层层递进。农夫山泉通过这些广告语，从形到意，不断地告诉消费者它是谁，以及它为了成为这样的品牌付出了哪些努力。

参考来源：华泰证券《饮水知源，探寻长期价值》

图 5-8　农夫山泉广告语体系

在品牌传播上，农夫山泉非常注重情感的链接和故事性的构建，常常以微电影的手法讲述一个故事，或表现水源地的自然风光，或展现产品的生产过程，让消费者在购买产品的同时也能感受到背后的品牌文化与情感。2014 年，农夫山泉开始围绕八大水源地，推出纪录片式广告，用精美的镜头语言、生动的文案表达，以普通员工的视角诠释“大自然的搬运工”这一品牌形象。其中最出名的是 2018 年拍摄的一支被网友评价为农夫山泉史上最美广告的宣传片——“什么样的水源，孕育什么样的生命”。这支宣传片在水源地长白山实景拍摄，以森林中生灵万物的视角，展现了水源地美丽而真实的风貌，在输出“高品质水”的同时，唤醒人们保护与尊重自然的意识。

在心智占领之上，作为一个诞生已经20余年的品牌，在这个平均企业寿命只有3.9年的时代里，农夫山泉似乎从未有过衰老的迹象。它的品牌营销从水源地与产品，延伸到跨界营销与综艺赞助，农夫山泉不断迭代升级营销方式，始终保持着适度的年轻化。跨界营销方面，2000年，中国筹备申奥期间，农夫山泉极具前瞻性地将营销场景拓展到体育领域，当年便成为悉尼奥运会中国体育代表团训练比赛专用水；2017年，农夫山泉和网易云音乐联合打造30款音乐瓶，强调“每一首歌都是一瓶水，只有喝水的人才知道其中的冷暖滋味”。综艺赞助方面，为了吸引更多的年轻人，农夫山泉旗下的维他命水曾经冠名了现象级综艺《偶像练习生》等，旗下茶π曾冠名口碑综艺《我是创作人》等。或许正是因为对于农夫山泉而言，品牌年轻化是一个常态，它便始终无法像娃哈哈、大白兔一样，打出情怀牌。

源头布局：供应链构筑成本优势

除产品与品牌外，供应链产能、物流配送效能、渠道铺广率，也是决定软饮企业能否成功的关键。作为一个惰性行业，消费者对软饮产品具有显著的口味依赖性，因此品牌能够腾挪充足的时间与精力去做供应链的延伸。以拥有多款大单品的伊利为例，除生产设备、包装材料需要外购外，从供应链源头的奶源供应到供应链尾端的销售环节，全部掌握在自己手中。农夫山泉也不例外，通过遍布全国的水源地，构筑起供应链端的优势，抵御行业群雄的围攻。

包装水业务一般有两种选择生产基地的方式（见表 5-5）。一种是华润怡宝采用的近城市建厂，在城市周边建造工厂和仓储基地，通过过滤自来水即可完成纯净水生产，这种方式耗时短、工厂建设成本低，而且就近产地销售也能减小运输半径。但农夫山泉采用的是另一种方式：近水源地建厂。这种模式无疑是一种笨功夫，从找水源到铺水管，再到建厂，这一系列动作都属于重资产投入，耗费颇高，且由于部分水源地处于深山密林之中，工程的风险性倍增，相较于近城市建厂模式，工程耗时更久。以农夫山泉开发峨眉山水源地为例，农夫

表 5-5　农夫山泉和华润怡宝选址策略分析

分析维度	农夫山泉	华润怡宝
选址策略	近水源地建厂	近城市建厂
策略优势	水加工属于原料指向型行业，水源地建厂可以提供品质背书，降低原材料成本	耗时短、建设成本低、产地销售减小运输半径
策略劣势	耗费时间长、建设成本高、过程艰苦，可能产生二次运输费用	有额外的代工费用，2023 年仅代工费用就达到 20.67 亿元，且很难取得规模化的天然水水源，无法进攻天然水市场
整体布局	12 个水源地，点式分布，辐射范围广	“1+N”模式，首先布局中国人口密集的 19 个省及直辖市，在每个大型工厂附近设置数家卫星生产工厂
工厂数量	截至 2023 年末，农夫山泉有 30 余座自建工厂、106 条饮用水生产线、31 条饮料生产线，修建了总长超过 300 千米的取水管道	截至 2023 年末，华润怡宝有自有工厂 12 家、代工厂 34 家，自有生产线 47 条、代工厂生产线 81 条，代工厂的费用占总营收的 15.3%

山泉在寻访了近百个水源地之后，才初步确定峨眉山是符合农夫山泉标准的水源地，之后又进行了超过两年的水质追踪才最终决定对其进行开发。开发建厂时，第一批建材是用骡马队一批一批运送上去的，又因峨眉山多雨，在天气和地形的双重影响下，工厂建设花费了 6 年时间。即使水源地建厂这般艰难，截至 2023 年末，农夫山泉已经拥有 12 个水源地，是包装水赛道中水源地数量最多的品牌。围绕这 12 个水源地，农夫山泉建造了 30 余座自建工厂，修建了总长超过 300 千米的取水管道。

水源地，是品牌的质量背书，带来了产品的高定价。随着水污染的日益严重，优质水源已经成为一种稀缺的资源，且水资源开发周期比较长，企业不仅需要找到水源地，在山区建设还需克服悬崖峭壁等天堑，积累管道和工厂建设经验。这就意味着，同样是资产偏重、投资回报周期长的行业，农夫山泉因水源地勘测难度大、不同地貌的建设难度高，以及 28 年时间的累积效应，最终在供应链端构筑了难以复制的优势，布局慢一拍的同行从一开始就很难进入，更难追上。而农夫山泉依靠 12 处优质水源，与纯净水品牌形成错位竞争，更以“我们不生产水，我们只是大自然的搬运工”这别出心裁的品牌营销手段，占领消费者心智，先后将纯净水龙头娃哈哈、矿物质水龙头康师傅拉下马，引领包装水市场从 1 元时代进化到 2 元时代。而在这个消费者更为理性、更注重性价比的时代，12 处水源地又作为质量背书，支撑起农夫山泉比竞品更高的价格。如表 5-6 所示，农夫山泉许多代表性产品定价高于竞争对手。

除品质壁垒外，12 个水源地散点分布在千岛湖、长白山等地，

表 5-6　农夫山泉及主要竞争对手产品线及价格对比

类别	农夫山泉产品线				主要竞争对手产品线			
瓶装水	产品	天然饮用水	运动盖装矿泉水	长白雪	怡宝纯净水	娃哈哈纯净水	康师傅矿物质水	景田百岁山
	规格（ml）	550	535	535	555	596	550	570
	均价（元）	2.0	3.0	3.0	2.0	1.5	1.0	3.0
	产品系列	基础	高端	高端	基础	基础	基础	高端
	ASP（元/L）	3.6	5.6	5.6	3.2	2.7	1.8	5.3
茶饮料	产品	茶 π	东方树叶	—	康师傅冰红茶	统一冰红茶	维他柠檬茶	三得利乌龙茶
	规格（ml）	500	500		500	500	250	500
	均价（元）	5.0	5.0		3.0	3.0	2.5	3.0
	产品系列	调味茶	无糖茶		调味茶	调味茶	调味茶	无糖茶
	ASP（元/L）	10.0	10.0		6.0	6.0	10.0	8.0

（续）

类别	农夫山泉产品线				主要竞争对手产品线			
运动能量饮料	产品	尖叫	维他命水	—	脉动	红牛基础型	东鹏特饮（瓶装）	乐虎
	规格（ml）	550	500		600	250	500	380
	均价（元）	5.0	5.0		5.0	6.0	5.0	5.0
	产品系列	运动饮料	运动饮料		运动饮料	能量饮料	能量饮料	能量饮料
	ASP（元/L）	9.1	10.0		8.3	24.0	10.0	13.2
果汁	产品	农夫果园	水溶 C100	NFC 果汁	美汁源	三得利沁柠水	味全每日 C 果汁	汇源果汁
	规格（ml）	500	500	300	420	550	300	1000
	均价（元）	5.0	5.0	7.5	3.5	4.0	7.0	16.0
	产品系列	果汁饮料	果汁饮料	纯果汁	果汁饮料	果汁饮料	纯果汁	纯果汁
	ASP（元/L）	10.0	10.0	25.0	8.3	7.3	23.3	16.0

资料来源：京东、国盛证券《坚持长期主义，品牌铸就壁垒》

在原材料采购和运输上形成规模效应，形成了显著的成本优势。原材料采购上，农夫山泉的工厂大多建在天然水源地旁，水作为一种自然资源，几乎是取之不尽的，过滤、消毒等处理手段也比较简单，处理成本很低。招股书中提到，农夫山泉的“取水及处理成本”所占的比重，每年都在总收益的 1% 之内，是成本中最低的部分。相比之下，包装材料，尤其是 PET 塑料的成本，常年占据总成本的 27% 左右，这表明瓶子本身的成本远高于水本身。与此相对的是，华润怡宝等采用近城市建厂模式的企业，在原材料上的支出要高不少。华润怡宝的水源主要来自地下水和自来水厂，由于各地的水资源有限，代工费用成了各地方供水所收取的另外一层费用。2023 年，华润怡宝仅代工费用就达到 20.67 亿元。

当然，或许大家会说，近城市建厂模式在运输成本上有显著优势。确实如此，在瓶装水行业中，有一个著名的“500 千米定律”，指的是产品从工厂到销售终端的距离以 500 千米为临界点，超过这个距离，运输成本将大幅增加，可能吞噬掉所有利润。从这个意义上讲，近城市建厂确实在运输成本上更具优势。然而，农夫山泉通过精心布局，巧妙地将这一劣势转变为优势。12 个水源地散布在广东、湖北、浙江、四川、吉林等多个省份，这种点式分布扩大了其辐射范围。通过在水源地附近密集建厂，农夫山泉用密度降低运输距离，压缩运输成本。此外，农夫山泉还完善物流提供方式，减少仓库和中转运输成本。例如，位于浙江千岛湖、吉林长白山和湖北丹江口的生产货物都能实现铁路专线运输，而长白山铁路物流公司还为其开发了相应的铁汽联运方案，增加了“站到门”的后端配送服务。通过这些措施，农夫山泉成功地摊薄了运输费用，扭转运输成本劣势。

作为一种快消品，软饮具有价格敏感的特性，通过降低运输和原材料的成本，叠加产品的高定价，农夫山泉为经销商腾出了更为充足的让利空间。这种深耕供应链、实现让利的方式，在果汁赛道也有体现。农夫山泉在全国都布局了优质水果种植基地。比如，使用脐橙的NFC果汁产品在上游布局了江西脐橙种植基地，17.5° 苹果汁产品在上游布局了新疆伊犁苹果种植基地等，让果汁品牌也有了坚实的产品根基。

深度渠道：可复用的强经销网络

除产品、品牌、供应链之外，一款饮料能否拥抱广阔的市场还取决于它的销售渠道构建得是否完备，包括产品能覆盖多少渠道、能给渠道多少利润空间、能不能被放在最显眼的位置。2024 年，农夫山泉推出绿瓶装纯净水，部分线下渠道 12 瓶装纯净水打出仅需 8.9 元 / 包，折合约 0.74 元 / 瓶。新品能迅速占满终端门店，离不开强渠道的复用。

那么，农夫山泉的渠道力究竟有多强？首先，覆盖面广，且深度下沉。截至 2019 年 12 月 31 日，农夫山泉已经覆盖全国终端零售网点 237 万个，其中约 187 万个位于三线及三线以下城市，可以说是非常下沉。其次，新零售布局完善。随着自动售货机等新渠道的快速发展，农夫山泉也进行了一定程度的布局，它开辟了自己的“私域”：一个是送水到府小程序，另一个是各个小区都有的芝麻店设备。送水到府小程序是让消费者习惯于在家庭场景消费农夫山泉。芝麻店设备则是智能柜的变形，主要摆放在写字楼、地下车库等。目前农夫山泉已经在全国近 300 个城市部署将近 6.3 万台芝麻店终端零售设备。最后，经销商及销售团队销率高。2019 年，农夫山泉经销商和销售人员的人均创收分别为 563 万元和 221 万元。

但是农夫山泉的强渠道也并非一蹴而就的。为了取得超市、便利店的认可，农夫山泉的经销商体系历经 3 次变革：1996 年，新生的农夫山泉效仿娃哈哈的联营体模式。这种模式下，一瓶水从生产到最终售出，需要经过总部、各省区分公司、一级批发商、二级批发商、三级批发商，才能来到零售终端。这样的好处是公司和每一层经销商利益深度绑定，覆盖面广、渠道下沉深，但问题是层层加码，每一环都要保证足够的利润空间。而当时的农夫山泉，由于尚未形成成熟的经销商管理体系和利润分配制度，不久便陷入价格混乱、管理糟糕的局面。于是，2008 年开始，农夫山泉学习康师傅的渠道精耕模式，业务员直接和终端对接，经销商仅承担配货作用。这种模式下资源投入太大，且随着销售体量的扩大和网点渗透率的提升，管理变得极其艰难。于是 2016 年，已经掌控了市场终端的农夫山泉，再次重组经销商体系，采用一级经销商和 KA 客户直营结合的模式，赋予渠道自主权，节省人力和管理成本。2020 年，农夫山泉关注到下沉市场潜力，又增加二级批发商，重点开发下沉终端。

在这种模式下，农夫山泉的渠道呈现出 3 个特征：第一，渠道层级少。相较于娃哈哈的联营模式，农夫山泉的渠道模式没有分销，从省区分公司到经销商后便直达零售终端。较少的渠道层级可以有效降低成本，提升运营效率，同时对销售执行力的要求也更高。第二，品牌强势。农夫山泉对经销商的综合实力要求很高，每年会做严格的评估，经销商达不到其标准就会解约，如农夫山泉在2017—2019年三年共解约2809家经销商。农夫山泉还强调“共同投资”，经销商需要承担一定比例的市场运营费用和销售人员的业绩提成，实现品牌与经销商的强绑定，共担风险，共享利益。第三，管理精细。店铺陈列的规范度、库存管理的合理性等都被列入考察范围之内。当然，渠道，本质上还是利益的问题，农夫山泉确实也给到了经销商极具吸引力的利益保障。瓶装水2元/瓶的零售价，会给予渠道约1元/瓶的利润，渠道利润率超过50%（见图5-9）。

强大的渠道，场景的复用，让农夫山泉得以陆续切入果汁饮料、功能饮料和茶饮料赛道，且在每个赛道都能成功。就像海天酱油借助酱油打下渠道后，相继开发了蚝油和酱料，同样达到8亿元的销量，酱油用了8年，蚝油用了5年，酱料只用了3年。沿着同样的思路，农夫山泉可以借助已经开拓的渠道，打造更多的大单品，突破更多的赛道，形成更为丰富的业务版图。

农夫山泉的掌门人钟睒睒曾经在《对话》节目中提到堂·吉诃德，那是塞万提斯笔下的一个理想主义者。钟睒睒说：“我希望自己是一个理想主义者。”对于年仅28岁的农夫山泉而言，对于一家被称为“最接近可口可乐”的中国企业来说，它能达成的成就并不止于此，期待中国软饮市场诞生出如可口可乐一样的企业，以千亿美元市值扛起中国消费品行业的软饮板块，成就一家穿越周期的百年企业、民族品牌。

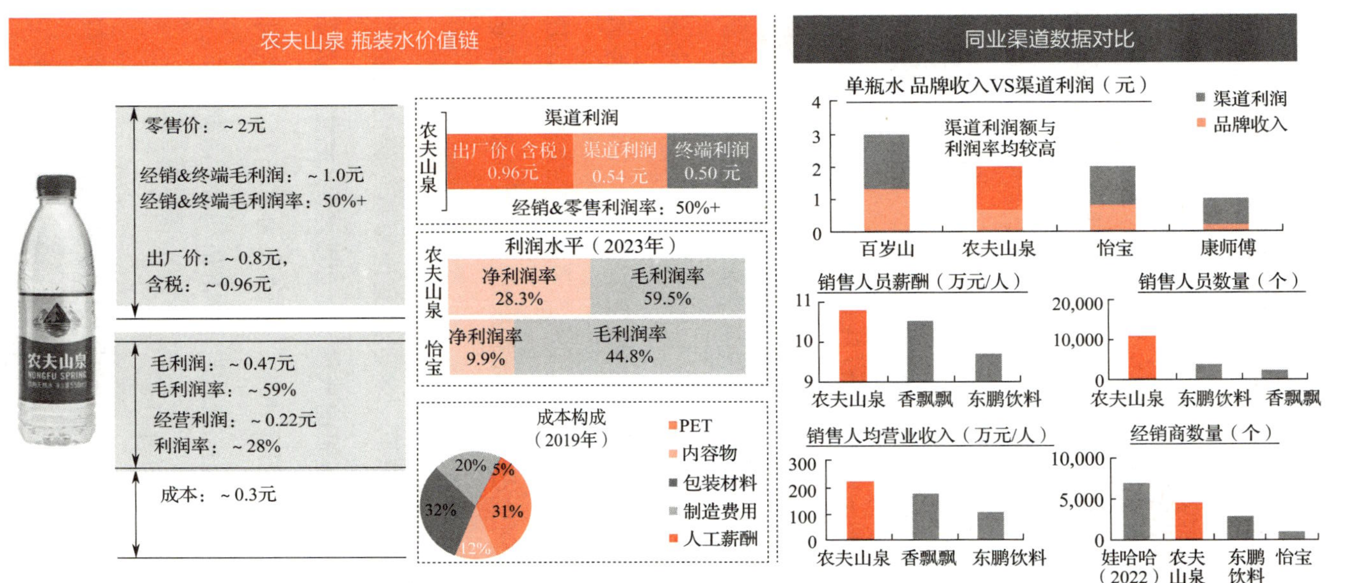

参考来源：华泰证券《饮水知源，探寻长远价值》

图 5-9　农夫山泉瓶装水价值链及同业渠道数据对比

名创优品：中国供应链点亮全球

零售业的激烈变革

零售是消费品类最重要的一个赛道，它与人民的生活息息相关，因此不管在哪一个时代，在消费品行业中零售始终是主旋律。作为一个规模巨大且历史悠久的行业，其业态经历了无数次的演变，从新中国成立之初的供销社、门市部到改革开放后的百货、超市、连锁、电商以及各种“新零售”业态，零售是消费品行业中变革最激烈、创新迭代最迅速的赛道。这几年，零售企业普遍很难。以商超为例，中国连锁经营协会公布的报告显示，2023 年中国超市 Top100 企业销售规模总计为 8680 亿元，同比下降 7.3%，门店总数为 2.38 万个，同比下降 16.2%。除沃尔玛以断层第一的优势稳坐榜首以外，其他品牌的销售额和门店数几乎都在下降。传统的永辉超市、华润万家的销售额、门店数双双下跌，阿里巴巴近几年扶持成立的生鲜品牌盒马鲜生也屡屡受挫。

但就是在这样的环境下，名创优品作为新零售的代表，却在经营和资本上，都拿出了亮眼的成绩单。2023 年，名创优品总营业收入为 114.73 亿元，同比增长 40%，净利润为 17.69 亿元，同比增长 110%。至 2024 年 10 月 15 日，其美股市值为 52.35 亿美元，折合人民币约 372 亿元，远超其他国内零售企业。

名创优品之所以能成功，本质上是因为它兼具了购物和休闲的双重属性。以好看的日用小百货为核心产品的门店增强了休闲的属性，产品单价比较低，给消费者的感觉是随便逛逛、看看新鲜玩意，随便买买，没有心理负担，这是商业街、商业综合体、文旅综合体促进客户留存的好业态。此外，它还牢牢抓住了零售行业里的三个趋势：一，专业细分化。传统商超品类繁多，SKU 数量庞大，如美国零售业平均 SKU 约为 1.4 万个，沃尔玛的 SKU 超过 10 万个。但随着经营业态和人们消费场景的不断变化，以品类为核心的细分行业零售，如水果专卖店、零食专卖店等，迎来了增长的红利期。专业细分化不仅能够精简 SKU，确保商品的快速流通和成本控制，而且更有利于通过连锁的形式进行规模化扩张。二，极致性价比。随着供给的过剩，不仅奥乐齐、开市客等折扣零售业态的业绩水涨船高，而且传统的永辉超市、新零售业态的盒马鲜生等也加快了折扣化的脚步。各类新零售业态都通过极致供应链、改变分装形式等策略营造出“更便宜”的购物氛围。名创优品更是将中国小商品的供应链优势发挥到了极致。三，联营模式。传统商超为什么会陷入亏损？就是因为租金成本高，找店难度大。但名创优品联营模式通过共享资源、技术、市场渠道等实现了合作伙伴间的互利共赢，既免去了租金压力，又通过统一管理保障了服务和产品的质量。

逆风破局的新零售

名创优品与本书中的其他案例有一个明显的不同：大部分穿越周期的企业虽然都会经历跌宕起伏的周期轮转，但往往是在行业上升期抓住机遇而迅速崛起的，是“坐电梯”的模式，而名创优品却诞生在零售行业代际交替的重大转折点上。2013 年，名创优品成立，此时线上电商如火如荼，线下实体一片衰败。名创优品便在这样的大背景下诞生，并成功逆势扩张，2013 年在广州开出第一家门店；2015 年，全国各地门店总数达 1300 家；2017 年，门店总数飙升至 2000 家；2018 年，开始筹划 IPO，并引入了腾讯和高瓴资本作为外部机构股东；2020 年，成功登陆纽交所。

名创优品的成长是显而易见的，当下它已经占据多个第一：市占率第一。根据弗若斯特沙利文的数据，按 GMV（成交总额）计，2021 年全球前五大自有品牌综合零售商分别为名创优品、大创、无印良品、Flying Tiger 以及三福，五大品牌市占率总计约 20.3%，其中名创优品以 6.7% 位居第一。门店数第一，截至 2023 年末，名创优品的全球门店数达到 6413 家，也居五大零售商之首。市值第一。2024 年 5 月 29 日，其市值为 520 亿元，为中国零售行业市值第一。2023 年，在全球经济下行的背景下名创优品交出了营业收入增长 40%、净利润增长 110% 的优秀成绩单。

除此以外，名创优品的境外业务更是被当成中国零售品牌的范本学习。经过两年初创期后，2015 年，名创优品便极具前瞻性地开启全球探索，先后在中国香港、泰国、新加坡、菲律宾、美国等地区开店。2018 年，名创优品制定了“百国千亿万店”的目标，进一步提速全球扩张。8 年间，它成功将门店拓至全球 107 个国家和地区。截至 2023 年末，其境外门店数达 2487 家。值得注意的是，境内企业“出海”更多聚焦于不发达市场，但名创优品在发达市场也势如破竹。其“出海”模式成功从 1.0 阶段的传统贸易和商品代工转变为 2.0 阶段的强调供应链制造优势和成本优势，并且正逐步向 3.0 阶段的品牌化和本土化升级。

十年时间，名创优品不仅成功逆势破局，而且以惊人的速度向上生长，它不但完成了境内的业务布局，还勇敢地走向世界，并在境外市场站稳脚跟。境内零售品牌谈“出海”已经谈了很多年，但真正走到境外并赢得认可的品牌却寥若晨星。名创优品作为中国品牌在全球崛起的一个缩影，它的成功并非偶然。正如经济学家约翰·凯所言：“企业成功的基础是企业的独特能力。”我们认为，名创优品之所以能够穿越周期，关键在于强大的供应链整合能力、渠道创新的能力和最小盈利单元的优化能力。

构建供应链护城河，做低成本

作为一个零售品牌，名创优品的成功在很大程度上依赖于供应链能力。2013 年，名创优品成立时，国内零售商发展还较为滞后，面临几个显著挑战：第一，供应链链条过长，产品在到达消费者手中之前，需要经过一级、二级，甚至三级批发商等多个可能额外加价的中间环节，导致最终商品售价偏高，比如出厂价 10 元钱的化妆品，最终消费者至少要花 100~120 元才能买到，倍率高达 10~12 倍；第二，产品品控难，由于供应商的良莠不齐，导致产品的整体品质无法得到保障；第三，供应链各环节协同不足，生产商、分销商、零售商各司其职，终端零售商介入供应链较浅，三者不能有效协作、合作共赢，导致消费者的需求不能及时被响应。面对这些挑战，名创优品采取了一系列革命性的措施，颠覆了传统的供应链模式，在供应链端构筑较强的护城河，强化了性价比优势（见图 5-10）。

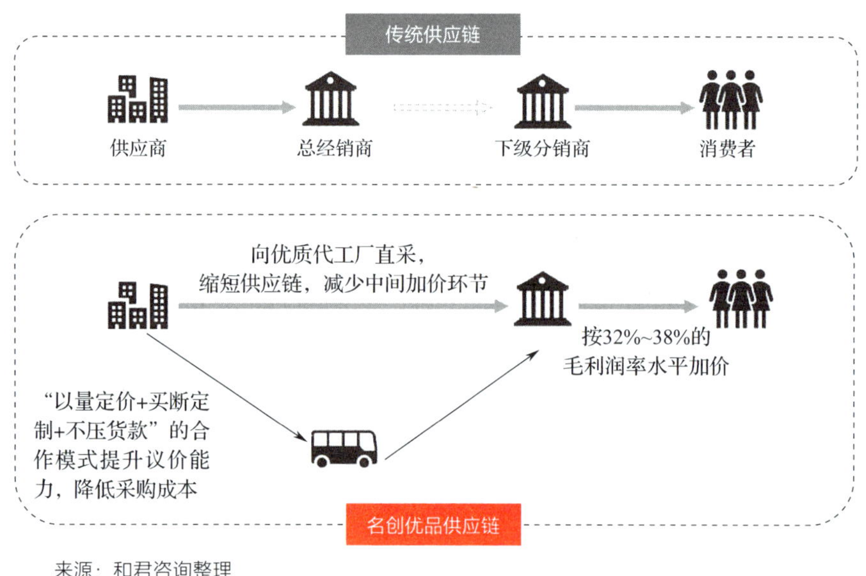

来源：和君咨询整理

图 5-10 名创优品供应链与传统供应链的区别及优势

首先，深耕供应链，减少中间环节，自建仓储中心。一方面，缩短供应链，采用代工厂直采的方式，直接与制造商合作，绕过中间商，减少层层加价带来的成本增加。另一方面，斥巨资自建配送中心和仓储物流系统。2014 年，加速仓储物流建设被写入了名创优品的战略规划。此后名创优品陆续在广东、江苏、湖北、四川、河北、辽宁、新疆 7 个省级行政区建立了 8 个大型仓储物流中心，面积均在 $20000m^2$ 以上，最大的武汉仓面积甚至高达 $30000m^2$。名创优品进行集中采购，供应商根据自身需求定制产品，直接送到指定仓库，并承担相应的物流费用。然后名创优品通过独立第三方物流公司，给周边门店配货，新货从仓库到门店通常只需一两天，除降低成本之外还提高了配货效率。

其次，找到最强供应商，强强联合，稳固产品品质。名创优品将供应商的准入门槛设置得很高，只有最优质的供应商才可以进入它的供应链体系。具体来说，其供应商准入门槛主要有以下三个标准：①是行业内的头部供应商；②在行业专业领域至少有 10 年的经验；③长期为国际国内大品牌供货。在这种严格的筛选标准下，截至 2023 年底，名创优品已经和莹特丽等国外供应商以及嘉诚等逾 1100 家中国优质供应链企业达成合作，其中不乏一些头部供应链企业，甚至是国际大牌代工厂，比如名创优品 2 年销售超过 1 亿支的眉笔和性价比超高的手机充电线，生产商分别是迪奥和美宝莲、立讯和苹果的供应商。

最后，从选货思维转向共建思维，从甲方思维转向共赢思维，与供应链企业共生。名创优品打造出了双赢的供应商合作模式——以量定价 + 买断定制 + 不压货款，这种合作模式的运转机制如下：名创优品和供应商联合开发产品，名创优品买断版权，形成独家货源，并以需定产进行大批量采购；采购价格则由订单规模决定；在供应商不违背合作条款的前提下，名创优品将在 15 天内付清全部货款。这种合作模式无疑是双赢的。对供应商而言，这种模式很大程度上减轻了其库存和账期压力。在 2016 年，中国供应链企业平均需要 83 天才能收回货款，而名创优品的账期仅为 15 天。对名创优品而言，采用这种模式不仅能够挑选到更加优质的供应商，而且由于采用买断制供货，卖不卖得动与供应商无关，压力会倒逼名创优品在开发产品时下足苦功。截至2021年12月31日，名创优品向超过1000名优质供应商采购产品，参与产品开发到销售的全流程。除此以外，名创优品还会进行战略性参股，在一些关键品类上，名创优品会持有供应商5%到10%的股份，并通过这种股权关系，进一步降低采购成本，建立核心战略供应关系。

当然，随着数字化时代的到来，名创优品也开始落实供应链数字化管理，以提升运营效率。2017年，名创优品建立起大数据平台和供应链业务平台，重点投入数字化建设。在国内，名创优品通过供应链管理（SCM）系统实时监控供应商的生产和库存情况，避免供求之间出现过大的差异。在境外市场，名创优品运用企业运营系统（EOS）和多店管理系统（MOS）来联通境外门店与境内供应商。前者用于洞察消费趋势，调整生产指令，后者则专注于境外门店的管理和运营，比如产品陈列优化和促销策略调整。

门店扩张模式创新，快速复制

通过渠道品牌提升供应链效率，是名创优品所属零售业态存在的价值。供应链优势帮助名创优品实现从0到1的跨越，而它搭建的一套加盟游戏规则和庞大的门店网络则帮助其实现了从1到N的跨越。规模扩张一方面提升了名创优品对供应链的话语权，使其在合作上不再被动，另一方面也在消费者心中构建起稳定的品牌认知。

正如第4章第4节所讲的“基因决定模式”，对于名创优品而言，它的基因深植于招商加盟。创始人叶国富曾在2004年创立了哎呀呀品牌，该品牌以 10 元店为商业模式，主要面向收入不高的年轻女性消费者售卖小饰品。到 2010 年，哎呀呀的门店数就发展到 3000 家，虽然此后由于电商的快速崛起，因品类不如线上丰富、价格也不如线上优惠，哎呀呀逐渐没落，但这一经历却为叶国富及其团队积累了宝贵的 to B 模式的运营经验和能力。

2015 年 4 月，名创优品开放加盟，通过合伙人模式快速发展，当月新开店数量达到 125 家，此后名创优品门店数量一路狂飙。截至 2023 年 12 月 31 日，国内门店数量达到 3926 家，平均每年新增 350 家，除了 26 家名创优品直营店、22 家代理门店外，中国内地的其他门店全部采用合伙人模式下运营。境内平均每个合伙人开设 3.5 家店。那么为什么名创优品对加盟商具备如此大的吸引力，能够在 10 年间开出近 4000 家店呢?

关键就在营销模式上的创新。名创优品的合伙人模式是一种介于直营和加盟之间的开店模式，叫作“直管”。直营，就是自己投资，自己管理；加盟，就是别人投资，别人管理；而直管，则是别人投资，自己管理。

名创优品的扩张模式有三大显著特征：①不压货，零库存。合伙人加入时会缴纳货品保证金，后续合作期内不需要再囤货，加盟商不再面临库存风险问题。②次日分账，保证合伙人现金流。名创优品门店均为次日分账，门店销售额的 38%(食品为 33%) 为加盟商的收入，加盟商每天都有现金流入，不再面临现金流压力。③公司直营管理，对合伙人运营能力要求低。合伙人基本上就是财务投资人，核心是解决拿到优质位置的问题，后续的门店管理运营主要还是由名创优品负责，对于合伙人的运营能力和经验要求相对较低。

也就是说，要加盟名创优品，加盟商除了支付品牌使用费、租金、装修费及办理工商执照，门店运营、员工招聘、商品供应等环节由名创优品一手包办。我们常说零售行业就是“人”“货”“场”的优化组合，从这个角度来看，名创优品的合伙人模式其实是借用加盟商的场，让自己的人卖自己的货。从门店到消费者，名创优品在32%~38%的毛利润率区间确定终端零售价，再分给加盟商33%~38%的销售额，意味着卖货产生的所有毛利润都给到了加盟商。

名创优品门店的三种模式如表5-7所示。

表5-7　名创优品门店的三种模式

项目	直营	合伙人	代理
门店成本	总部	合伙人	代理商
库存所有权	总部	总部	代理商
总部收入	销售额	确认终端销售的62%（食品为67%）	批发收入
门店运营	总部	总部介入经营	代理商

来源：和君咨询整理

那么名创优品怎么赚钱呢？它的收益主要来自两部分：其一，从工厂到门店的8%的加价；其二，加盟商一次性支付的品牌使用费和货品保证金等。我们来简单算一笔账（因2021年开始名创优品逐年调低加盟费用，故我们以2020年为例），2020年名创优品的加盟商需要一次性缴纳三笔费用：每年8万元的特许商标保证金、75万元的货品保证金、2800 元 / 平方米的装修预付款。因为名创优品规定店铺面积最少要 $200m^2$，所以装修预付款至少要 56 万元。这三笔费用加起来，就达到了 139 万元。也就是说，名创优品每开一家加盟店，就至少可以收到 139 万元。2020 年名创优品在国内新增 225 家门店，仅这三笔费用就能带来至少 3 亿元的收入。所以说，名创优品本质上是一家 B to B 的企业，不断加快扩张规模才能保证销售额越来越多，总部也能赚得越多。

名创优品合伙人模式见图 5-11 所示。

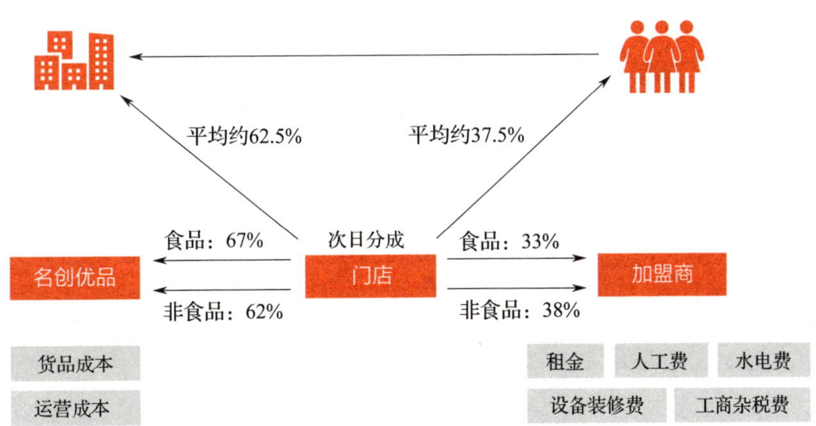

参考来源：民生证券《首次覆盖报告：超级品牌，点亮全球》

图 5-11　名创优品合伙人模式图

做优最小盈利单元，实现双赢

我们说，最小盈利单元也是产品，对于名创优品这类 B to B 的企业而言，门店是最小盈利单元，同时也是向加盟商“出售”的核心产品。在它的模式下，加盟商通过门店销售获得收益分成，因此，对加盟商而言，单店的盈利能力至关重要。名创优品必须做优门店，在选址、选品、门店打造及运营上精益求精，确保稳定的销售额，保证加盟商能够获得可观的回报，同时增强品牌对加盟商的吸引力，实现双赢。

首先，最核心的是选品能力。名创优品有明确的选品主张：第一，品类聚焦。名创优品的产品品类虽然涵盖生活家居、小型电子产品、美妆工具、零食、香水等 11 个品类，但是整体上聚焦于“有颜值的高频复购日用品”，这种品类的商品拥有三个优势：①属于弱势品类，难以在单个产品上跑出有效的产品品牌；②传统渠道对日用小百货的关注度较低，除了流通效率，SKU 也比较单一，名创优品能在丰富性和价格上取得优势；③受众面广、生命周期长。第二，做“低价格 + 高颜值”的产品，名创优品提出了“三高三低”的原则，“三高”指的是高颜值、高品质、高效率；“三低”指的是低成本、低毛利润率、低价格。名创优品产品的平均单价仅 10 元左右，形成了物美价廉的性价比优势。第三，通过 IP 联名添加趣味性，名创优品的竞争对手无印良品，基于简约质朴的基调设计产品，产品风格偏清冷，而名创优品联合众多知名 IP 推出联名产品，增加产品趣味性，也与竞争对手做出差异化竞争。

其次是选址，一句话概括其选址策略就是“在最贵的地段，卖最便宜的货”。2013 年，名创优品第一家店选址在广州市花都区建设路步行街，临近广州市火车北站，周边是大片居民区。由于周边消费者收入水平和购买力不足，门店效益极低，销售额只达到预期的 1/3。

后来，名创优品及时修正了选址错误，改变了选址策略，将门店主要开在一、二线城市人流密集的购物中心和主流步行街。人们在享受完吃大餐、看电影、做 SPA 等体验式服务之后，顺便就走进名创优品的门店挑选采购，减少了消费者购物的时间成本。重新选址后，名创优品也成功跑通了从 0 到 1 的验证过程。2019 年 6 月底，名创优品的国内门店数已达 2000 多家，其 CFO（首席财务官）张赛音认为："一线城市虽然还有 2~3 倍的空间，但是在一线城市不能扩张得太快，更下沉的市场其实是更大的空白。中国有 2844 个县级行政区，在这些地区的绝大部分一个名创优品门店都没有，这里面空间非常大。"于是，名创优品调整了门店策略——下沉，开始进入低线城市和低渗透区域，但占据的依旧是商场、商业街、地铁附近等人流密集区。2023 年底，名创优品已在三线及以下城市开店 1787 家。名创优品境内门店数量如表 5-8 所示。名创优品在境外市场的选址则更加注重国际大牌的邻近效应，在纽约时代广场、伦敦牛津街等国际知名商圈开店。正如叶国富曾说的："要做全球化的品牌，就一定要占领全球顶级的商圈。"

表 5-8　名创优品境内门店数量　（单位：家）

城市	2021 年末	2022 年末	2023 年末
一线	472	453	522
二线	1389	1395	1617
三级及以下	1307	1477	1787

资料来源：名创优品历年财报

最后是门店打造及运营。在门店设计上，名创优品在色调和陈列上都有明显的差异化，能让消费者感受到简约自然的风格。其门店均采用敞开式设计，以象牙白为主色调，在 200m^2 左右的小店里营造出相对宽敞的购物环境。在陈列上，货架是最为差异化的部分，其货架是约 20 ㎜厚的实木板，与路易威登（LV）的货架出自同一厂商。门口处的货架一般都呈阶梯形，摆放彩妆或香薰等能够吸引女性消费者的物品；随后是摆放电子产品、文具和护肤品的微梯形货架，这些货架不同于常见的垂直货架，有一定的倾斜度；临近墙面则是储物柜，用于摆放玩偶等，起到节约空间的作用。在运营上，大部分名创优品的境内门店都由总部代运营，相较于传统的加盟模式，管理更精细、更标准。

依托以上三个优势，名创优品不仅在境内市场发展迅猛，而且走向了国际化。它首先依托供应链优势获得认可，再依靠本土化策略站稳脚跟，最后以合伙人模式为主快速扩张。2023 年末，名创优品境外门店数达到 2487 家，品牌全球化的蓝图已经徐徐展开。罗马不是一天建成的，名创优品也是一步一个脚印才走到今天的。我们相信，未来一定会有更多中国企业可以像名创优品一样走向全球。我们也将持续关注名创优品，期待它在接下来的时间里能给我们创造更多惊喜，引发更多思考。

爱美客：七大单品成就美业皇冠

渗透率逻辑下的医美行业未来可期

相较于成熟的服装行业与包装水行业，国内的医美行业显得有些年轻。它起步于 20 世纪初，到 2015 年前后，随着“颜值经济”的兴起，国内消费者对医美的整体认知、接受程度和消费频次都有了质的飞跃，医美行业迎来了真正的风口红利期。其市场规模从 2017 年的 993 亿元增至 2022 年的 2268 亿元，年复合增长率高达 17.96%，期间也陆续涌现了一批以爱美客、华熙生物、昊海生科等为代表的医美企业。2020 年开始，监管政策大收紧，行业告别野蛮生长、慢慢走向规范，叠加近年来消费不振的影响，二级市场上医美股的估值热浪大幅消退，这也引发了现下大家对于医美行业的普遍担心：行业景气度如何？是否仍然处于增长期？在这里，我可以坚定地告诉大家：我看好医美行业未来十年的发展。为什么呢？

因为医美行业是为数不多的尚处于渗透率逻辑而非集中度逻辑的行业。为什么这么说呢？因为我国医美市场的渗透率与发达国家相比仍然存在显著差距。2022 年，国内医美渗透率为 4.5%，日本、美国、韩国的医美渗透率分别是国内同期的 2.5 倍、3.8 倍、4.9 倍，这就意味着国内的医美行业仍然处于成长期，距离“成熟阶段”还有一定距离。这种成长潜力，从头部企业的业绩发展也可以窥见端倪。图 5-12 清晰地表现出，作为医美产业链上游的代表性企业，爱美客近几年无论是营业收入还是净利润的增长态势都很积极。

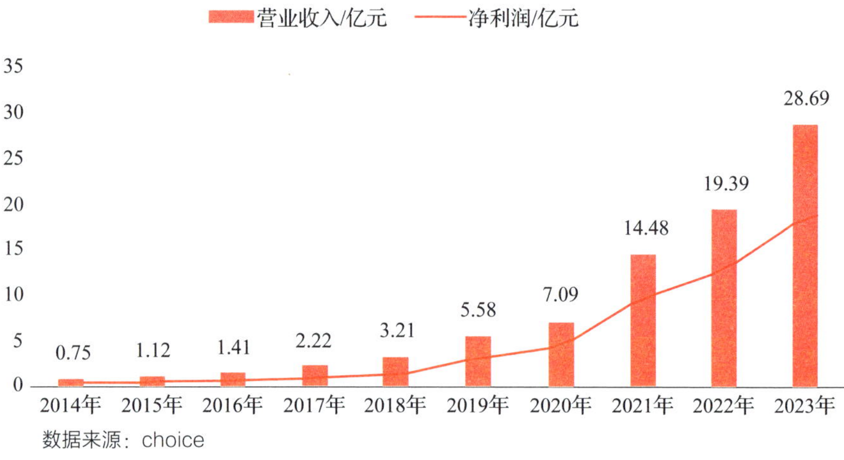

数据来源：choice

图 5-12　2014—2023 年爱美客营业收入及净利润表现

同时，医美上游产品端各细分赛道均存在国产替代的红利，新兴领域存在“外卷”空间。医美细分行业的生命周期见图 5-13。医美注射类产品主要分为四大类：玻尿酸、肉毒素、胶原蛋白产品和皮肤再生类产品。在过去很长一段时间内，这四大市场几乎都被进口产品占据，但是在玻尿酸市场上，中国品牌已经成功通过产品升级和差异化的方式逐步实现了国产替代。截至 2023 年 10 月，国内医美市场共有玻尿酸注射产品 59 款，其中国产 26 款、进口 33 款。但这 26 款国产产品大多依赖性价比优势。未来在玻尿酸市场上，高端市场还有国产化的提升空间。而在玻尿酸以外的其他赛道，国产品牌的替代程度都很低，替代空间巨大。以肉毒素赛道为例，目前中国已经有 5 款注射用肉毒素产品，仅有一款为国产，其他四款产品都是以经销的方式引进的。再如在重组胶原蛋白赛道，截至 2024 年 4 月，国内也仅有一款产品——锦波生物于 2021 年研发上市的薇绮美。根据其 2023 年的年报，薇绮美 2023 年销量超过 57 万瓶，较 2022 年增长 251.69%。

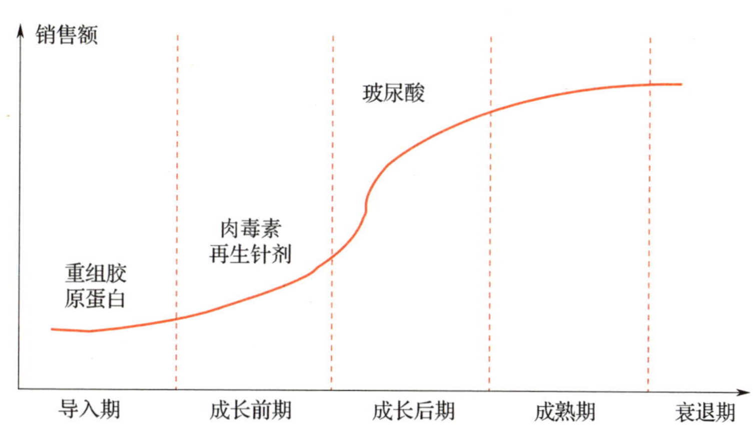

资料来源：东海证券《医美行业研究框架专题报告：关乎上游高景气赛道》

图 5-13　医美细分行业的生命周期

除此以外，医美产业的特征决定上游企业以研发为导向，利润率高，未来集中度高，头部企业利润增长空间大。医美行业和本书中其他案例所处的行业有很大不同，医美行业具有医疗和消费双重属性，是消费品赛道中对科技依赖比较强的赛道。因此对于上游企业而言，研发能力才是真正能够形成壁垒的优势，是核心护城河。而且由于技术门槛高、研发时间长、需要经过国家严格审核才能上市等多重条件限制，上游企业一旦打造出大单品，并成功商业化，短时间内就很难被颠覆，能够吃透行业红利。以嗨体为例，从研发、注册审核到市场教育，推出周期长达 9 年，让爱美客吃透玻尿酸市场的红利。此外，上游企业的利润率也极为可观。长城国瑞证券数据显示，医美行业上游企业的平均毛利润率为 90%，净利润率为 30%。强技术壁垒导致上游品牌的竞争格局高度集中，细分赛道的竞争对手不会像快消品品牌那样多。

而在这个仍然处于成长期的医美行业中，我最看好爱美客。为什么呢？

靠大单品吃尽玻尿酸红利的医美企业

对于促进整个行业的发展，爱美客功不可没。中国的玻尿酸市场曾经主要被韩国的 LG 伊婉、美国艾尔建的乔雅登和高德美的瑞兰垄断。2009 年，爱美客首款玻尿酸产品——逸美，获批上市，改变了玻尿酸市场以往进口厂商主导的单一格局。其后，它更是在国产替代的确定性趋势下，引领了一场关于“颜值”与美丽的认知革命。目前爱美客仅有 7 款产品（见表 5-9），仅凭这 7 款产品就获得了极好的业绩和估值。而且这 7 款产品中有 6 款是国内首创的：

（1）2010 年，逸美上市 ，是国内首款获得Ⅲ类医疗器械证的玻尿酸填充产品。

（2）2012 年，宝尼达上市，是国内首款具有长效填充效果的玻尿酸。

（3）2015 年，爱芙莱上市，是国内首款含麻版透明质酸钠注射填充剂。

（4）2017 年，嗨体上市，是目前全球市场上唯一针对颈部皱纹改善的皮肤填充剂。

（5）2019 年，紧恋上市，是国内首款获批的面部埋植线产品。

（6）2021 年，濡白天使上市，是国内首款含左旋乳酸－乙二醇共聚物微球的填充剂。

表 5-9　爱美客 7 款上市产品信息

	上市产品							在研产品
名称	逸美	宝尼达	爱芙莱	嗨体	逸美一加一	紧恋	濡白天使	—
上市时间	2009 年	2012 年	2015 年	2017 年	2017 年	2019 年	2021 年	—
定位	国内首款透明质酸钠填充剂	国内首款长效产品	国内首款含麻版注射填充剂	国内首款、目前唯一获批的颈纹改善产品	升级产品	国内首款获批的面部埋植线产品	国内首款含左旋乳酸 - 乙二醇共聚物微球的透明质酸钠填充剂	—
产品类型	溶液类透明质酸钠皮肤填充剂	凝胶类透明质酸钠皮肤填充剂	凝胶类透明质酸钠皮肤填充剂	溶液类透明质酸钠皮肤填充剂	凝胶类透明质酸钠皮肤填充剂	面部埋植线	凝胶类聚左旋乳酸“童颜针”	肉毒素类
产品价格	3000~4000	12000~20000	500~2000	2000~3000	4000~8000	5000 左右	9000~14000	—
维持时间	6~12 月	3~5 年	6~10 月	6~12 月	1~2 年	6~8 月	2 年	—

资料来源：爱美客公司公告、新氧、东吴证券《颜值经济时代红利，医美龙头未来可期》，和君咨询整理

正如我们前文所介绍的，医美产品目前被作为Ⅲ类医疗器械监管，研发时间周期长、获批难度大、资金成本高，商业化的难度很高。正是这一行业特征让爱美客能够凭借率先过证的产品充分享受到市场红利，占领绝对市场，掌握产品定价权，并实现不俗的业绩。近年来爱美客的营业收入和利润都保持了两位数的增长。2023 年，爱美客总营业收入为 28.69 亿元，同比增长 47.96%；归母净利润为 18.58 亿元，同比增长 47.98%，毛利润率和净利润率分别高达 95.09% 和 64.65%。事实上，从 2020 年上市到 2023 年，爱美客的营业收入实现了 5.14 倍的增长，净利润实现了 6.07 倍的增长，毛利润率和净利润率分别始终维持在 90% 和 60% 以上。从人均产值看，2023 年末爱美客的员工总数为 910 人，人均创收 315 万元，人均创利 204 万元。爱美客的现金流表现也非常好，自上市以来，连续 4 年平均每年分红率超过了 60%。从市占率角度看，爱美客在医美玻尿酸市场的市场份额于 2019 年达到 14%、于 2021 年达到 21.3%。

从市值看，爱美客的表现也可圈可点。2020 年 9 月 28 日，爱美客登陆 A 股创业板时，股价涨幅高达 287.56%。此后股价一路飙升，于 2021 年 7 月 1 日站上了 1774 亿元的历史高点。也就是说，爱美客用了不到一年的时间，实现了超三倍的市值跃迁。此后，尽管受到大盘和行业的影响，爱美客的股价经历了多轮回调，但是横向比较来看，爱美客的市值依旧是绝对第一。2024 年 8 月 26 日，爱美客总市值为 417.2 亿元。

极强的产品力、高水平的盈利能力、超越同行的市值表现是其护城河的外在表现（见表 5-10）。爱美客构筑自身护城河的关键在于三点：一是以研发为导向，品类聚焦，单品制胜；二是深耕渠道，单点打爆；三是资本助力，品类扩张。

表 5-10　2023 年医美公司业绩及人效情况

公司名称	营业收入 / 亿元	利润 / 亿元	员工人数 / 人	人均创收 / 万元	人均创利 / 万元
华熙生物	60.8	5.92	4655	130.6	12.7
朗姿股份	51.5	2.25	5702	90.3	3.9
巨子生物	35.2	14.48	1164	302.4	124.4
爱美客	28.7	18.59	910	315.4	204.3
昊海生科	26.5	4.16	2158	122.8	19.3

数据来源：各公司 2023 年年报

品类聚焦，大单品制胜玻尿酸市场

如前文所述，医美行业的医疗属性铸就了较高的进入门槛，爱美客仅凭 7 款单品就成功支撑起 400 多亿元的市值，且其中 6 款产品为国内首款。那么，为什么爱美客总能凭借先发优势，打造爆款产品，并占据市场主导地位？

第一，品类足够聚焦，爱美客成立 10 余年聚焦玻尿酸市场打造单品。按照销售额计算，2021 年爱美客在玻尿酸市场的市占率为 21.3%，位居第二，仅次于美国巨头艾尔建。爱美客的 7 款大单品中有 6 款为玻尿酸产品，爱美客依靠这 6 款产品形成了阶梯式的产品矩阵，在产品作用皮层、作用部位以及产品价格上进行了完整布局。其两大现象级单品——嗨体和濡白天使也均为玻尿酸产品。嗨体于 2017 年上市，2019年销售额高达24259万元，到2023年末，以嗨体为代表的溶液类注射产品的销售额已达16.71亿元，成为10亿级的大单品。濡白天使则是一款“童颜针”产品，其本质是在玻尿酸基础上增加左旋乳酸—乙二醇共聚物微球。据爱美客2023年财报，包括濡白天使在内的凝胶类注射产品当年营业收入为11.58亿元，同比增长81.43%。很显然，濡白天使正在成为爱美客新的业绩驱动力。

第二，坚持研发驱动，这是爱美客在成立10余年的发展中一以贯之的产品理念。2004年爱美客初成立时，就没有走短平快的代理销售之路，而是定位为医美器械生产商，坚持自主研发。2009年，逸美获批上市，爱美客才开始盈利，但营业收入和利润规模很小。2015年，爱美客的营业收入为1.12亿元，净利润仅为1800万元。尽管如此，爱美客也愿意承受一段时间的低增长，持续在需求洞察、专利技术和产品研发上下功夫，为后来的崛起打下了深厚的基础。从专业度来看，爱美客已是国内获得NMPA（国家药品监督管理局）认证用于非手术医疗美容Ⅲ类医疗器械数量最多的企业。2023年，爱美客的研发人员占比高达26.7%，研发费用为2.5亿元，同比增长44.49%（医美企业研发人员、研发费用占营业收入占比见图5–14、图5–15）。

第三，高密度产品上新，这源自在敏锐洞察需求的前提下前瞻性布局产品。回顾爱美客的产品上市时间线会发现，2004至2021年共上市7款单品，平均2.4年就能推出一款新产品，这一上新速度在产品周期较长的医美行业处于绝对领先的位置。但是爱美客的上新不是盲目上新，而是真正洞察到了消费者的需求，在竞争对手甚至消

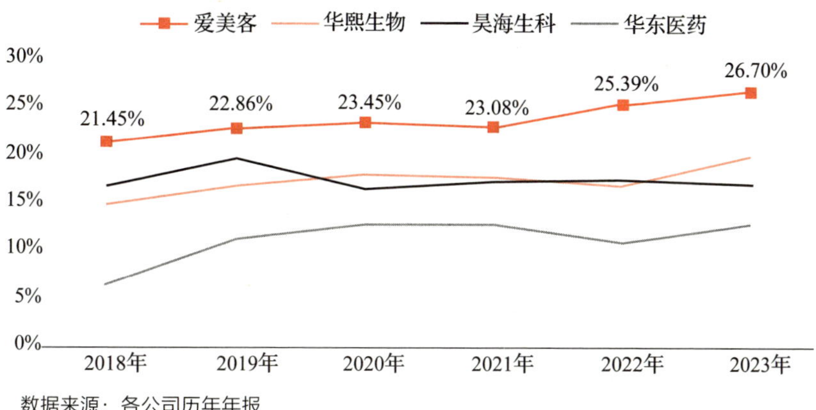

数据来源：各公司历年年报

图 5-14　医美企业研发人员占比

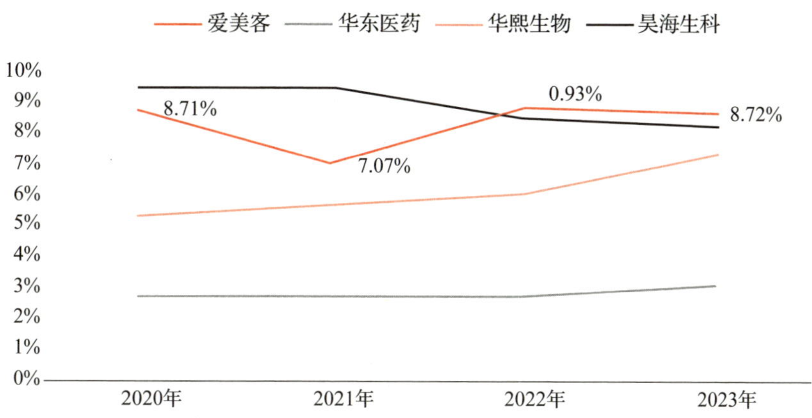

数据来源：choice、中商产业研究网

图 5-15　医美企业研发费用占营业收入比

费者本身都没有反应过来的时候推出产品。嗨体就是一个典型案例。2016 年，当时市场上关于颈纹的治疗手段主要包括光电（改善皮肤松弛，对颈部效果不明显）、外科手术（风险高、恢复慢）、肉毒素（减轻颈肌束状带，对横纹的去除效果差）和玻尿酸注射（会留痕）

等，这些手段的局限性均较为明显。爱美客洞察到了没得到满足的消费者的需求，因此当其他玻尿酸玩家都聚焦“脸部开刀”时，爱美客却瞄准颈纹领域，成功研发嗨体。由于抢先拿到牌照，此后在相当长的一段时间内，爱美客独享颈部修复市场的红利。明确需求以后，就要小步快跑、采用赛马机制。据爱美客创始人接受采访时所述，在研发立项的阶段，基本是5~10个产品同时开展，这才能最大限度保障在研发到审批的各个环节都有产品在进行。

第四，将大单品思路做深做透，从单一产品延伸出产品体系。爱美客不是简单地售卖嗨体这一个产品，而是构建了一个嗨体的产品体系。针对颈纹改善这一空白市场，灵活调整嗨体的规格和含量，陆续推出主打颈纹填充修复的嗨体 1.5 和作为颈纹针伴侣的嗨体 2.5。同时，爱美客延伸产品触角，布局眼周抗衰与化妆品领域，推出新产品嗨体熊猫针，这款产品成为市场上首款专门针对泪沟、黑眼圈的注射型产品，顺利接下嗨体系列的接力棒。

深耕渠道，从研发向销售价值延伸

关于爱美客的崛起，有一点曾令人相当困惑：爱美客的竞争对手相当一部分是老牌药企，研发能力强于爱美客，但为什么他们的产品上市后，没能迅速替代爱美客？原因在于在研发、生产、销售的各个环节，爱美客不断突破自己的价值边界，构筑起了自己的竞争优势。

2004 年爱美客成立时，相较于老牌企业，自研能力不足，因此它便通过代理海外产品覆盖研发投入，同时不断积累多项行业核心技术，终于在 2009 年 10 月推出逸美。但医美行业本身兼具医疗和消费双属性，除了深厚的技术壁垒，其消费属性决定了销售渠道是各公司抢占市场份额的关键。于是，2010 年，爱美客搭建起销售团队。截至 2023 年末，爱美客拥有超过 400 名销售和市场人员，覆盖约 7000 家医美机构，拥有高效稳定的 B 端渠道网络。它现在是一家名副其实的医美产品研发、生产和销售企业。

目前，从渠道结构看，爱美客推出了以“直销为主，经销为辅”的销售模式，其中直销贡献了主要收入，2023 年直销收入占比为 62.3%（见图 5–16）。事实上，爱美客从 2010 年启动商业化之初就是通过直销的形式做渠道。

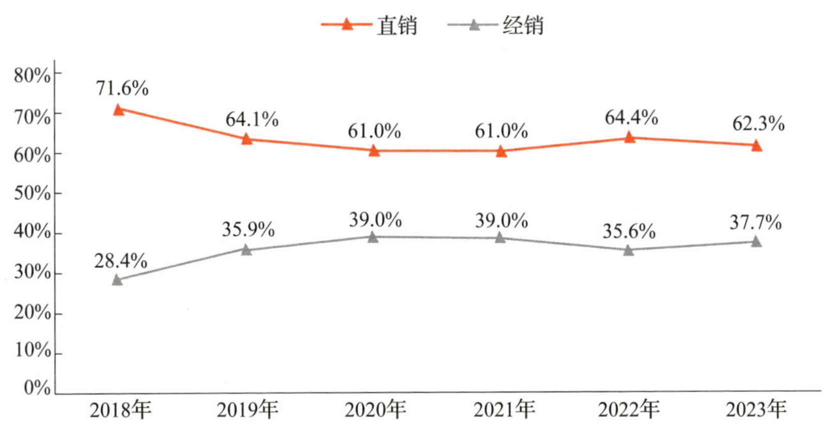

数据来源：爱美客招股书及历年年报

图 5–16　爱美客分渠道收入构成

那么为什么爱美客要坚持以直销为主要销售渠道？

一方面，爱美客诞生于国内轻医美行业缓慢成长的早期阶段，

2010年它开始商业化的时候，市场还未开化，医生对于轻医美行业的接受程度有限，对于如何使用爱美客的产品也没有概念，所以需要上游企业亲自做市场教育，2012年之后，市场教育从医生、医院教育过渡到消费者教育阶段，依然需要上游企业完成；另一方面，爱美客的产品多款为国内首款，所以即使后来轻医美的理念逐渐被医生和消费者所认可，爱美客也坚持以直销为主，因为只有自己最了解产品受众、针对的问题、具体使用方式等。通过直销，爱美客也可以更快地洞察未被满足的需求点，反哺产品研发。

在具体渠道建设上，爱美客做了下面几件事情：

一是强强联合，直销渠道绑定优质医院。爱美客在投资者活动上表示，其直销模式主要覆盖规模较大的头部及连锁终端，目的是把握市场需求，进行医生教育，提高机构和消费者满意度，向市场导入新差异化产品。而经销模式主要覆盖企业销售团队无法直接覆盖的小型医疗机构，目的是将成熟产品线推向更大的市场。

二是体系化赋能下游的B端合作客户。相较于单纯的产品售卖，爱美客更注重与客户的深度合作，会派专业人员深度参与合作机构的日常运营。这种“产品+服务”的综合解决方案，能够帮助合作机构和医生更好地理解产品特性，便于推广产品。

三是持续性的医生教育，打造专业化的私域生态系统。2017年，爱美客创建了医生分享、服务平台——全轩学苑，持续向医生和B端客户进行线上和线下的行业趋势解读、专业知识培训等。截至2023年末，全轩学苑的注册医师超过12000人。

资本助力，外延并购探索品类扩张

目前爱美客的主要收入来自玻尿酸填充剂，但随着医美产业的迅速走俏和玻尿酸行业竞争的白热化，各家公司也将目光放到了快速增长的两个新品类上：肉毒素和胶原蛋白。关于肉毒素市场，弗若斯特沙利文数据显示，肉毒素注射剂的数量从 2017 年的 170 万支增长至 2021 年的 450 万支，中国肉毒素市场规模已达 46 亿元，预计 2030 年将达到 390 亿元。在重组胶原蛋白市场，被称为“北交所重组胶原蛋白第一股”的锦波生物 2023 年总营业收入为 7.8 亿元，同比上涨 99.96%，这充分说明这一赛道充满潜力。

爱美客在这两个领域均有布局。在肉毒素领域，2021 年 6 月，爱美客耗资 8.56 亿元完成对韩国 Huons BP 25% 的股权收购；在胶原蛋白领域，2022 年，爱美客通过控股公司以 3.5 亿元收购沛奇隆 100% 的股权。沛奇隆旗下已上市产品主要为动物源蛋白，如生物蛋白海绵、胶原蛋白系列产品等。这里面值得探讨的一个问题是：为什么爱美客是以收购的方式探索品类扩张之路的？

首先是因为爱美客有收购的资本，它通过上市获得了充足的收购资金。2020 年 9 月 28 日，爱美客成功在 A 股创业板上市，实际募资高达 35 亿元。根据爱美客 2023 年的年报，募资的金额很大一部分被用在外延并购上。

其次是因为医美产品具有医疗属性，安全性是其最重要的属性，而国外已经成熟并经过市场验证的医美产品，已经通过严格的生产监管，在临床使用中也积累了丰富的经验，因此在安全性方面通常具有更高的保障，特别是肉毒素这类高风险产品更是如此。

最后是因为收购比孵化的速度更快。医美和创新药的竞争逻辑类似，时间是一个非常关键的因素，同类产品先上市的将获得大部分市场份额，占据先发优势。肉毒素和胶原蛋白是爱美客重点布局的两个市场，直接收购某种程度上是在和竞争对手抢时间。

爱美客的成长得益于轻医美行业的动力与韧性。它伴随国内轻医美行业从野蛮生长到慢慢规范、从增长缓慢到爆发式上升的过程。而它能够从同业中脱颖而出的关键在于强大的产品力和渠道力。它用产品驱动业务发展，拥有完备的产品矩阵且多款产品为行业首款，占据先发优势；用服务绑定渠道，用渠道反哺研发，形成“上游药械厂商→机构和医生→C 端用户”的完整信息传递链条。这种发展策略不仅仅适用于医美行业，对于消费品行业中那些同样具备高科技属性、在上游供应端设有高门槛的行业也有参考意义。

不过，爱美客成立时间仅 10 年，从对标全球医美龙头艾尔建来看，仍有巨大成长空间。2023 年，艾尔建全年营业收入为 543.18 亿美元，除了肉毒素（保妥适）、玻尿酸（乔雅登）两大主要产品线，艾尔建还拥有一系列涵盖美学、整形、皮肤护理、眼科护理等赛道的产品矩阵。我们期待爱美客如艾尔建一样，在除玻尿酸以外的赛道，打造出成功的大单品，形成更加丰富的产品矩阵，最终从中国走向世界，夺得世界美业的皇冠。

物产中大云商：国有消费品企业的探路者

在消费品行业中活跃的国有企业

前面这四个案例，有诸多的不同点，如赛道选择不同、发展阶段不同、核心能力不同等，但大家也可以很容易地发现一个相同点：都是民营企业。这背后折射出的是消费品行业中的一个突出现象：民营企业占主导地位，国有企业参与度低。截至 2024 年 9 月 6 日，国内 A 股消费品上市企业共有 736 家，其中国有企业共计 189 家，占比 25.7%。我们不禁要问，为什么国有企业在消费品产业中的参与度低？

这是由消费品行业属性和国有企业的体制机制共同决定的。大家都知道，对于消费品行业而言，用户是核心，企业需要及时捕捉和响应消费者瞬息万变的需求。而国有企业由于规模庞大、制约因素多等原因，对消费端的变化做出反应相对滞后，在消费品市场竞争中处于弱势地位。而民营企业的管理和激励机制以市场为核心，能够更快地感知市场的脉动，也能更敏捷地调整经营策略，及时响应消费者的新需求。此外，在消费品行业中，C 端生意就像搭积木，需要通过持续不断的小额交易来实现业绩，相较于这种小单模式，拥有资源与资金优势的国有企业自然更倾向于 to B 的大单模式。大单模式金额大、决策周期长，但一旦建立起合作关系，就能为企业带来可观的收益。

然而，即便有如此多的矛盾与限制，但在整个大消费品领域中，依旧有不少国有企业占比高的行业。酒水行业是一个典型代表。

20家白酒A股上市企业中，国有或国有控股企业占到12家，占比60%，头部企业“茅五洋泸汾”的身后均有国资力量（见表5-11）。在汽车行业35家A股上市企业中，国有或国有控股企业的占比也达到37%（见表5-12）。在酒店行业，国有资本的力量同样不容小觑，截至2023年末，国内千店规模的酒店品牌共有13个，其中国央企品牌占据7席。且在2023年，国资酒店集团的崛起之势愈发明显，在这一年，地方国企还陆续推出弥盛、憬居、建国熹上等多个新品牌。

表5-11　白酒行业A股上市企业

证券名称	组织形式	总市值/亿元	总营业收入/亿元	归母净利润/亿元
贵州茅台	地方国有企业	17562	1506	747.3
五粮液	地方国有企业	4562	833	302.1
山西汾酒	地方国有企业	2001	319	104.4
泸州老窖	地方国有企业	1628	302	132.5
洋河股份	地方国有企业	1139	331	100.2
古井贡酒	地方国有企业	771	203	45.9
今世缘	地方国有企业	484	101	31.4
迎驾贡酒	大型民企	402	67	22.9
口子窖	大型民企	213	60	17.2
水井坊	外资控股企业	157	50	12.7
老白干酒	地方国有企业	157	53	6.7
舍得酒业	大型民企	140	71	17.7
酒鬼酒	央企子公司	116	28	5.5
顺鑫农业	地方国有企业	108	106	-3.0

（续）

证券名称	组织形式	总市值 / 亿元	总营业收入 / 亿元	归母净利润 / 亿元
金徽酒	大型民企	84	25	3.3
伊力特	地方国有企业	69	22	3.4
金种子酒	地方国有企业	68	15	-0.2
天佑德酒	大型民企	41	12	0.9
岩石股份	大型民企	25	16	0.9
皇台酒业	中小微民企	15	2	-0.2

数据时间：2024 年 9 月 6 日，数据来源：choice

表 5-12　汽车行业 A 股上市企业

证券名称	组织形式	总市值 / 亿元	总营业收入 / 亿元	归母净利润 / 亿元
江铃汽车	合资企业	148	332	14.8
海马汽车	大型民企	52	26	-2.0
长安汽车	央企子公司	1048	1513	113.3
一汽解放	央企子公司	352	639	7.6
安凯客车	地方国有企业	43	21	-1.7
中通客车	地方国有企业	56	42	0.7
众泰汽车	大型民企	81	7	-9.3
三联锻造	大型民企	28	12	1.3
比亚迪	大型民企	6929	6023	300.4
卡倍亿	大型民企	49	35	1.7
东箭科技	大型民企	39	20	1.4
金钟股份	大型民企	21	9	0.9
标榜股份	大型民企	22	6	1.5

（续）

证券名称	组织形式	总市值 / 亿元	总营业收入 / 亿元	归母净利润 / 亿元
金道科技	大型民企	17	7	0.5
溯联股份	大型民企	25	10	1.5
福赛科技	大型民企	26	10	0.8
东风股份	央企子公司	120	121	2.0
宇通客车	大型民企	468	270	18.2
上汽集团	地方国有企业	1421	7447	141.1
福田汽车	地方国有企业	188	561	9.1
ST 亚星	地方国有企业	18	12	-3.4
ST 曙光	大型民企	17	14	-4.7
江淮汽车	地方国有企业	491	450	1.5
金龙汽车	地方国有企业	104	194	0.8
北汽蓝谷	地方国有企业	395	143	-54.0
赛力斯	大型民企	1143	358	-24.5
广汽集团	地方国有企业	609	1297	44.3
英利汽车	合资企业	52	53	1.0
长城汽车	大型民企	1690	1732	70.2
力帆科技	地方国有企业	172	68	0.2
合兴股份	大型民企	60	17	2.3
神通科技	大型民企	36	16	0.5
无锡振华	大型民企	40	23	2.8
威迈斯	大型民企	80	55	5.0
开特股份	大型民企	15	7	1.1

数据时间：2024 年 9 月 6 日，数据来源：choice

此外，我们也能发现，消费品许多细分领域中的国有企业，都是不折不扣的“优等生”：酒水行业中的贵州茅台，截至 2024 年 9 月 6 日，市值为 17562 亿元，是行业内 A 股上市的民企市值之和的 19 倍；汽车行业中的上汽集团，在完全市场化的竞争中以 7447 亿元的总营业收入占据营业收入第一、市值第三的位置；酒店行业中的锦江国际，截至 2023 年末，旗下的 7 天酒店、如家、维也纳、维也纳国际的门店数量分别达到 1944 家、1579 家、1426 家和 1094 家，在 13 家千店品牌中独占 4 席；此外，华润集团作为资产万亿的国有企业，产业版图更是星罗棋布，所涉业务横跨六大板块、覆盖超 26 个行业，2023 年以营业收入 1216 亿美元位列世界 500 强排行榜第 74 位，旗下的华润啤酒、华润三九、华润万家等，均是消费品领域的佼佼者。

在这些探索消费品行业的国有企业中，物产中大集团也培育出自己的消费品业务。作为大宗供应链“四巨头”之一，物产中大集团 2023 年实现营业收入 5801 亿元、净利润 36 亿元，且连续多年营收利润保持 10% 以上的增速，连续 13 年入围世界 500 强，旗下拥有 500 多家成员企业，其中包括物产环能和物产金轮两家上市企业。但在企业成立之初，身处在“资源小省、市场大省”的浙江，没有特殊政策、没有进入门槛、没有垄断资源，举步维艰。2018 年，浙江省国资委负责人曾说：“物产中大集团是浙江省属企业中真正意义上实行集团整体上市的。物产中大集团是从物资局整体改制过来的，它能够存续下来，并进入世界 500 强，正是得益于它不断地改革，不断在市场中摸爬滚打”。

六年时间营业收入达百亿元的探索代表

很多人不知道的是，物产中大集团在消费品领域保持着持续的探索，旗下的物产元通汽车，是国内大型汽车经销商集团前十强，拥有近 50 个品牌系列代理权、200 多家网点，2020 年营业收入高达 469.70 亿元、销量达 297570 辆。2015 年前后掀起互联网新零售的浪潮，身处杭州这个浪潮前沿的数字贸易之都，以“物通全球、产济天下”为使命的物产中大集团有意试水这一领域。2018 年 7 月 16 日，经过对物产电商和中大国际的改制重组，成立了物产中大云商（以下简称“云商”），其业务涉及高端美妆、高端酒水、医美、智能家电等多个板块。到 2023 年，云商营业收入突破百亿，旗下品牌超过 200 个，合作平台超过 20 个，在浙江省国资委发布的省属企业混合所有制改革后评价中被评为标杆企业（A 级）。作为一家国有企业，初涉消费品领域，相较于其他传统国有企业，云商的打法有下面几个独特之处。

一是布局消费品产业平台。大部分的国有企业探索消费品领域时，会像物产中大集团旗下的元通汽车一样，深耕某一块具体的业务，做专业性的经营，但云商不一样，它做的是产业平台，而且云商几乎总是零基础进入每一个新赛道，却能交出令人满意的成绩单，目前在酒水、化妆品、医美等多个赛道上云商已经走在前列，与茅台、五粮液、欧莱雅、戴森等头部品牌建立起合作关系。

二是拥有极强的线上能力。也许是杭州的经营环境天然适合线上业务的发展，云商顺应环境成立了新媒体事业部，为欧莱雅、普拉达（Prada、海蓝之谜（LA MER）、宝洁等大品牌提供新媒体服务。从一开始只做广告投放，到现在包揽内容制作；从只替品牌方做站内投放到开始对接平台外的业务需求；从只服务美妆品类，到渐渐涉足酒水、软饮等其他品类，云商始终在突破线上能力的边界。2023 年，仅网红直播商务服务就有 2 万多场。同年，为欧莱雅进行海外直播溯源营销，12 小时直播突破 1.5 亿元 GMV，创造了欧莱雅品牌全渠道直播的最高纪录和抖音海外直播溯源的最高纪录。

三是成立新消费产业园，用 6 年时间从纯轻资产企业变成集聚的产业生态。相较于民营企业，国有企业确实会在产业园区的开发上具备资金、政策方面的明显优势，但同样也会面临一系列的问题，如产业运营配套服务不完善、经营业绩考核压力等，但云商都一一克服了。2023 年，物产天地中心正式揭幕，开始将消费品行业中优秀的企业集聚在产业园区中，云商可以离企业更近，离客户更近，合作更方便。

四是布局消费品产业平台、打造极强的线上能力、落地新消费产业园区，这三件事无论哪一件，做成功都极为不易。作为云商的合作伙伴，自云商改制以来，我们不仅深度参与了云商的战略规划，帮助其进行全新的业务定位，更伴随它经历了成长的每一步，目睹了它如何一次次打破传统国有企业的桎梏，在短短 6 年时间突破百亿元规模。在这 6 年中，我们既是参与者，又是观察者，我们看到，云商的成就绝非偶然，而是源于战略的精准引领、组织的成长迭代和关键战役的持续胜利。

战略引领，赛道选择品类制胜

2020年，当时的云商面临一个很重要的问题：究竟该往哪里走？当时的云商自2018年完成重组已经走过了整整三年，基本解决了生存问题，但是如果想要更好地发展，却面临许多问题：一是营业收入规模不小，但利润率却很低，因为当时云商做的只是供应链服务，服务价值低；二是定位模糊，业务分散，所涉业务横跨美妆个护、政企集采、高端酒水零售、日化原料、食品母婴、家电、新零售、生鲜、纺织服装出口、纺织原料等十多个行业；三是酒水业务尚未成型，美妆业务有雏形但却没有放量……在细致的诊断和谨慎的分析后，我们团队给出了全新的规划方案，建议云商从一家消费品供应链公司彻底转型，成为全球中高端消费品品牌服务商。这一建议与云商董事长徐斌毅、总经理陈登红的想法一拍即合。

落地战略的第一步，是聚焦赛道、选择品类。彼时，国内消费升级正如火如荼，在美妆、母婴、保健品、休闲零食等领域，大量的海外品牌受到消费者追捧，不断通过海外代购、跨境进口等方式进入中国老百姓的生活，云商正是在这样的情况下快速稳住了营业收入的基本盘。作为一家平台型公司，面对蜂拥而至的机会，恰恰是要保持冷静、有所取舍的时候。对于此刻的云商来说，核心要思考的是如何进行战略性的取舍，如何进行业务的聚焦和筛选，退出很多原本效率不高、未来空间不大的业务，转而聚焦未来有增长的赛道，并抓住这些赛道中最好的品类。

经过审慎的思考，云商最终决定采用“2+N”赛道布局。所谓

“2”，是指聚焦酒水和美妆两大核心业务板块。这两个赛道云商原先都有涉及，且在彼时依旧具备较大的成长空间。云商对这两个赛道的经营关键是在赛道基础上找品类，做精做深细分品类，对这个品类的选择标准是规模大、毛利润率高、增长快。以酒水赛道为例，云商选择聚焦酱香型白酒。这是因为，一方面，酱香型白酒对原料、酿造工艺等环节要求十分严苛，所以口感独特、酒质较高、刺激性小，常常被用作商务接待酒使用，因此客群和场景都比较高端，毛利润率高；另一方面，2020 年时，酱香型白酒的市场容量和消费人群增速很快，如图 5-17 所示，在白酒行业“去产能”的大背景下，酱香型白酒 2019—2022 年销售收入复合年均增长率达 15.9%。“N”指的是探索 N 个新赛道，寻找符合消费变化趋势、具备增长潜力，并且适合云商基因的新兴赛道。目前云商主要在医美、智能家电等赛道进行了积极布局。

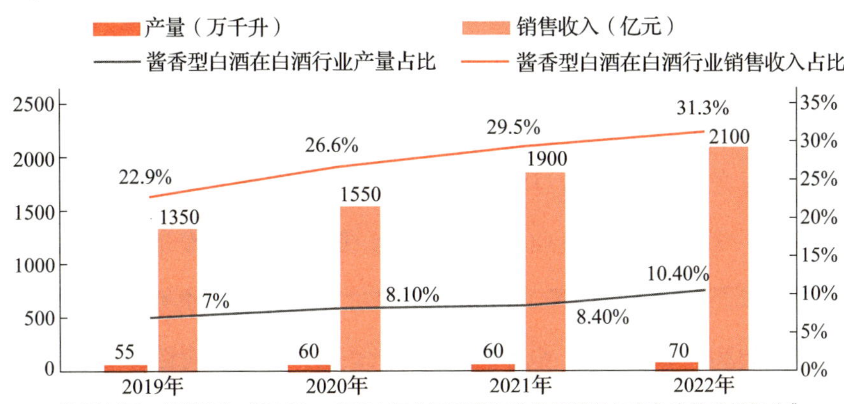

数据来源：艾媒咨询《2023—2024 年中国酒类行业发展状况与竞争态势分析报告》

图 5-17　2019—2022 年中国酱香型白酒产量及销售收入

落地战略的第二步，是强强联合，服务头部品牌。一旦为大品牌服务就能迅速打开声量，在该赛道实现从 0 到 1 的突破。在酒水业务方面，云商于2020年取得了茅台的直销权，此后接连取得五粮液、习酒等的经销权。除了销售酒，云商还与品牌共创，打造出亚运红酒、西湖十景酒等多款畅销酒；在美妆业务方面，云商选择以日韩品牌为主，与爱茉莉、资生堂等展开合作，同时为雅诗兰黛、欧莱雅等头部高端品牌提供新媒体服务；酒水和化妆品业务的基本盘稳固之后，云商又踏入了医美赛道——一个它完全陌生的新赛道，但现在它已在医美赛道形成了独特的竞争优势和渠道布局，拿下了国际头部品牌的全国总代理权，深度合作的下游医美机构已超过900家，可触达的医美机构超过2000家；在智能家电业务方面，2022年，云商与戴森签署了战略合作协议。或许有人会问，为什么云商能够与这么多大品牌合作？这一方面是因为云商背靠物产中大，能够借助世界500强的身份和资源去链接各个赛道中最高端的品牌和资源，另一方面也离不开云商自身对机会的敏锐洞察、对攻下大品牌的锲而不舍的精神与量身定制的独特打法。

落地战略的第三步，是把握节奏、循序渐进。云商的战略节奏是一个非常规整的三部曲，从供应链到服务链，再深入产业链。2018—2019年，云商以供应链业务为主，用经销服务的方式介入消费品赛道，依靠资金驱动，服务价值较低，对价值链的嵌入不够深，盈利能力差。2020—2023年，战略调整后，云商进入“供应链服务＋品牌服务”阶段，一方面，大力发展渠道建设，目前已经打通电商渠道23个、餐饮渠道1600多个、流通及分销渠道650多个，深度合作的医美机构达到900多家，也成功落地物产天地线下体验中心；另一方面，开始探索品牌运营、数据分析、市场营销等增值服务，提升服务附加值，大幅度提升盈利能力。2024 年，云商开始围绕产业链做纵深推进，从产业链上游的核心原料、工厂研发、品牌打造，到中游的运营集成服务，再到下游的渠道建设拓展，提升整个产业结构效率。

组织成长，持续创新体制机制

再完美的战略，若没有组织承接，也不过是一纸蓝图。每当谈到国有企业，大家比较一致的印象是机制僵化、作风官僚、效率低下。这些特点与市场需求变化极快的消费品行业对组织能力的要求恰好相反，所以大家觉得国有企业做消费品很难成功。云商能够转型成功，离不开国有企业的资金和资源优势，但正如木桶，长板再长，若未补齐短板，始终不能发挥力量。云商能够成功正是因为它克服了国有企业在组织上的常见弊病。其核心亮点可以分为三个方面：优化组织体系、创新股权激励、重视人才培养。

从 2018 年到 2024 年，云商的组织随着业务演变，经历了多轮迭代。我们可以把它的组织迭代过程分为三个阶段。1.0 阶段，2018 年刚完成重组时，云商采用的是直线职能制，职能部门和业务部门并行，这一架构下组织面临“内卷”化的难题，变革的意愿和动力不足。2.0 阶段，云商开始成立子公司，从财务、人力等职能部门中抽调 1~2 个人，与业务负责人一同建立起班子，这就意味着子公司不能只会做业务，还要善于经营管理，这能强化整个班子的综合能力，但这个阶段会面临低效化的难题，不同业务间会抢夺资源，不愿协同。

于是云商的组织演变进入了当下的 3.0 阶段，组织架构为总部、事业部、子公司/业务团队三层架构，可以把子公司和业务团队看作最小经营单元，在最小经营单元与总部之间嫁接了一层事业部，即核心部门成立子公司，同类业务合并为事业部。比如美妆事业部，下面有多个业务团队，便会挑选其中一个负责人成为事业部负责人，让他从原来只考虑自己所管的业务发展，变为需要通盘考虑资源配置以实现整个事业部的利润最大化。三级架构下，总部抓战略、机制、政策；事业部抓核心客户、核心人才、核心资源；子公司/业务团队抓具体的业务发展，既保证了总部有足够的授权，为业务发展腾挪出充足的空间，又保证了事业部对子公司/业务团队有足够的管控与赋能，消减了核心团队天然的独立化的冲动。

三级架构下，云商的组织有一个非常显著的特征：响应速度非常快。组织可以随着业务变化快速调整，可能一个季度就会调整一次。或许有人会问，相较于稳定，为什么裂变快是好事？这是由云商所处行业的属性和其平台特征决定的。消费品行业本身变化非常快，且云商不是单纯做品牌或者做渠道的单一专业化公司，它实际上是一个产业平台，需要在消费品赛道里选择好赛道，在好赛道里选择优品类，再进行介入。因此，相较于单纯做一个赛道或者做一个环节，其业务天然就会变化非常快。随着新机会、新赛道的涌现和原有旧赛道的式微，云商需要极为快速地响应赛道变化。而基于此，组织就必须非常灵活，总部需要给到足够多的授权，让下面的人能够有快速决策的权限，但同时总部也需要有适度的管控，明确规则与边界。

除组织体系外，云商在激励机制上也进行了创新。云商母公司物产中大集团的股权激励经历了三次迭代，从20世纪90年代初的人人持股到 2.0 阶段的骨干持股，再到 3.0 阶段的股权浮动机制。云商是 3.0 阶段的先锋。2018 年，物产中大云商成为浙江“二次混改”的试点单位，历时 5 个月左右完成股权激励的机制迭代。

云商的激励机制有三大特征：第一，双层架构，间接持股，混合所有。公司高管和骨干团队作为有限合伙人，共同出资成立“合伙创业持股平台”，核心骨干员工通过平台间接持股 28%。第二，以岗定股，骨干持股，覆盖面广。这是指持股员工有资格限制，不是全员持股，也不是经营层持股，而是骨干持股，主要面向关键管理岗、关键技术岗、关键业务岗，根据岗位职务、职级贡献等因素确定持股比例。目前持股人员超过 100 人，占员工总数的比例超过 15%。第三，动态调整，可进可出，能上能下。这是指，一方面，员工一旦离开云商就不再享有股权，另一方面，持股比例会随着绩效考核上下浮动，业绩好则比例上升，业绩差则比例下降，甚至可能直接取消持股资格。这背后是云商非常清晰的结果导向，股权激励向真正给公司做价值贡献的人倾斜。激励效果显而易见，目前公司持股人员中的大部分在公司的服务周期都非常长，且随着公司成长，大部分人职级上升、股权比例提升，真正实现双赢。

在人才层面，云商最厉害的一点是，组织内部涌现出非常多优秀的业务负责人，能支撑新业务的开拓。云商在人才培养上形成了一套独特的机制：首先，在实践中培养人才，让年轻的人更多地接近业务，在实践中成长，积累一线经验；其次，云商的领导班子既务实又开放，以身作则建立学习型组织，组建 e 启 · 读班子读书会，领导班子带头读书，让学习的氛围从上往下一步步传导；第三，云商愿意重仓年轻人，且愿意给年轻人很多机会，因为他们相信“企业经营的未来在年轻人”，作为一家国有企业，云商员工的平均年龄只有 32 岁，许多“95 后”员工都可以承担起非常关键的岗位；第四，人才储备充分，云商母公司物产集团的人才基础非常扎实，而在人员的提拔晋升上，云商的原则是优中选优，并不是一发现优秀人才就立刻通过提拔来留住人才。

能打胜仗，关键战役凸显能力

关键战役的落地需要用打胜仗来推动，否则战略就会变成空谈。从酒水、美妆到医美，云商每一次涉足新领域、新赛道，都依靠一场关键战役实现了从 0 到 1 的突破。这些战役不是过往路径的简单复制，很多业务上的合作方式，可能原先并未尝试过，是一种创新：比如在酒水业务上，开创了茅台与国资系统企业合作的先例；与国际大牌美妆的合作，从新媒体的角度切入，提供广告投放与内容制作服务；在医美业务上，没有医药医疗背景，却通过成立合资公司的方式实现突破；在软饮料业务上，则利用国资平台去整合外部团队……打法不一而足，但都非常精彩。

2019 年，物产云商决定重点布局酒水业务。就在这个时候，一个重大的机会摆在了云商面前：茅台集团要增扩直销渠道商，这次增扩也面向国资渠道。消息一出，许多业内资深的经销商、20 多家实力雄厚的国有企业蠢蠢欲动，物产云商也选择主动出击。刚开始接触的时候，茅台对物产中大集团知之甚少，只知道它是一个省属的国有企业，位列世界 500 强。而云商对如何攻下茅台也毫无头绪，因为此前并无茅台营销公司与国资系统企业合作的先例，没有现成的路径可以依循，一切就像摸石头过河，靠自己摸索。

当时的项目负责人姚艳君却志在必成。自 2019 年 8 月 21 日开始，她带领团队深入茅台总部，不仅仅是去洽谈，更是去学习、去了解、去融入。她和团队利用各种机会了解行业特性、挖掘茅台营销的痛点，同时一抓住时机就讲述云商的产业背景、企业文化、商业模式、竞争优势、合作前景等，让彼此从陌生到熟悉、从熟悉到了解。经过 394 天的不懈努力，姚艳君结合物产中大集团的资源和茅台的痛点，提出了一个创新的营销方案。这个方案不仅坚持了直销的核心模式，还提出了打造“热选数字化直销平台”的构想，充分发挥了物产中大特有的混改基因、市场基因、服务基因和创新基因优势。最终，云商在激烈的竞争中脱颖而出，与中粮、绿地等 4 家国企一起成功中标茅台 2020 年直销渠道商（国资板块），并在战略合作协议大会上作为国资系统的唯一代表上台签约。与茅台合作的成功，正反映了云商一直倡导的钉钉子精神。这样的案例在云商的医美业务、新媒体营销业务等方面比比皆是。

陪伴云商走过多年，见证它从横跨十余个行业的供应链公司发展到现在与多个国际大牌合作的高端消费品产业平台，我和我的团队都很庆幸能够用十余年在消费品行业的积累为客户带来改变。站在新的消费周期中，新的产业趋势和市场红利正向我们走来，我对物产云商的未来也依旧充满期待。

后　记

我很庆幸在 2004 年遇到我的硕士导师蔡宁教授，是他带领我进入了咨询这个行业。在浙江大学硕博连读的五年时间里面，我一边跟着导师学习管理学理论知识，一边将知识转化成专业的咨询服务，帮助企业解决问题，挖掘商业机会。这一做就是 20 年。找到自己喜欢并擅长的工作是件很幸福的事情，我想自己是幸运的。虽然咨询是一件既很难直接衡量价值，又很难实现财富爆发的工作，但我一直乐在其中。即便从事咨询工作已经有整整 20 个年头，我仍然保持着当初那份对事业的新鲜感，每天因为能接触新知识、帮客户解决新问题而充满激情。20 年来，我深度服务了 100 多家企业，其中不乏"世界 500 强"或者市值百亿元甚至千亿元的上市公司，深度陪跑了一批一流的企业家。我一直希望能把这些宝贵的经验总结出来分享给更多的人，让大家能更好地理解商业的底层逻辑，少走弯路。可每每要动笔的时候又被繁忙的工作耽误，今年终于在团队的支持下，完成了咨询生涯的第一本著作。虽然本书还存在诸多不足，但的确是我的用心之作了。

从 2021 年开始，我除了在和君咨询的管理工作外，还带领团队专注于消费品企业的战略咨询业务，希望在这个领域打造出一个具有和君咨询特色与优势的拳头产品，因此本书也是对我们这么多年打磨的消费品企业战略咨询产品核心思路的呈现。我本人每年直接陪跑五家左右的消费品产业领袖企业，这些陪跑大多是长期深度服务并与客户共创业绩的过程。在经受时间考验的过程中，我也真正期望在产业和资本两个维度帮助客户实现从 1 到 10、到 100、再到 1000 的突破。本书的内容就是通过和这些消费品产业领袖企业的共创总结出的经验和教训、提炼出的相对普适的底层逻辑。我希望本书能帮助更多从业者完成认知的改变。我始终认为战略咨询的最大价值就是改变认知与赋能资源，所以本书并没有做太多理论梳理和工具方法的呈现，更多的是希望把我对消费品产业、资本、战略等的洞见总结出来，为读者更好地理解消费品企业战略突破提供认知参考。消费品所涉及的行业多样、变化快、从业者多，我们的产品也在不断迭代，本书肯定还存在很多不够准确之处，望读者能带着批判的眼光借鉴吸收，也希望我们自己的认知和产品能够不断迭代，未来推出更好的作品。

本书的完成要感谢和君咨询这个大平台，作为亚洲本土较大的管理咨询公司，它 25 年来积累的管理思想和经典案例源源不断地给我提供灵感，让我更加自信地为优秀产业的领袖企业服务。王明夫先生的产融互动理论是本书的核心指导理论，我们对消费品企业战略的产业思维和资本思维是我们的产品与其他管理咨询公司形成差异的根本。王丰董事长对本书的题目、核心框架、关键论点都给予了详细的指导，机械工业出版社的胡嘉兴、康宁编辑为本书的立项与出版付出了大量工作。特别感谢我的太太姗娜，不仅作为家人为我支撑起家庭的大后方，而且作为和君咨询的同事，在促成本书写作和出版方面做了大量的指导、统筹、审核工作，没有她的鼎力相助，本书的问世不可能这么顺利。另外，还要感谢汪金跃、韩华燕、孙意真、李昌松、余本钦等同事对本书出版付出的巨大贡献，他们参与了大量基础研究与资料整理工作，为我们的产品打磨与图书出版贡献了大量智慧。还有很多在本书出版过程中给予支持的朋友，我就不一一列举了。本书的完成是大家共同努力的结果，本书的不当之处均由本人负责。

中国消费品产业的发展日新月异，消费品牌的成长生生不息，这背后的企业战略规划与决策，更是充满了科学与艺术之美、价值与人性之思，历经了时间和实践的磨砺，写满了故事，也沉淀着智慧，相信我们都为之着迷。期待在未来的日子里，中国能诞生更多的全球性消费品产业领袖企业，在世界的每一个角落，都能看到中国品牌的身影。

潘松挺

2024 年 10 月于杭州